Johann Schleich – Gertrud Scheucher

grenadiermarsch
die besten kochrezepte steirischer Bundesheerköche

Mitarbeit:

Mag. Friedrich Steiner, ObstdIntD; Rudolf Wabneg, Major; Helge Endres, Oberst; Helmuth Skamletz, OStv; Wolfgang Wurzer, Kommandant der Lehr- u. Versuchsküche; Ewald Kos, OStWm; Heribert Peissl, Ooffzl; Karl Recher, OStv; Rudolf Uitz, Fachinsp.; Otto Fink, OStv; Margarete Hutter, VB II; Josefa Eibel, VB II; Siegfried Hochleitner, Wm; Johann Schröttner, OStWm; Hermann Jeitler, Zgf; Franz Raber, Vzlt; Günter Liebminger, OStm; Peter Dujmovics, OStv; Peter Stangl, Major; Peter Jud, Hauptmann

Fotos:

Johann Schleich, Vzlt; Wolfgang Grebien, OStv; Bernd Galli, Zgf; Bildstelle Militärkommando Steiermark; Archiv Heeresgeschichtliches Museum; Österreichisches Staatsarchiv

Gold und Silber für die Heeresköche Manfred Ronge, Wolfgang Wurzer, Helmuth Skamletz, Wolfgang Schrattbauer, Rupert Sedlmayer, Friedrich Poltram und Roland Marsch bei der Olympiade der Köche in Berlin (1996).

Kochrezepte von folgenden Bundesheer-Küchen sind im Buch enthalten:

Fiala-Fernbrugg/Aigen i. E., Ausb. und Erholungsheim/Bad Mitterndorf, Mickl-Kaserne/Bad Radkersburg, Hadik-Kaserne/Fehring, Von der Groebenkaserne/Feldbach, Hackher-Kaserne/Gratkorn, Kirchner-Kaserne/Graz, Gablenz-Kaserne/Graz, Belgier-Kaserne/Graz, Tüpl Seetaleralpe, Fliegerhorst Nittner/Thalerhof, Hermann-Kaserne/Leibnitz, Kaserne Leoben, Landwehr-Kaserne/St. Michael i. ObStmk., Erherzog Johann-Kaserne/Strass, Fliegerhorst Hinterstoisser/Zeltweg

Impressum:

© 1999 austria medien service

Verlag und Gesamtherstellung:

austria medien service

austria medien service GmbH.
Goethestraße 21
8010 Graz

ISBN 3-85333-046-0

inhalt

Geleitwort des Militärkommandanten von Steiermark	4
Geleitwort der Frau Landeshauptmann von Steiermark	5
Einleitung	6
Kurzgeschichten	8
Vorspeisen	17
Suppen und Suppeneinlagen	21
Mittagsverpflegung	31
Wild	47
Fisch	53
Abendverpflegung	57
Resteverwertung	65
Eintöpfe	67
Strudel	75
Teige	87
Saucen	91
Beilagen	93
Salate	99
Mehl- und Süßspeisen	103
Kuchen, Torten, Rouladen	113
Süßspeisen	119
Kompotte und Dessertcremen	125
Brot	129
Vollwertverpflegung und Bio	139
Würzen mit Heilpflanzen	145
Brauchtumsverpflegung	147
Die Geburtsstunde des Feldkochwesens	152
Die Feldkochgeräte	155
Kochen im Feld	165
Nährwerttabelle aus der Militärwirtschaftsvorschrift Verpflegung	167
Kriegsgefangenenlager (KGFL) Feldbach	186
Register	196

GELEITWORT DES MILITÄRKOMMANDANTEN VON STEIERMARK

Über die Herausgabe eines Kochbuches mit dem Titel „Grenadiermarsch" freue ich mich ganz besonders, und ich möchte mich auf diesem Wege beim Verfasser, Herrn Vzlt Johann SCHLEICH, sowie bei den vielen mitwirkenden Bundesheerköchen aus dem Befehlsbereich STEIERMARK herzlich bedanken.

Dass in diesem Kochbuch die Militärverpflegung im Wandel der Zeit, und vor allem die so wichtige Entwicklung des Eintopfgerichtes einerseits und die besten Rezepte der steirischen Bundesheerköche andererseits, vorgestellt werden, kann in der so schnelllebigen und vergesslichen Zeit gar nicht hoch genug gewürdigt werden.

„Nix essen, nix trinken, nix kämpfen", lautete unter anderem schon in der Monarchie ein legendärer Spruch bei unseren Bosniakenregimentern. Soldaten des Österreichischen Bundesheeres kreierten im Laufe der letzten Jahrzehnte eine moderne Kurzfassung: „Ohne Mampf kein Kampf".

Vom gesundheitlichen Standpunkt könnte man sagen: „So wie die Verpflegung, so auch Gesundheit und Bewegung."

Diese humorvollen soldatischen Lebensweisheiten haben in den letzten Jahrzehnten dazu geführt, dass das Bundesheer vermehrt zu einer gesunden Ernährung aus dem eigenen Lande übergegangen ist. Ich begrüße daher nochmals die Initiative unseres Vzlt SCHLEICH, mit den vielen Köchen mit einem militärspezifischen Kochbuch intern und extern über gesunde und bekömmliche einfache Kost zu informieren.

Dem Kochbuch „Grenadiermarsch" und seinen Lesern viel Freude, guten Appetit und ein „steirisches Glückauf".

Der Militärkommandant
von Steiermark

(Arno MANNER, Divisionär)

GELEITWORT DER FRAU LANDESHAUPTMANN VON STEIERMARK

Gulasch aus der „Kanone" oder vom Haubenkoch? Diese Frage stellt sich angesichts der Kochkünste der steirischen Bundesheerköche eigentlich gar nicht.

Das Kochbuch „Grenadiermarsch" stellt spezielle steirische Rezepturen unserer Bundesheerköche vor, vornehmlich Eintopfgerichte, aber auch jene Geheimnisse, wie man unter militärischen Gesichtspunkten zum Nachtisch hervorragende Strudel, die „himmlisch" schmecken, „zaubern" kann. Schon deshalb laden die Rezepte zum „Nachkochen" auch im zivilen Alltag ein.

Im Mittelpunkt steht die gesunde Ernährung unserer Soldaten. Der historische Teil ist der Entwicklung der Militärverpflegung in den letzten 150 Jahren gewidmet – und das alles nicht tierisch ernst, sondern mit viel Humor, denn die Militärverpflegung war früher oft Gegenstand übler Nachrede und nicht selten äußerst abfälliger Umschreibungen.

Mein besonderer Dank gilt dem Autor des Bandes, Vizeleutnant Johann SCHLEICH, und seinen „Mitstreitern", allen jenen steirischen Bundesheerköchen, die Gulasch aus der Kanone haubenkochverdächtig hervorbringen.

Alle jene, die dieses Buch zur Hand nehmen, um sich über die steirische Kost beim Bundesheer zu informieren, grüße ich herzlich!

Der Landeshauptmann der Steiermark

Waltraud Klasnic
(Waltraud KLASNIC)

einleitung

Die Verpflegswirtschaft beim Bundesheer umfasst alle Aufgaben, Tätigkeiten und Einrichtungen, die für die Verpflegsvorsorge, die überaus umfangreich ist, erforderlich sind. Grundsätzlich besteht die Verpflegung aus Speisen und Getränken, die den Verpflegsteilnehmern aus Truppenküchen und Verpflegsausgabestellen verabreicht werden. Die Verpflegung kann auch von heeresfremden Unternehmern beigestellt werden. Die Truppenküche dient zur Zubereitung der Verpflegung. Es besteht auch die Möglichkeit die Verpflegung außerhalb der ortsfesten Küchenanlagen zuzubereiten. Dafür stehen den Köchen spezielle Feldkochgeräte zur Verfügung.

Die Grundlage für die Verpflegszubereitung bietet der Speiseplan, der mindestens für zwei Wochen vorliegen muss.

Das Frühstück in der Kaserne ist in Buffetform vorzusehen, wobei überwiegend Milchgetränke anzubieten sind.

Die Mittagsverpflegung bildet den Schwerpunkt der täglichen Nahrung. Ein Salatbuffet ist anzubieten.

Die Abendverpflegung wird auf die verabreichte Mittagsverpflegung abgestimmt angeboten. Warme oder kalte Getränke sind bereitzustellen. Es besteht auch die Möglichkeit, dass vor allem bei der Mittagsverpflegung Wahlmenüs angeboten werden.

Brot und Gebäck stehen ganztätig für die Soldaten bereit.

Besondere Verpflegung ist an strenggläubige Angehörige religiöser Gruppen und für das fliegende Personal zu verabreichen.

Die Normalverpflegung kann auch durch eine Marschverpflegung ersetzt werden. Bei gesundheitlichen Gründen wird die Normalverpflegung durch eine eigene Krankenverpflegung ersetzt. Diese kann in Form von strenger Diät oder fettarmer Schonkost zubereitet werden.

Zur Aufbesserung der Verpflegung beim Bundesheer gibt es bei großer Belastung und bei Krankheit oder Seuchengefahr als vorbeugende Maßnahme Verpflegungszu-

schläge in unterschiedlicher Geldhöhe. Außerdem sind ein Sanitätszuschlag, wenn Rücksicht auf den Gesundheitszustand der Truppe zu nehmen ist oder der Milchzuschlag, der Gesundheitsschädigungen vermeiden soll, vorgesehen. Es bestehen auch Richtlinien für die Truppenverpflegung des fliegenden Personals. Diese Richtlinie unterteilt sich in Nahrungsmittel die empfohlen oder für das Flugdienstpersonal verboten sind.

Zusammenfassend kann zur Verpflegung im Bundesheer gesagt werden, dass die neuesten ernährungswissenschaftlichen Erkenntnisse bei der Erstellung der Speisepläne eingebunden werden. Die Verpflegung soll fettarm, leicht verdaulich, nicht blähend, kohlenhydratereich, vitaminreich, nicht dursterregend und wohlschmeckend sein. Saisonbedingte Lebensmittel (Gemüse, Obst …) sind in den Speiseplan aufzunehmen. Die Verpflegung soll auch den regionalen Geschmacksanforderungen entsprechen und entsprechend attraktiv angerichtet oder angeboten werden, da der Soldat auch mit den Augen isst. Die Zeit, in der die Verpflegung beim Bundesheer eine Nebensache war, ist vorbei. Man hat erkannt, dass die Verpflegung für den Soldaten die „wichtigste" Nebensache ist.

Dieses Kochbuch entstand unter Berücksichtigung aller Vorgaben der Militärwirtschaftsvorschrift für Verpflegung und der Kreativität und Eigeninitiativen der Bundesheerköche. Außerdem soll dieses Kochbuch auch den Speisezettel der Privatküchen bereichern und somit ein Kochbuch für alle Steirer und interessierte Österreicher sein.

Ein gutes Gelingen wünscht

(Johann Schleich, Vzlt; Leiter der Verpflegsverwaltung AR 1, Von der Groebenkaserne, Feldbach)

kurzgeschichten

AEIOU

Noch immer rätseln Fachleute und solche, die sich dafür halten, was es mit der Inschrift AEIOU wohl auf sich habe. Vom lateinischen „Austria erit in orbe ultima" bis zu „Alles Erdreich ist Oesterreich untertan" gehen die Deutungen.

Diese auch an der Burg zu Wiener Neustadt, die die Militärakademie beherbergt, aufscheinende Inschrift wurde von den angehenden Offizieren viele Jahre hindurch so interpretiert: „Akademikeressen ist oft ungenießbar."

Helge Endres

STRÄFLINGSKOST

Das Infanterieregiment Nr. 197 in Triest unterhielt ein kleines Detachement zur Bewachung der Strafanstalt in Capo d'Istria, welches sich selbständig verpflegen musste.

Zur Vereinfachung dieses Vorganges richtete das Regimentskommando an die Strafhausverwaltung die Anfrage, ob die Wachmannschaft des Regiments gegen Erlag des Menagegeldes mit Sträflingskost beteilt werden könne.

Die Antwort lautete: „Dem Kommando des k. und k. Infanterieregiments Freiherr von Steinstätten Nr. 197 in Triest wird bekannt gegeben, dass die Strafhausverwaltung leider nicht in der Lage ist, die Sträflingskost um den Preis des Triester Menagegeldes abzugeben."

Helge Endres

KÜCHE FÜR MOSLEMS UND CHRISTEN

In der Mannschaftsküche des bosnisch-herzegowinischen Infanterieregiments Nr. 2 hängen, da die Moslems eine eigene Kostzubereitung und einen eigenen Speiseplan haben, auch zwei Menagetafeln. Auf der einen ist der Stand, die Menge Fleisch, Suppe, Zuspeisen usw. für die Christen, auf der anderen für die Muselmanen in schöner Kreideschrift verzeichnet.

„Und wo wird für die Moslems gekocht?" fragt der Herr Oberst. „Herr Oberst, ich melde gehorsamst, gekocht wird gemeinsam, aber es wird streng nach Religion getrennt eingekauft, verteilt und gegessen!"

Helge Endres

BENEHMEN IST ALLES

Leutnant, dem die Ordonnanz den Suppenteller wegnehmen will: „Sie müssen mich das nächste Mal fragen, ob ich noch Suppe will, bevor Sie mir den Teller wegnehmen, verstanden?"

Am nächsten Tag die Ordonnanz: „Wünschen Sie noch Suppe, Herr Leutnant?" „Ja, bitte." „Ich melde, es ist aber keine mehr da."

Helge Endres

DAS ANTIKE SCHMALZ

„So, so, danke, Herr Hauptmann. Also noch einmal, damit ich das nicht vergesse, die Kost für die Soldaten moslemischen Glaubens wird mit ‚Juno' zubereitet."

„Juno? Herr Divisionär, ich melde, dass dafür ausschließlich das Pflanzenfett ‚Ceres' verwendet wird."

„Na ja, das meine ich ja, irgend so ein antikes Schmalz halt."

Helge Endres

BROM IN KAFFEE UND SCHOKOLADE

Es war zu einer Zeit, in der das Bundesheer noch in den Kinderschuhen steckte. Es war zu einer Zeit, in der mit Überzeugung daran geglaubt wurde, dass man den jungen Soldaten zur Dämpfung ihrer natürlichen Triebe „BROM" in den Kaffee mischt. Es war zu einer Zeit, in der in den Bundesheerküchen Männer standen, die der Überzeugung waren, dass ein Essen nur dann von Wert ist, wenn möglich viel Fett darinnen enthalten ist. Und schlussendlich, es war zu einer Zeit, in der die Männer der Küche, als Köche bezeichnet, ihre Aufgabe nicht in der Verfeinerung von Lebensmitteln sahen, sondern diese lediglich zu einem pickenden Brei vermischten oder in ein in Fett schwimmendes Fleischteil umwandelten. In dieser glorreichen Zeit der militärischen Kochkunst fürchteten die jungen Soldaten, damals als Jungmänner bezeichnet, um ihre Triebkraft, da allgemein über Sprachpropaganda bekannt war, dass die in den Soldaten steckende überschäumende Tatkraft jungen Mädchen gegenüber durch die Beimengung von Brom in den Frühstückskaffee – auch Negerschweiß genannt – radikal gebremst wird. Jedes erbarmungsvolle Versagen im intimen Kontakt mit einem Mädchen, obwohl dies nur in den seltensten Fällen vorkam, wurde dem verhassten Brom und den sadistischen Köchen, die ihren Frühstückskaffee angeblich in einem eigenen Topf zubereiten, nachgesagt. Für die Jungmänner steckte hinter der Verabreichung von Brom, obwohl es diese nie gab, lediglich ein taktischer Schachzug der Vorgesetzten dahinter, die angeblich befürchteten, dass die neu in die Stadt kommenden Soldaten alle Mädchen an sich reißen und somit für die schon länger in der Kaserne anwesenden, bei den Mädchen längst bekannten Soldaten eine zu große Konkurrenz entsteht. Den Köchen, auch Küchenbullen genannt, sagte man nach, dass sie sowieso nur dann ein Mädchen bekommen, wenn alle übrigen Soldaten mit Brom ausgeschaltet werden.

Äußerst hinterlistig soll auch mit Brom gegen die Soldaten, die mittlerweile jeden Kaffee wie der Teufel das Weihwasser scheuten, mit verlockenden Schokoladeriegeln vorgegangen worden sein. Doch auch hier war die Fantasie der Soldaten größer als die Realität.

Johann Schleich

DER EINTOPFSCHWINDEL

Die Köche des Truppenübungsplatzes Seetaler-Alpe verfügen über so manche gute Eigenschaften. Eine davon blieb auch dem damaligen Militärkommandanten von Steiermark, Divisionär Hubert Albrecht, nicht verborgen. „Du Intendant, der Eintopf, der ‚Tüplranger‘, den ich zuletzt gegessen habe, der war ein Gedicht".

Diese Äußerung unseres Kommandanten war im Zusammenhang mit dem alljährlichen Neujahrsempfang in der Belgierkaserne deshalb von Bedeutung, weil den Persönlichkeiten des Landes im Anschluss an den Festakt stets ein wohlschmeckendes Eintopfgericht gereicht wurde.

Wir, die fachvorgesetzte Intendanzabteilung, waren damals aus verschiedenen Gründen auf die Köche der Belgierkaserne nicht gut zu sprechen, und wir legten uns eine Strategie für den bestmöglichen Erfolg zurecht.

Die Veranstaltung kam, und aus den Töpfen dampfte die Fleisch- und Gemüsespeise.

Die Gäste aßen das wohlschmeckende Gericht, erhielten einen Nachschlag, und der Militärkommandant bedankte sich bei den Köchen der Belgierkaserne und bei uns mit den Worten:

„Es ist mir ein Rätsel, wie ihr das wieder zusammengebracht habt. Ich danke euch sehr für das köstliche Essen.

Der Eintopf schmeckte haarscharf wie jener der Seetaler-Alpe."

Nachsatz: Dass das Essen von dorther stammte, haben wir ihm wohlweislich verschwiegen.

Mag. Friedrich Steiner, ObstdIntD

DAS FRÜHSTÜCK AM ABEND

Es begab sich zu einer Zeit, in der die Köche des Bundesheeres mehr Idealisten als Fachkräfte waren. Da kam es schon vor, dass so manches Mittagessen weder den landesüblichen Geschmackskriterien entsprach noch das entsprechende Aussehen hatte. In dieser Zeit, die als die Küchenaufbauphase im Bundesheer bezeichnet werden kann, kam es auch vor, dass so mancher Koch den Wein nicht als Geschmacksverbesserer für eine delikate Soße verschwendete, sondern damit seine eigene Gurgel befeuchtete und somit seinen Einfallsreichtum und den Geist belebte. So war es auch einmal an einem Samstagvormittag in der Küche der Kaserne Feldbach. Und weil der Tag bereits kurz nach Mittag für den beleibten Küchenchef so fröhlich endete, setze er seine weinsüchtige Laune auch am Nachmittag kurzfristig fort, bis ihm plötzlich unvorhergesehene Müdigkeit packte und er in seinem Kasernenzimmer in Tiefschlaf verfiel.

Doch dieser Schlaf war unruhig und nur von Kürze. Um 17.30 Uhr streifte der verschlafene Blick des Küchenchefs den am Bettrand stehenden Wecker, wobei dem verantwortungsvollen Koch der kalter Schauer über den Rücken lief. Der Stundenzeiger der Uhr zeigte auf 5.30 Uhr, was hieß, höchste Zeit für die Zubereitung des Frühstückes. Noch immer mit der vormittägigen Kochwäsche bekleidet, ergriff er seine hohe, am Fußboden liegende Kochmütze, setzte sich diese bis zu den Augenbrauen reichend auf den wenig behaarten Kopf und stürmte von seinem Zimmer aus über die Stiege hinunter in die Küche. Als er beim erschreckt dasitzenden Korporal vom Tag vorbeieilte, schrie er diesen an: „Warum haben Sie mich nicht rechtzeitig geweckt, Sie Schlafmütze. Do redma noch später drüber!"

Dann war er auch schon in der Küche zwischen den großen dampfbetriebenen Kochkesseln verschwunden. Jetzt war wieder Ruhe in das am Samstagnachmittag menschenleere Kasernengebäude eingekehrt. Lediglich der am Gebäudeeingangsbereich sitzende Korporal vom Tag blickte immer wieder verwundert den dunklen Gang entlang zur Küche und konnte sich das eifrige Treiben des dicken Küchenchefs zur immer später werdenden Nachmittagsstunde nicht erklären.

Nach einer Stunde öffnete sich die große Küchenglastür, und der Küchenchef trat resolut und mit drohender Stimme im Befehlston hervor: „Wollen Sie nicht ausrufen, dass das Frühstück fertig ist?" Dann verschwand der Küchenchef für kurze Zeit wieder in der Küche, bis er wenige Minuten danach abermals durch die Glastür hervorschoss und schrie: „I glaub, Sie spinnen! Sie sulln zum Frühstück ausrufen!"

Der Korporal vom Tag konnte sich dem Befehl des Küchenchefs, der übrigens den Dienstgrad eines Offiziersstellvertreters trug, nicht erklären und ging, dem Befehl gehorchend, in das 1. Stockwerk, wo er mit zittriger Stimme leise ausrief: „Raustreten zum Frühstück!" Die Zimmertüren blieben jedoch alle, bis auf eine, verschlossen. Aus diesem Zimmer blickte ein Präsenzdiener mit weit aufgerissenen Augen. „Bist depart, warum jetzt?", fragte dieser erstaunt. „Weils da Offizierstellvertreter von da Kuchl befohln hot", antwortete der Korporal vom Tag. „Jo gibts dann morgen in der Fruah nix zum Hawarn?", fragte der Präsenzdiener. „Des was i net, und es is mir a ziemlich wurscht", antwortete der Korporal und ging wieder ins Parterre zu seinem Platz zurück.

Mittlerweile saß der Küchenchef bereits eine Viertelstunde vor dem bereitgestellten Frühstück und wartete mit Ungeduld auf rund 200 Frühstücksteilnehmer. Immer wieder streifte sein Blick über Marmelade, Butter, Honig, Schwarzbrot, Milchkaffee, Negerschweiß (schwarzer Kaffee) und Tee. Die Zeit verrann, doch kein einziger Soldat kam, um sein Frühstück zu holen, was den Küchenchef doch zu verwundern und zu erregen begann. Und nachdem sich auch der Speisesaal immer mehr zu verfinstern begann, anstatt, dass die erwünschte Morgensonne in den Raum strahlte, stürmte er noch einmal zum Korporal vom Tag, den er mit verwirrter Stimme anpfauchte: „Wos is heit do los? Seids olle bsoffen? Warum kummt kana a Frühstück holn?" Der verschreckte Korporal wagte kaum die alles entscheidende Frage zu stellen, rang sich dann unter Aufbringung aller seiner Zivilcourage doch zur Fragestellung durch: „Wieso jetzt, Herr Offizierstellvertreter. Es san jo olle daham auf Urlaub, und es is jo net in da Fruha, sondern schon bald 19 Uhr auf da Nacht." „Wos?", schrie der Küchenchef, „warum hobns ma des net glei gsogt, Sie Blindgänger. Wahrscheinlich habens gestern wieder zu viel gsoffen!" Dann ging der wütende Herr Offizierstellvertreter in die Küche, räumte sein Frühstück wieder zurück und versperrte die Küchenräume, so wie es die Vorschrift erforderte. Mittlerweile war es bereits so spät geworden, dass die gesamte Kaserne in tiefer Dunkelheit gehüllt war.

Am nächsten Morgen, es war ein sonniger Sonntagmorgen, stand ab 7 Uhr dasselbe Frühstück, wie es schon am Vortag zusammengestellt und zubereitet war, für 200 Mann wieder bereit. Alles war bestens vorbereitet, doch an diesem Sonntag wäre nicht für 200, sondern nur für 30 Mann zu kochen gewesen. Auch das war kein großes Malheur, denn am Montag in der Früh wurde der bereits zum dritten Mal erwärmte Kaffee und Tee und die schon mehrmals zwischen Kühlschrank und Ausgabestelle hin- und hergetragene Butter und Marmelade endgültig von den aus dem Wochenendurlaub zurückkehrenden Soldaten mit großem Appetit aufgegessen. Und von einigen an einem Tisch sitzenden Soldaten hörte der Küchenchef: „So ein frisch zubereiteter Kaffee ist schon was Gutes".

Johann Schleich

Das feurige Rehgulasch

Er war gleich hoch wie dick, gutmütig, besonders stolz darauf Soldat zu sein und mit aller Leidenschaft Koch beim Bundesheer. Bereits im 2. Weltkrieg zog er das Messer, um für die Soldaten aufzukochen. Ja, Aufkochen ist das richtige Wort für die Kochkunst des Herrn Offizierstellvertreters Karl, der vom scharfen Anbraten eines Fleischstückes und diversen anderen Küchenpraktiken gar nichts, aber schon überhaupt nichts hielt. Ein Meister seines Faches war er jedoch, wenn es hieß ein Gulasch zuzubereiten. Und so kam es, dass der schicksalshafte Lauf des Lebens des Herrn Karl mit so mancher kuriosen Kapriole verbunden war.

Alles begann mit einem Reh, das einem Jäger vor die Flinte lief und danach aus der Decke geschlagen in der Kasernenküche des Offizierstellvertreters Karl landete. Der Kasernenkommandant hatte für diesen Abend alles, was Rang und Namen beim Militärkommando Graz hatte, zu einem Rehgulasch, das in einem der Kaserne nahe liegenden Gasthof zubereitet und verspeist werden sollte, eingeladen. Mit einigen Litern Rotwein, Gewürzen und dem in kleinen Stücken zerteilten Reh machte sich Herr Karl auf den Weg in die Gasthausküche, wo sofort unter den neugierigen Blicken der dort tätigen Köchinnen mit der Zubereitung des Rehgulasches (als handle es sich um ein Schaukochen) begonnen wurde.

Bald nach den ersten Griffen hatten die Gasthofköchinnen erkannt, dass der Herr Karl mit aller Hingabe dem mitgebrachten Rotwein zugetan war, jedoch nicht für die Rehgulaschverbesserung, sondern mehr zur Befriedigung der eigenen Gelüste. Und so nahm das Schicksal jenen Lauf, den es zu gehen vorbestimmt war, da aus heute nicht mehr feststellbaren verhängnisvollen Umständen anstatt des vorgesehenen halbsüßen Paprika das extrascharfe Paprikapulver für die Gulaschabschmeckung verwendet wurde. Der Rotwein hatte inzwischen die Geschmacksinne des Herrn Karl bereits um ein Vielfaches vermindert, auch sein Erinnerungsvermögen ließ merklich nach, und so mengte er, um dem Gulasch eine besonders feurige Farbe zu geben, eine weitere Hand voll Paprika zu.

Nach dem Motto „fest gerührt ist halb gewonnen" setzte sich der Kochvorgang vor den erstaunt zuschauenden Gasthofköchinnen fort. Einige Spritzer Wein noch in die Soße und den Rest in die Gurgel und noch einmal mit Pfeffer und Paprika abschmecken, und schon war das Rehgulasch für die aus Graz angereisten Offiziersgäste, die bereits mit Heißhunger auf das in der ganzen Steiermark bekannte „Meistergulasch" des Herrn Karl warteten, fertig. Der Gastgeber, der Kasernenkommandant, ein Offizier von adeligem Geblüt, hielt noch eine kurze Begrüßungsansprache und wünschte sodann, bevor noch jeder ein Stamperl Doppelgebrannten, einen extrascharfen Zwetschgernen zu sich nahm, guten Appetit. Er vergaß auch nicht darauf hinzuweisen, dass heute für die geehrten Gäste Offizierstellvertreter Karl persönlich in der Küche stehe.

Erwartungsvoll richteten sich die Offiziersblicke auf die mit weinrotem Rehgulasch gefüllten Schüsseln, die nun von zwei Kellnern aufgetragen wurden. Die Teller waren bald gefüllt, und nach dem gemeinsamen „Guten Appetit" benetzten Soße und Fleischstücke erwartungsvoll die verwöhnten Gaumen. Der dabei auftretende Schock soll noch heute so manchem Offizier in den Knochen stecken. Ein unbeschreibbares Brennen breitete sich in der Mundhöhle aus, dass einige der Gäste befürchteten, die Geschmacksnerven im Mund für immer vernichtet zu haben. Keiner der Anwesenden dachte nur im Entferntesten daran, vielleicht doch ein zweites Stück zu probieren sondern im Gegenteil, jeder griff hektisch mit zittriger Hand und mit schweißbedeckter Stirn zum Bierglas und versuchte durch eine bierige Mundspülung Erleichterung von diesem unsagbaren Brennen zu erlangen. Und gerade in diesem Moment der ersten Erleichterung und des Mundbrandes trat der Herr Offizierstellvertreter Karl mit schwankendem Schritt aus der Küche, baute seinen voluminösen Körper vor den blass gewordenen Offizieren auf, salutierte, dass seine hohe Kochmütze wackelte und meldete: „Herr Major, Rehgulaschzubereitung beendet. Hoffe, dass es mundet und der Abend für lange Zeit in Erinnerung bleibt!"

Johann Schleich

Anders genannt, dasselbe gemeint.

Mittlerweile pfeifen es bereits die Spatzen von allen Dächern, dass „deutsche Sprache - schwere Sprache" ist. Und zu dieser sogenannten schweren deutschen Sprach- und Schriftkultur reihen sich noch die vielfältigen deutschen, berufsbezogenen oder einem speziellen Fachgebiet zugeordneten Sprachbereiche mit speziellem Wortschatz. So pflegen die Jäger, Fischer, Handwerker oder auch Sportler ihr eigenes Vokabular, dessen Sinn nur Insider zu verstehen imstande sind. Nicht anders ist dieses deutsche Sprachwirrwar bei den Köchinnen und Köchen. Wer hier mitreden und als gleichwertig anerkannt werden will, hat vieles, für einen Außenstehenden so manches unverständlich Klingendes zu lernen. Besonders schwierig und verwirrend wird die Kommunikation, wenn längst vergilbte, bis in das 19. Jahrhundert zurückreichende Begriffe in den alltäglichen Sprachgebrauch einfließen.

Beginnen wir unsere sprachgeschichtliche Reise durch die duftende, blühende Welt der Küchen mit einigen allgemeinen Begriffen. Und bereits beim ersten Wort geraten wir in einen unausweichlichen Begriffskonflikt. Ein Koch muss nicht unbedingt eine männliche Person sein, die das Kochhandwerk erlernt hat, sondern es kann sich dabei um eine breiartige Speise, so wie wir es vom Grießkoch kennen, handeln.

Hört man von „anlaufen lassen", ist keineswegs von einem bevorstehenden Autostart, sondern von einem Kochvorgang, bei dem im Fettstoff bei nötiger Hitze etwas angebraten wird die Rede. Das „Bähen" hat nichts mit dem Schrei eines Schafes zu tun, sondern man röstet oder toastet etwas, und beim Blanchieren handelt es sich keineswegs um ein zirkusreifes Kunststück, sondern um das kurze Ankochen in heißem Wasser. Jemand das Faschieren anzudrohen, ist keine Freundlichkeit, da der Bedrohte Gefahr läuft durch den Fleischwolf gedreht zu werden. Flaumig ist eine Speise, wenn sie schaumig ist, und als welsch bezeichnet man ein Gericht, das für die italienische Küche typisch ist.

Sagt der Koch, ich werde jetzt abziehen oder binden, so heißt das keineswegs, dass er die Küche verlassen will, sondern dass er sein Gericht vor dem Anrichten mit Eidotter, Butter und Mehl verdickt. Etwas aufgehen lassen, soll nicht bedeuten, dass Geld ausgegeben wird, sondern dass Mehl oder Kräuter in Butter gedämpft werden oder ein Teig bei warmer Raumtemperatur sich vor dem Backvorgang ausweitet.

Beim Blanchieren werden Lebensmittel in kochendem Wasser kurz aufgekocht, während beim Buttern etwas mit Butter bestrichen wird. Vom Stoven redet der Küchenchef bei der Zubereitung des abgekochten Gemüses, und überhaupt nichts Schlechtes hat er im Sinn, wenn er meint, dass er etwas oder einen kalt stellen muss. Auch beim Panieren muss nicht sofort daran gedacht werden, dass jemand Schläge bekommen soll. Ganz im Gegenteil. Bei diesem Arbeitsvorgang hüllt der Koch ein Fleischstück oder sonst etwas in drei Schichten mit Mehl, Eiern und Semmelbröseln vor dem Backvorgang ein.

Fordert der Koch ihm einen Durchschlag zu bringen, so wird ihm nichts Zerschlagenes, sondern ein großlöchriges Sieb gereicht. Eine Tasse oder ein kleiner Topf trägt die Bezeichnung Häferl oder Häfen, die Backform heißt Model, die Teigrolle Nudelwalker, das flache Gefäß zum Braten ist die Rein oder das kleine Reindl, und die Blechmodel zum Backen von kleineren Speisen trägt den klingenden Namen Wandel, was in keinem Fall mit dem Zeitwort wandeln, also an etwas anschlagen, verwechselt werden darf. Schlussendlich heißt eine tiefe Schüssel mit Henkel Weidling und ein größerer Topf mit Henkeln Kasserolle. Die Bain-Marie hat nichts mit jener Bekannten Maria Pein zu tun, sondern ganz im Gegenteil handelte es sich ursprünglich um eine handhohe Kasserolle, die bis zur Hälfte mit kochend heißem Wasser zur Warmhaltung der Speisen gefüllt war. Heute erfolgt die Warmhaltung durchwegs mit einer elektrisch betriebenen Bain-Marie. Nun wenden wir uns den fleischlichen Gelüsten der Küche zu. Hier hören wir vom Brüstel oder vom Bries und bekommen erklärt, dass damit die Brustdrüse vom Kalb, eine Spezialität für Feinschmecker, gemeint ist. Der Hirschzemmer ist jener köstliche Teil vom Hirschrücken, der wegen seiner Fettlosigkeit hoch geschätzt wird. Beim Brustkern handelt es sich keineswegs um ein in einer Brust entstandenes kernartiges Geschwür, sondern um einen Ochsenfleischteil aus dem Brustbereich, der sich, zu Gulasch verarbeitet, zu einer wahren Gaumenfreude entfaltet. Beim Beuschel handelt es sich um die Tierlunge, hingegen hat der Lungenbraten mit dem Beuschel nichts gemeinsam, sondern für dessen Zubereitung wird das Filetstück des Rindes verwendet. Dieses Fleischstück wird auch Mürbbraten genannt. Das Schweinsfilet hat eine nur in der Steiermark gebräuchliche Bezeichnung als „Fischerl". Im geselchten Zustand ist dann vom „Meisterbratl" (auch Moastabratl) die Rede. Im Norden der Oststeiermark nennt man das Schweinsfilet „Ruckwurst" und in der Weststeiermark „Lendbratl" oder „Lembratl".

Der Schlögel ist die Keule vom Rind, Kalb, Reh oder Schwein, und ist von der Sulz die Rede, so hat dies nichts mit einem versumpften Grundstück zu tun, sondern um mindere Fleischqualität, die mit Gelee vermischt in ein wurstartiges Gebilde verarbeitet wird. Handelt es sich um einen gemästeten, kastrierten Hahn, so ist vom Kapaun die Rede, und bereitet der Koch ein Rippchen oder Kotelett zu, so meint er lakonisch, dass es sich um eine Karbonade handelt.

Wird ein Roastbeef serviert, dann liegt im Teller nichts anderes als ein Beiried. Ist davon die Rede, dass es sich bei der Speise um eine Farce handelt, so kann dies nur positiv gemeint sein, da es sich um Fleisch oder Fisch, fein gehackt, mit Speck, Butter, Ei, Brot und Gewürz vermischt handelt. Eine Kraftbrühe, für die ein Bratensaft entfettet wird, heißt Jus oder Schü. Eine kräftige Suppe mit Fleisch, Geflügel und Gemüse nennt der Koch voller Stolz Braise. In diese kann auch ein Einbund, eine Suppeneinlage, ähnlich den Serviettenknödeln, kommen. Andere Köche wiederum ziehen als Suppeneinlage das Pflanzel, einen in Fett gebackenen Eierkuchen vor. Der Eierstich oder das Eiterl hat so manchem Küchenchef Anlass gegeben darüber nachzudenken, ob er zum Narren gehalten wird. Doch die Sache ist leicht aufzuklären, da es sich dabei um keine Bösartigkeit, sondern um eine eihältige Suppeneinlage handelt. Zur einer selten gewordenen Spezialität ist die Panadel, eine Semmelbrei- oder Weißbrotsuppe. Zu den besonderen Köstlichkeiten muss die Pofese oder Pafese, eine in Fett gebackene, gefüllte Semmelschnitte gezählt werden.

Ob man Erdäpfel, Kartoffeln oder Krumpern, sagt ist an und für sich egal, da es sich um die ein und dieselbe Feldfrucht handelt, die man einst als Blumenpflanze aus Amerika zu uns brachte. Zum Kraut sagt so mancher Koch Weißkohl, zum Kren, vor allem wenn er zur Saisonarbeit in einer Küche Deutschlands stand, Meerrettich und zum Karfiol Blumenkohl. Der Lauch wird zum Porree, die knoblauchartige Scharlotte oder der Perlzwiebel zur Rokambole und der Sellerie zum Zeller. Zum Thymian sagt der betagte Koch Kuttelkraut, während die Magenwände vom Schwein die Kutteln sind. Fein geschnitten und mit viel Geschick werden die Kutteln zur Kuttelsuppe veredelt. Und nachdem wir schon beim Bereich der Magenwandveredelung angelangt sind, sind auch die Fleck, die Rindsmagenwände, zu erwähnen, die, vorausgesetzt der Koch beherrscht die Geheimnisse der Zubereitung, in einer Flecksuppe veredelt werden. Versucht der Koch sowohl der Kuttelsuppe als auch der Flecksuppe mit der Gewürzpflanze Estragon eine besondere Geschmacksnuance zu verleihen, so mengt er einfach Bertram zu.

Der Meisterkoch oder die Meisterköchin pulverisiert die Ingredienzien von Majoran, Gewürznelken, ein klein wenig Pfeffer, einer halben Muskatnuss, einigen Blättern der Muskatblüte und wenig Ingwer zur Gewürzmischung Sepice, die bei der Zubereitung von Faschiertem oder bei der Wurstproduktion Anwendung findet.

Verwirrend wird die Sprachplauderei, wenn man zum Mais kommt. Einmal heißt er „türkischer Weizen", dann wieder „Türken" oder „Polenta". Für die Oststeirer heißt der Mais einfach „Woaz" oder „türkischer Woaz", nicht zu verwechseln mit „Bauwoaz", denn da handelt es sich um eine völlig andere Frucht, nämlich um den Weizen.

Die jedermann bekannten Biskotten können von einem wortgewandten Koch zu Löffelbiskuits werden. Vereinzelt soll es in Küchen auch vorkommen, dass sich Koch und Köchin Busserln geben. In diesem Fall ist genauestens zwischen dem „Busserln" und den „Busserln" zu unterscheiden. Während es sich im ersteren Fall um das Küssen handelt, ist im Fall zwei ein kleines Zuckergebäck, dass einst auch Baiser bezeichnet wurde, gemeint. Vielfältig und fantasiereich sind die Namen für einen dünnen, in wenig Fett gebackenen Eierteig. Während man von Eierfleckerln, Frittate und Pfannkuchen hört, ist die Palatschinke am weitesten verbreitet. Nicht verwechselt darf die Palatschinke mit der Omelette, einem speziellen Eierkuchen, werden.

Nachdem Apfel-, Birnen- und Zwetschkenstücke in einem speziellen Dörrofen gedörrt wurden, werden diese sonderbarerweise zu Kletzen. Aus diesen wiederum wird das Kletzenbrot, ein Früchtebrot, hergestellt. Fast gänzlich in Vergangenheit geraten sind die Prügelkrapfen. Einst handelte es sich um eine Festtagsmehlspeise, die nur bei höchsten Feiertagen oder Primizfeiern zubereitet wurde. Dabei wird auf einen sich drehenden konischen „Holzprügel" schichtweise Teig aufgetropft und so gebacken. Fertig gebacken, vom Prügel gezogen, verziert und aufgestellt, wird dieses Kunstwerk auch als Baumkuchen bezeichnet. Ist jedoch vom Schnürlkrapfen die Rede, dann handelt es sich um ein Kleingebäck, das man durchwegs unter den Begriff Spagatkrapfen kennt.

Eine Mandelsulz trägt den bezeichneten Namen Blanc Manger, die Hötschebötsch sind nichts Geringeres als die Hagebutten, die Limoni ist die Zitrone, die Marille ist die Aprikose, die Pomeranze oder Apfelsine die Orange, die Sauerkirsche ist die Weichsel, die Weinbeerl sind getrocknete blaue Weintrauben und die Zibeben sind getrocknete Weintrauben, die sogenannten Rosinen oder Korinthen.

Um noch mehr Verwirrung in diese unterschiedlichen Bezeichnungen zum selben Produkt zu bringen, sollten abschließend noch einige markante Beispiele genannt werden. Die Eierspeis ist das Rührei, das Eiklar ist das Eiweiß, die Einbrenn eine Mehlschwitze, die Germ die Hefe, die Grammel die Griebe, das Grünzeug ein Bund Suppengrün, ein Happerl ein kleiner Kopfsalat, ein Häuptel ein großer Kopfsalat, der Knofel ein Knoblauch, der Kren der Meerrettich, die Maroni eine Edelkastanie, die Paradeiser die Tomate, das Schlagobers die Sahne, das Tatschkerl ist die gebackene Teigtasche und das Überzuckern heißt so viel wie den Durchblick haben.

Johann Schleich

Vorspeisen

CHAMPIGNONCOCKTAIL

Die Champignons putzen, waschen, in Scheiben schneiden und in etwas Öl anschwitzen. Die Tomaten waschen, schälen und in kleine Würfel schneiden und zu den Champignons mischen. Mit Salz, Pfeffer und etwas Ketchup würzen und mit gehackter Petersilie bestreuen. Den Cocktail mit einer Cocktailsauce (siehe Saucen) in Gläsern angerichtet servieren.

(Fiala-Fernbrugg Kaserne/Aigen i. E.)

ZUTATEN	4 PERS.	100 PERS.
Champignons	40 dag	10 kg
Tomaten	4 Stk.	5 kg
Salz, Pfeffer		
Petersilie		
Öl		
Ketchup		

ZUTATEN	4 PERS.	100 PERS.
Brandteig (siehe Grundrezept)		
Fülle:		
Topfen	10 dag	2,5 kg
Schinken	10 dag	2,5 kg
Weichkäse	8 dag	2 kg
Mayonnaise	2 Essl.	1¼ kg
Salz, Pfeffer, Petersilie		

BRANDTEIGKRAPFERLN MIT PIKANTER FÜLLE

Kleine Brandteigkrapferln backen – Deckel abschneiden.

Für die Fülle alle Zutaten kleinwürfelig schneiden – mit Mayonnaise und Topfen vermischen, würzen und die Krapferln damit füllen.

(Von der Groebenkaserne/Feldbach)

Speisesaal in der Groebenkaserne (Feldbach). Gedeckt für österreichische Speisen

ZUTATEN	4 PERS.	100 PERS.
Weisser od. Grünspargel	1 kg	25 kg
Zucker	1 Tl.	25 dag
Butter	2 dag	50 dag
Zitronensaft	1 Essl.	½ l
Kernölbechamel:		
Butter	4 dag	1 kg
Mehl	3 dag	75 dag
ger. Käse	5 dag	1,25 kg
Milch	¼ l	6,25 l
Salz, Pfeffer		
Muskatnuss		
Kürbiskernöl	1 Essl.	ca. ½ l

SPARGEL MIT KERNÖLBECHAMEL

Frischen Spargel waschen, ca. 2 cm unter der Spargelspitze nach unten dünn schälen. Wasser mit Salz, Zucker, Butter und Zitronensaft in einem länglichen oder hohen Geschirr zum Kochen bringen und den Spargel darin ca. 10–20 min. garen lassen.

Für die Bechamel Butter schmelzen, Mehl einrühren, anlaufen lassen und mit kalter Milch aufgießen. Kräftig mit einem Schneebesen rühren und auf kleinste Flamme zurückschalten. Nun den geriebenen Käse hinzufügen, salzen, pfeffern und noch ca. 5 min. köcheln lassen. Zum Schluss mit Muskat und Kürbiskernöl verfeinern und über die gut abgetropften Spargelspitzen gießen und servieren.

(Von der Groebenkaserne/Feldbach)

Gefülltes Ei

ZUTATEN	4 PERS.	100 PERS.
Eier	2 Stk.	50 Stk.
Mayonnaise mit Dotter	2 Essl.	75 dag
Salz, Senf, Zucker		
Zitronensaft, Pfeffer		
Schnittlauch od. Kapern u. Thunfisch		

Eier kochen, auskühlen, halbieren, den Dotter passieren, mit Mayonnaise und Schnittlauch oder geschnittenen Kapern oder geschnittenen Thunfisch anstelle des Dotters einfüllen. Mit Salaten garnieren. Statt der Mayonnaise können 2 dag gerührte Butter verwendet werden.

(Von der Groebenkaserne/Feldbach)

Gefüllte Paradeiser

ZUTATEN	4 PERS.	100 PERS.
Paradeiser	8 Stk.	10 kg
Salz	1 Tl.	15 dag
Fülle:		
gekochter Langkornreis	15 dag	3,75 kg
Thunfisch	20 dag	5 kg
geh. Petersilie	2 Essl.	
Pfeffer, Zitronenschale		
Crème fraiche	4 Essl.	4 lt.
kleine Basilikumblätter	8 Stk.	200 Stk.

Die Paradeiser waschen, vom Stilende einen kleinen Deckel abschneiden und die Paradeiser aushöhlen, mit Salz ausstreuen.

Für die Fülle den gekochten Reis mit den Thunfischstücken, der gehackten Petersilie, dem Pfeffer und der Zitronenschale und Crème fraiche locker mischen. Die Masse in die Paradeiser füllen und den Deckel wieder aufsetzen. Die Paradeiser nun mit Basilikumblättern garnieren.

(Mickl-Kaserne/Bad Radkersburg)

Karotten-Lauch-Rohkost

ZUTATEN	4 PERS.	100 PERS.
Lauch	30 dag	7,5 kg
Karotten	40 dag	10 kg
säuerliche Äpfel	1 Stk.	4 kg
Kresse		
Zitronensaft	1 Essl.	
geh. frische Kräuter (Persilie, Schnittlauch, Zitronenmelisse)	2 Essl.	
Sauerrahm	⅛ l	
Birnendicknektar	½ Tl.	

Den Lauch putzen, waschen, halbieren und in dünne Streifen schneiden. Karotten waschen, schälen und in dünne Stifte schneiden. Die Äpfel schälen, vierteln, vom Kerngehäuse befreien und grob raspeln. Kresse waschen und gut abtropfen lassen. Lauchstreifen, Karottenstifte und Apfelraspel auf einer Platte anrichten und mit Zitronensaft beträufeln.

Die Kräuter mit Sauerrahm, Salz und Birnennektar verrühren. Die Soße über den Salat geben und mit Kressebüscheln garnieren.

Dazu passt ein kräftiges Vollkornbrot. (Hermann-Kaserne/Leibnitz)

Spinatpudding

ZUTATEN	4 PERS.	100 PERS.
Butter	2 dag	50 dag
Mehl	2 dag	50 dag
Milch	1 dl	2,5 l
Eier	2 Stk.	40 Stk.
Spinat Tk	10 dag	2,5 kg
Spinat trocken u. ausgepresst	4 dag	1 kg

Die Milch mit den Gewürzen aufkochen lassen, aus Fett und Mehl eine Einmach herstellen, mit der Gewürzmilch aufgießen und eine dicke Béchamel herstellen – überkühlen lassen, Dotter und passierten Spinat beimengen. Zum Schluss den Schnee locker darunter ziehen. In gefettete und mit Brösel ausgestaubte Formen füllen und im Wasserbad nicht zugedeckt etwa 30 Minuten pochieren.

(Fliegerhorst Hinterstoisser/Zeltweg)

Vorspeisen

WILDPASTETE AUF PREISELBEERSCHAUM

Zwiebel, Karotten und Sellerie leicht in Butter anglasieren, das marinierte Fleisch mitrösten (einmarinieren 5 Tage vorher: mit Wacholderbeeren, Pfefferkörnern, Salz, Rotwein, Lorbeerblatt, Orangensaft, Preiselbeeren, Thymian, Karotten, Zwiebel und Sellerie), dann wird das Fleisch gecuttet, Zwiebel-Brunoise schneiden und dazugeben.

Aufgeschlagenes Obers leicht mit Gelatine versetzen und darunter ziehen. In Terrinen füllen.

Preiselbeerschaum:

Obers aufschlagen, Preiselbeeren und Cognac darunter ziehen.

(Erzherzog Johann-Kaserne/Strass)

ZUTATEN	4 PERS.	100 PERS.
Wildschlögel	20 dag	5 kg
Speck	5 dag	1 kg
Obers	1/‰ l	1,5 l
Zwiebel	½ Stk.	20 Stk.
Rotwein	⅛ l	3 l
Orangensaft	⅙ l	2 l
Karotten		2 kg
Sellerie		2 kg
Gelatineblätter		
Toastbrot	4 Sch.	100 Sch.
Salz, Pfeffer, Salbei, Wacholderbeeren, Lorbeerblatt, Thymian		
Preiselbeerschaum:		
Obers	⅛ l	3 l
Preiselbeeren	2 EL	60 dag
Cognac	2 cl	½ l

Melone mit Speck wird an den Festtagen in der Landwehr-Kaserne/St. Michael i. ObStmk serviert.

Erdäpfelsuppe mit Räucherforelle

Forellen filetieren und in kleine Würfel schneiden. Aus den Parüren, Wurzelwerk, Weißwein und Gewürzen einen Fond zubereiten, abseihen und zur Seite stellen. Kartoffeln schälen – in Würfel schneiden, Lauch putzen - in Julienne schneiden, Zwiebel feinwürfelig schneiden. Zwiebel in Butter anschwitzen, Kartoffeln und ca. ⅔ des Lauches dazugeben – mit Fond aufgießen, langsam kochen, bis das Gemüse weich ist. Crème fraîche sowie einen Teil der geschnittenen Forellen dazugeben, Suppe pürieren. Restlichen Lauch sowie einen Schuss Obers in die Suppe geben und nochmals aufkochen lassen, abschmecken und anrichten. Mit restlichem Obers (halbgeschlagen), Forellenstückerln, in Butter gerösteten Weißbrotwürfeln und grob gehackter Petersilie vollenden, servieren.

(Hackher-Kaserne/Gratkorn)

ZUTATEN	4 PERS.	100 PERS.
Kartoffeln	12 dag	3 kg
Lauch	8 dag	1,8 kg
Zwiebeln	5 dag	1,2 kg
Butter	3 dag	80 dag
Weißwein	ca. ‰ l	1 l
Crème fraîche	etwas	1 l
Obers	ca. ⅛ l	2 l
Räucherforelle	12 kg	3 kg
Toastbrot	1 Sch.	2 Stk.
etwas Petersilie		2 Bd.
Wurzelwerk	80 dag	2 kg

Schwarzbrotsuppe aus Preding

Schwarzbrot wird in eine Rein geschnitten und mit heißer Fleischsuppe aufgekocht. Danach wird Sauerrahm, Salz und Pfeffer darunter gerührt, aufgekocht und mundgerecht gewürzt. Fein zerkleinertes, gebratenes Fleisch, mit Schnittlauch und kleinen Zitronenstückchen vermischt, kommt in die Suppe. Dann werden Eidotter in Sauerrahm verrührt und darüber gegossen und alles im Backrohr, bis eine Kruste entsteht, überbacken.

(Fliegerhorst Nittner/Thalerhof)

ZUTATEN	4 PERS.	100 PERS.
Schwarzbrot	10 dag	2,5 kg
Fleischsuppe	1 l	25 l
Sauerrahm	2 EL	75 dag
Salz		
Pfeffer		
Fleisch	15 dag	ca. 4 kg
Zitrone	1 Stk.	10 Stk.
Eidotter	1	25
Sauerrahm	3 EL	1¼ kg
Schnittlauch		

Steirische Schwammerlsuppe mit Polentawürfel

Steinpilze putzen, schneiden, in Fett mit Zwiebeln und Petersilie dünsten, stauben, mit Essig ablöschen, aufgießen und würzen. Kartoffeln kleinwürfelig schneiden und beigeben, auf Punkt garen und abschmecken.

Polentawürfel

Polenta im Kürbisfond mit Butter und Salz in einem Topf zum Kochen bringen. Den Grieß unter kräftigem Rühren hineinrieseln lassen, den Polenta im Uhrzeigersinn rühren, bis sich der Brei vom Topfrand löst (ca. 20 Minuten). Den Maisgrieß auf ein nasses Brett streichen und auskühlen lassen, danach etwa 3–4 cm große Quadrate schneiden. Vor dem Servieren werden die Polentawürfel auf beiden Seiten mit Butter ansortiert.

(Erzherzog Johann-Kaserne/Strass)

ZUTATEN	4 PERS.	100 PERS.
Steinpilze	30 dag	6 kg
Kartoffeln	20 dag	5 kg
Zwiebeln	2 Stk.	50 Stk.
Fett	3 dag	60 dag
Mehl	3 dag	60 dag
Milch	0,25 l	5 l
Wasser	0,70 l	18 l
Salz, Pfeffer, Essig, Sauerrahm, Petersilie, Knoblauch		
Polentawürfel:		
Maisgrieß	5 dag	1 kg
Kürbis	¼ Stk	4 Stk.
Butter	5 g	10 dag
Pflanzenöl	‰ l	2 l
Salz		
Karotten		

Kassuppe

Für die „Farferl" in einem Teller je 1 EL Mehl und Wasser zwischen den Händen verreiben. Wasser oder Suppe zum Kochen bringen, leicht salzen und das verriebene Mehl („Farferl") einstreuen, kurz aufkochen lassen. Geriebenen, würzigen Käse untermischen und mit Zwiebelschmalz (Zwiebelscheiben in Butter bräunen) übergießen.

Eine sehr einfache, aber köstliche Suppe, die früher in der Fastenzeit gegessen wurde.   (Fiala-Fernbrugg Kaserne/Aigen i. E.)

ZUTATEN	4 PERS.	100 PERS.
Wasser oder Fleischsuppe	1 l	25 l
Mehl	1 EL	½ kg
Käse	5 dag	1¼ kg
Salz		
Butter und Zwiebel zum Abschmelzen		

Geschneitelsuppe

In eine leicht gesäuerte Suppe werden zerhackte Innereien wie Leber, Milz, Lunge und Herz dazugegeben und aufgekocht, mit Lorbeerblättern, Salz und Pfeffer, eventuell auch mit Wacholderbeeren gewürzt und abschließend mit Mehl abgebunden.   (Kirchner-Kaserne/Graz)

ZUTATEN	4 PERS.	100 PERS.
Leber	6 dag	1,5 kg
Milz	6 dag	1,5 kg
Lunge	6 dag	1,5 kg
Herz	6 dag	1,5 kg
Lorbeerblatt	1 Stk.	25 Stk.
Salz		
Pfeffer		
Wacholderbeeren	2 Stk.	20 Stk.
Mehl		½ kg
Wasser	1 l	25 l

Kartoffel-Lauchcremesuppe

Zwiebeln, Butter, Lauch andünsten und bräunen – mit Hühnerbrühe aufgießen, die Kartoffeln schälen und in Scheiben schneiden – dazugeben und weich kochen. Mit Salz, Thymian, Pfeffer würzen. Die geschlagene Sahne unterziehen und nicht mehr kochen lassen.

Hamburger in Streifen schneiden und gut anrösten – über die angerichtete Suppe streuen und mit Kerbel garnieren.   (Kaserne Leoben)

ZUTATEN	4 PERS.	100 PERS.
Zwiebeln	10 dag	2,5 kg
Butter	6 dag	1,5 kg
Lauch (nur der Weiße)	20 dag	5 kg
Hühnerbrühe	1,5 l	38 l
Kartoffeln	40 dag	10 kg
Sahne	⅛ l	3 l
Hamburger	16 dag	4 kg
Salz, Pfeffer, Thymian, Kerbel		

„Kestnsuppe" (Erdäpfelsuppe - Kartoffelsuppe)

Karotten, Sellerie, Petersilienwurzel, Zwiebel und Erdäpfel schälen und fein würfeln. Zunächst das Wurzelwerk in Butter andünsten – die Hälfte der Erdäpfel dazugeben – mit Gewürzen versehen – mit Wasser aufgießen und weich dünsten. Nach etwa 45 Minuten die Gemüsemischung passieren – mit Fleischsuppe auffüllen und erhitzen. Mit Mehl binden, nochmals gut abschmecken und mit Sauerrahm verfeinern. Die zweite Hälfte gekochter Erdäpfel als Einlage geben und mit gehacktem Schnittlauch bestreuen.   (Hackher-Kaserne/Gratkorn)

ZUTATEN	4 PERS.	100 PERS.
Erdäpfel	¾ kg	20 kg
Butter	3 EL	½ kg
Sauerrahm	8 EL	2 l
kräftige Fleischsuppe	1 l	25 l
Mehl	2 EL	½ kg
Wurzelwerk aus Karotten, Sellerie, Petersilienwurzel, Zwiebel		6 kg
Salz, Pfeffer		
gemahlener Kümmel		
etwas Majoran		
Knoblauch		
gehackter Schnittlauch		

suppen

LAUTERE ERDÄPFELSUPPE „KESTNSUPPE"

Würfelig geschnittene Erdäpfel werden in Salzwasser mit viel Schweinefett, gerösteten Zwiebeln, geschnittener Petersilie und Liebstöckl gekocht. Die Suppe muß „lauter" (klar) bleiben. Zur Aufbesserung können Speckwürfel und Brotstreifen in die Suppe kommen.

(Hermann-Kaserne/Leibnitz)

ZUTATEN	4 PERS.	100 PERS.
Erdäpfel		80 dag
Zwiebel		
Petersilie		
Liebstöckl		
Fett		
Salz		
Speck		10 dag
Brot		5 dag

WEIN- ODER MOSTSUPPE

ZUTATEN	4 PERS.	100 PERS.
Wein oder Most	¼ l	6,25 l
Bouillon	1 l	25 l
Schlagobers	⅛ l	3 l
Zwiebel	½ Stk.	2 kg
Äpfel	1 Stk.	25 Stk.
Zucker	2 EL	
etwas Zimt		
ger. Zitronenschale ½ Stk.		
Gewürznelken		
Semmeln	2 Stk.	50 Stk.

Zwiebeln in Butter anschwitzen, dann die Äpfel dazugeben, mit Wein oder Most und Bouillon aufgießen, dann die Gewürze beigeben und etwas kochen lassen, zum Schluss Obers beigeben und einmal aufmixen. Wenn nötig die Suppe binden, dann die Semmeln in Würfel schneiden und in Butter bräunen und auf die Suppe geben.

(Mickl-Kaserne/Bad Radkersburg)

OSTSTEIRISCHE „KLACHELSUPPE" (SCHWEINSHAXLSUPPE)

ZUTATEN	4 PERS.	100 PERS.
Klacheln (Schweinshaxln)	1 kg	25 kg
Karotten	2 Stk.	1 kg
Sellerieknolle	⅛ Stk.	3 Stk.
Petersielwurzel	2 Stk.	1 kg
Zwiebel	1 Stk.	1 kg
Lorbeerblätter	2 Stk.	
Kümmel	2 KL	
Mehl	3 EL	½ kg
Essig, Salz, Pfeffer, Knoblauch		

Die Schweinshaxen stellt man in kaltem Wasser mit Wurzelwerk und Gewürzen zu und lässt das Fleisch gar kochen, bis sich das Fleisch vom Knochen löst. Das Mehl mit etwas Essig versprudeln und zum Schluss in den Sud unter ständigem Rühren nochmals durchkochen.

In der Südoststeiermark wird diese Suppe meist mit einem Heidensterz serviert.

(Von der Groebenkaserne/Feldbach)

SAURE SUPPE (GRAMMELSUPPE)

ZUTATEN	4 PERS.	100 PERS.
Wasser	1 l	25 l
Grammeln	15 dag	3,75 kg
etwas Essig (Most- oder Apfelessig)		
Salz, Pfeffer		
etwas Mehl		
Knoblauch		½ kg

Wasser mit Gewürzen aufkochen, mit etwas Mehl binden – mit Essig abschmecken und dann die sehr heißen Grammeln in die Suppe geben, so dass die Suppe aufschäumt.

Zu dieser Suppe wird hauptsächlich Bluttommerl oder der sogenannte Frühstückstommerl (Sterz) serviert.

(Hadik-Kaserne/Fehring)

Suppen

BOHNENSUPPE

Die Bohnen werden über Nacht im Wasser eingeweicht und mit den Gewürzen gar gekocht.

Der kleinwürfelig geschnittene Speck wird mit den Zwiebeln hellgelb geröstet, mit Mehl gestaubt, kurz durchgeröstet, zu den Bohnen gegeben und gut verkocht. Gewürzt wird die Suppe mit durchgepresstem Knoblauch, Salz und versprudeltem Rahm.

(Mickl-Kaserne/Bad Radkersburg)

ZUTATEN	4 PERS.	100 PERS.
Braune Bohnen	25 dag	6,25 kg
Wasser	1¼ l	32 l
Lorbeerblatt		
Bohnenkraut	1 TL	
Selchspeck	10 dag	2,5 kg
Zwiebeln	5 dag	1,25 kg
Mehl	2 EL	½ kg
Knoblauch	2 Stk.	½ kg
Salz		
Sauerrahm	5 EL	2,5 l

RINDSUPPE MIT BRÖSELKNÖDEL

Margarine mit dem Ei schaumig rühren, das mit Milch eingeweichte und gut ausgedrückte Weißbrot passieren und dem Abtrieb beigeben, mit den Bröseln binden und ziehen lassen. Kleine Knödel formen und im Salzwasser einkochen – ca. 15 Minuten gar ziehen lassen. Die Bröselknödel nun in Rindsuppe servieren und mit frischem Schnittlauch bestreuen.

(Tüpl Seetaleralpe)

ZUTATEN	4 PERS.	100 PERS.
Rindsuppe	1 l	25 l
Weißbrot oder Semmeln	6 dag	1,5 kg
Brösel	6 dag	1,5 kg
Margarine	2,4 dag	0,6 kg
Ei	2 dag	10 Stk.
Milch		
Salz		
Muskat		
Petersilie		

RINDSUPPE MIT WEIZENNOCKERLN

Margarine erweichen und schaumig rühren, die Eier nach und nach beigeben, Gewürze, Petersilie und Perlweizen untermischen und quellen lassen. Mit einem Löffel Nockerln formen und in kochendes Salzwasser einlegen. 10 Minuten pochieren und 10 Minuten quellen lassen.

(Tüpl Seetaleralpe)

ZUTATEN	4 PERS.	100 PERS.
Rindsuppe	1 l	25 l
Perlweizen	4 dag	1 kg
Margarine	2 dag	½ kg
Eier	2 dag	10 Stk.
Petersilie		
Salz		
Muskat		

MAISCREMESUPPE MIT WURZELGEMÜSE

Die Maiskolben in 1½ l gesalzenem Wasser 15 Minuten kochen lassen. In der Zwischenzeit Zwiebeln, Karotten und Sellerie schälen, Lauch putzen. Gemüse in kleine Würfel schneiden – Maiskolben aus dem Wasser nehmen und mit einem scharfen Messer die Maiskörner vom Strunk abschneiden (das Kochwasser nicht wegschütten) – Schnittlauch waschen und fein schneiden – Butter in einem Topf erhitzen, Zwiebel mit ⅔ vom Mais in der Butter anschwitzen, und mit dem Maisfond aufgießen – 15 Minuten kochen – danach pürieren.

Wurzelgemüse der Suppe beigeben und weich kochen – zum Schluss Obers und restlichen Mais beigeben und kurz aufkochen. Mit Salz und Pfeffer abschmecken, mit Schnittlauch bestreuen.

(Gablenz-Kaserne/Graz)

ZUTATEN	4 PERS.	100 PERS.
Butter	10 dag	2,5 kg
Maiskolben	2 Stk.	
Karotte	1 Stk.	
Sellerie	1 Knolle	1 kg
Lauch	1 kl. St.	
Schnittlauch	1 Bd.	25 Bd.
Zwiebel	1 Stk.	1 kg
Obers		6¼ l
Salz, Pfeffer		

Italienische Gemüsesuppe

Man röstet das blättrig geschnittene Wurzelwerk sowie die fein geschnittene Zwiebel in Fett an, gibt gewaschene geschälte Tomaten dazu, fügt leicht zerdrückte Pfefferkörner und etwas zerriebenes Lorbeerblatt bei, lässt alles weich dünsten und passiert es. Hierauf macht man aus Butter und Mehl eine leichte Einbrenn, gibt das Passierte hinein, gießt mit Knochensuppe auf und lässt verkochen. Dann fügt man Salz, etwas Zucker und Zitronensaft hinzu. Als Einlage verwendet man den gerösteten Speck und die gekochten Makkaroni sowie das Gemüse nach Saison.

(Landwehr-Kaserne/St. Michael i. ObStmk)

ZUTATEN	4 PERS.	100 PERS.
Kalbsknochensuppe	1¼ l	31¼ l
Zwiebel	½ Stk.	½ kg
Karotte	1 Stk.	25 Stk.
Lauch	½ Stg.	13 Stg.
Sellerieknolle	½ Stk.	13 Stk.
Tomaten (à 12 dag)	5 Stk.	15 kg
Speck	5 dag	1¼ kg
Pfefferkörner	4 Stk.	
Lorbeerblatt	1 Stk.	
Butter	5 dag	1¼ kg
Mehl	4 dag	1 kg
Zucker	1 TL	
Zitrone	½ Stk.	
Makkaroni	4 dag	1 kg
Gemüse d. Saison	5 dag	1¼ kg
Salz		

Suppe mit Brunnenkresse

Die Zwiebel fein hacken und mit Butter leicht glasig rösten. Kartoffeln schälen und in Scheiben schneiden – 3 Minuten dünsten, mit Estragon, Thymian und Rosmarin verfeinern – mit Hühnerfond aufgießen – das Ganze kochen, bis die Kartoffeln bissfest sind. Nun alles mit Salz und Pfeffer gut abschmecken und nach Beigabe der Brunnenkresse noch 5 Minuten ziehen lassen.

Die Suppe nach Belieben mit Weißbrot servieren.

(Kaserne Leoben)

ZUTATEN	4 PERS.	100 PERS.
Butter	6 dag	1,5 kg
Zwiebeln	10 dag	2,5 kg
Kartoffeln	50 dag	12,5 kg
Estragon		
Thymian		
Rosmarin,		
Salz, Pfeffer		
Hühnerfond	1,5 l	38 l
Brunnenkresse	8 Zw.	200 Zw.

Fisolensuppe

Fisolen waschen, putzen, in Stücke schneiden und weich kochen. Die Zwiebel würfelig schneiden und in Margarine glasig rösten – Mehl beimengen – durchrösten, mit Fond aufgießen – verkochen lassen. Alles passieren und die Fisolen dazugeben, gut abschmecken. Die Suppe mit Sauerrahm und Butter verfeinern.

(Fliegerhorst Hinterstoisser/Zeltweg)

ZUTATEN	4 PERS.	100 PERS.
Fisolen	16 dag	
Margarine	3,2 dag	
Mehl	4 dag	
Fond	1 l	
Zwiebeln	2 dag	
Salz, Pfeffer		
Dille		
Sauerrahm	4 cl	
Butter	1 dag	

Weinsuppe

Wein wird aufgekocht und mit Zucker, Zimt und geriebener Zitronenschale vermischt. Danach werden Eidotter mit wenig Wasser versprudelt und in Scheiben geschnittene Semmeln in heißer Butter angeröstet. Die Dotter kommen nun in die Suppe, die man aufkocht. Vor dem Servieren werden die Semmelschnitten in die Suppe gegeben.

(Von der Groebenkaserne/Feldbach)

ZUTATEN	4 PERS.	100 PERS.
Wein	1 l	25 l
Zucker	5 EL	1,5 kg
Zimt		
Zitronenschale		
Eidotter	2	50
Butter		1 kg
Semmel	1 Stk.	25 Stk.

Schilchersuppe

Butter erhitzen, das Mehl darin aufschäumen lassen und mit Suppe aufgießen. 10 Minuten kochen lassen. Den Wein mit dem Zucker verrühren, bis er sich aufgelöst hat. Der kochenden Suppe beigeben und diese vom Feuer nehmen. Mit Eidotter und Sahne sämig binden und würzen. Das Schwarzbrot in Streifen schneiden, rösten und als Einlage auf die Suppe streuen.

(Gablenz-Kaserne/Graz)

ZUTATEN	4 PERS.	100 PERS.
Butter	4 dag	1 kg
glattes Mehl	4 dag	1 kg
Eidotter	2	50
Sahne	2 EL	
Rindsuppe	5/8 l	15 l
Schilcherwein	3/8 l	9 l
Zucker	1 geh. EL	75 dag
Zimt	1 Prise	
Muskatnuss	1 Prise	
entrindetes Schwarzbrot	2 Sch.	50 Sch.

Karfiolpüreesuppe

Den Karfiol in kleine Röschen zerpflücken, den Strunk feinblättrig schneiden, mit etwas Milch in Salzwasser weich kochen.

Zwiebel in etwas Fett anlaufen lassen, stauben und mit Fond auffüllen und verkochen lassen. Alles passieren, gut abschmecken und mit Butter und Sauerrahm vollenden.

(Belgier-Kaserne/Graz)

ZUTATEN	4 PERS.	100 PERS.
Karfiol	12 dag	3 kg
Mehl	4 dag	1 kg
Fett	3,2 dag	80 dag
Zwiebeln	2 dag	50 dag
Sauerrahm	4 cl	10 dl
Butter	1 dag	25 dag
Salz, Pfeffer		
Milch	1/10 l	1,5 l
etwas Zitronensaft		

Griesseintropfsuppe

Mehl, Grieß, Eier, Milch und Gewürze zu einem für Palatschinken ähnlichen Teig rühren, kurz stehen lassen.

Durch ein Nockerlsieb in die kochende Selchsuppe einlaufen lassen.

(Fiala-Fernbrugg Kaserne/Aigen i. E.)

ZUTATEN	4 PERS.	100 PERS.
Grieß	40 dag	10 kg
Mehl	ca. 30 dag	8 kg
Eier	40 dag	10 kg
Milch	ca. 0,4 l	20 l
Wasser	ca. 1/8 l	3 l
Salz		
Muskat		
Selchsuppe	1 l	25 l

Biskuitschöberlsuppe

40 Eiklar werden mit etwas Salz zu festem Schnee geschlagen, 40 Eidotter und das Mehl leicht einmischen, jedoch so, dass der Schnee nicht verrührt wird. Man streicht die Masse fingerhoch auf ein leicht befettetes und mit Mehl bestäubtes Blech und bäckt das Schöberl in mäßig heißem Rohr goldbraun. Das Schöberl wird sodann gestürzt und in gleichmäßige Würfel oder Rhomboide geschnitten. Die Schöberl werden erst in die fertig angerichtete Suppe gegeben.

(Landwehr-Kaserne/St. Michael i. ObStmk)

ZUTATEN	4 PERS.	100 PERS.
Rindsuppe	1 l	25 l
Eier	14 Stk.	40 Stk.
Mehl	etwas	8 dag
Salz		
Mehl und Butter für das Blech		

Obersteirische Einbrennfarferln in Einbrennsuppe

In die Einbrennsuppe wird der Teig aus in Fett angeschwitztem Mehl, ein wenig mit Wasser aufgegossen, eingetropft.

(Ausb. u. Erholungsheim/Bad Mitterndorf)

ZUTATEN	4 PERS.	100 PERS.
Mehl	8 dag	2 kg
Fett	2 dag	1/2 kg
Wasser	etwas	etwas
Ei	1 Stk.	20 Stk.

suppen

Eintropf-Suppeneinlage

ZUTATEN	4 PERS.	100 PERS.
Ei	1 Stk.	25 Stk.
Mehl	3–6 dag	75 dag
Wasser	etwas	etwas

Das Mehl mit dem Ei gut und lange versprudeln. 30 Minuten stehen lassen und danach in die Suppe einlaufen lassen.

Zubereitung einer Eintropfsuppe in der Kaserne Feldbach

Kürbiskernnocken

ZUTATEN	4 PERS.	100 PERS.
Eier	2 Stk.	50 Stk.
Butter	14 dag	3,5 kg
griffiges Mehl	14 dag	3,5 kg
Kürbiskerne	4 dag	1 kg
Schnittlauch		
Salz		

Kürbiskerne fein hacken. Butter und Dotter schaumig rühren. Eiklar zu Schnee schlagen, Mehl und Schnee unter den Abtrieb mengen, etwas salzen, die fein gehackten (gemahlenen) Kürbiskerne unterheben. Nockerln formen und in Salzwasser oder Suppe leicht kochen. Beim Anrichten die Nockerln reichlich mit Schnittlauch bestreuen.

(Kirchner-Kaserne/Graz)

Kürbiskernnockerln

ZUTATEN	4 PERS.	100 PERS.
klare Suppe	1 l	25 l
Milch	¼ l	5,75 l
Butter	4 dag	1 kg
Weizengrieß	5 dag	1,25 kg
Steirische Kürbiskerne natur	3 dag	75 dag
Eier	2 Stk.	50 Stk.
Salz, Muskat, Pfeffer		

Die Steirischen Kürbiskerne in einer Pfanne kurz anrösten und danach fein mahlen. Für die Nockerln Milch, Butter und Gewürze gemeinsam aufkochen, Weizengrieß und die gerösteten, gemahlenen Kürbiskerne einstreuen. Nun kräftig rühren, bis sich die Masse vom Topf löst. Nach dem Abkühlen werden die Eier gut eingerührt. Aus dem Gemisch sticht man mit zwei kleinen Löffeln Nockerln aus und lässt sie in Salzwasser ca. 10 Minuten zugedeckt ziehen.

Danach abseihen und kalt abschrecken. Die Nockerln in die heiße Suppe geben und mit Schnittlauch bestreuen.

(Von der Groebenkaserne/Feldbach)

Leberknödel – Suppeneinlage

ZUTATEN	4 PERS.	100 PERS.
Leber	8 dag	2 kg
Fett	3 dag	75 dag
Zwiebel	1 kleine	½ kg
Semmel	1 Stk.	25 Stk.
Ei	1 Stk.	25 Stk.
Salz, Pfeffer		
Brösel	4 dag	1 kg
Mehl	1 dag	25 dag
Majoran, Petersilie, Knoblauch		

Zur faschierten Leber die in Fett angelaufenen Zwiebeln geben, das eingeweichte faschierte Weißbrot dazumischen, Eier, Brösel, Gewürze und Kräuter dazugeben und aus der Masse kleine Knödel formen, in Salzwasser ca. 10 Minuten leicht kochen lassen.

(Gablenz-Kaserne/Graz)

GRAZER SCHÖBERLSUPPE

Eidotter und Eiklar trennen. Das Eiklar mit Salz schaumig schlagen. Die Dotter mit Mehl vermengen. Alles zusammen mischen und auf ein gut befettetes, bemehltes Backblech streichen. Dann streut man grüne, gekochte Erbsen darüber. Im heißen Backrohr 12–13 Minuten backen und dann schneiden.

(Kirchner-Kaserne/Graz)

ZUTATEN	4 PERS.	100 PERS.
Rindsuppe	1 l	25 l
Eier	2 Stk.	50 Stk.
Salz		
Mehl	4 dag	1 kg
Erbsen	nach Bedarf	

MILZSCHNITTEN

Milz oder Leber fein faschieren, mit zerlassenem Fett und den Eiern gut vermischen, gut würzen und mit den Bröseln zu einer streichfähigen Masse verarbeiten. Auf das Weißbrot streichen und im heißen Fett mit der bestrichenen Seite einlegen und goldbraun backen.

(Fliegerhorst Hinterstoisser/Zeltweg)

ZUTATEN	4 PERS.	100 PERS.
Weißbrot oder Semmeln	2,4 dag	60 dag
Milz oder Leber	2,4 dag	60 dag
Ei	1 Stk.	15 Stk.
Fett	0,4 dag	10 dag
Brösel	2,4 dag	60 dag
Salz		
Pfeffer		
Majoran		

Milzschnitten

Vielfältige Qualitäten

Das Weingut Thaller liegt in Maierhofen bei Großwilfersdorf und damit inmitten der oststeirischen Thermenregion. Liegt? Nein, eigentlich thront das Gut auf einem sanften Hügel. Mit herrlichem Ausblick auf die stolze Riegersburg – umgeben von gepflegten Weingärten, aus denen große Weine gekeltert werden.

Typischer Steirer

Mit konsequentem Streben nach Qualität hat sich das Weingut Thaller einen hervorragenden Ruf unter den Genießern guter Weine erringen können. Auf etwa 12 ha Rebflächen reift eine Vielzahl von Rebsorten, die allesamt klassisch steirisch vinifiziert werden. Sortentypische Fruchtigkeit, getragen von einer anregenden Säurestruktur, eher leicht im Alkohol und natürlich trocken (ohne Zuckerrest) ausgebaut. Weine wie etwa ein Welschriesling, Muskateller oder Sauvignon blanc, die diesen Attributen gerecht werden, haben der Steiermark auch international viel Ansehen gebracht.

„Weine, die etwas von der visionären Kraft und Ungezwungenheit eines Freigeistes zeigen." Peter Moser, Falstaff-Chefredakteur.

Rotweinpionier

Dabei gilt der Karl Thaller in der Weinszene als ausgesprochener Rotweinspezialist. Sortentypische Frucht auch hier, Kraft, Ausdruck und viel Charme am Gaumen sowie runde, weiche Tannine machen seinen eigenständigen Stil aus. Daß es neben der klassischen Linie auch eine mit Barriqueausbau gibt, ist wohl selbstverständlich. Falstaff – Sortensieger beim Zweigelt und A la carte - Grand Cru Sieger mit dem Blauen Burgunder sind die jüngsten Bestätigungen eines erfolgreichen Weges.

Ort der Begegnung

Guter Wein verdient ein entsprechendes Umfeld! Der Stil und die Leidenschaft des engagierten Weinbauern spiegeln sich im Weingut in einem tollen Ambiente wider, wo gefühlvoll und kompetent Weine zum Verkosten gereicht werden. Maria – die Chefin über den Buschenschank – betreut gemeinsam mit ihrem Team liebevoll ihre Gäste mit Schmankerln aus Küche und Keller. Ein Platz'l zum Einkehr halten, ein Platz'l zum Verweilen, ein Platz'l zum Genießen!

Weingut Thaller

8263 Großwilfersdorf
Maierhofbergen 24
Tel.: 03387/2924 – Fax 2924-4

Buschenschankbetrieb
von Ostern bis Ende November
Geöffnet: Donnerstag bis Sonntag
16.00 - 23.00 Uhr

Flaschenweinverkauf:
Montag bis Samstag 9 – 19 Uhr

JUNGSCHWEINERNES MIT SAISONGEMÜSE

Das Saisongemüse wird geputzt, gewaschen und je nach Art geschnitten; Kartoffel waschen, schälen und tournieren. Das Brüstl mit der Hautseite nach unten kurz überkochen und dann die Haut einschneiden. Das Fleisch mit Salz und Pfeffer würzen und in Öl und Butter anbraten – Schalotten und einige Knoblauchzehen dazugeben – mit Wein ablöschen, aufgießen und Fond leicht würzen. Zugedeckt je nach Dicke des Fleisches ca. 50–60 min garen. Das Saisongemüse glasieren, die Kartoffel mit etwas Kümmel kochen. Das Fleisch portionieren und mit dem Bratensaft, den man mit Kräutern und Butterflocken vollendet, zum Saisongemüse servieren.

ZUTATEN	4 PERS.	100 PE
Jungschweins-brüstl	60 dag	16 kg
Karotten	24 dag	6 kg
Gelbe Rüben	24 dag	6 kg
Kohlsprossen	16 dag	4 kg
Kohlrabi	24 dag	6 kg
Kartoffeln	40 dag	12 kg
Weißwein	⅛ l	2 l
junge Zwiebeln	2 Stk.	20 Stk.
Schalotten	3 Stk.	2 kg
Salz, Pfeffer		
Knoblauch		
Petersilie		
Schnittlauch		
Kerbel, Basilikum		

(Belgier-Kaserne/Graz)

Erdäpfelsuppe mit Räucherforelle, Jungschweinernes und Topfennockerln

MOSTBRATEN MIT STÖCKELKRAUT

ZUTATEN	4 PERS.	100 PERS.
Schopf	60 dag	15 kg
Most	ca. 1/4 l	4 l
Speckscheiben	4 Stk.	60 dag
Karotten	2 Stk.	1 kg
große Zwiebel	1 Stk.	1 kg
Kastanien	10–12 dag	½ kg
Salz, Pfeffer,		
Mehl	etwas	etwas

Schopfbraten salzen und pfeffern, man legt ihn dann auf Speckstreifen in eine Pfanne und gibt fein geriebene Karotten und Zwiebeln sowie einige Pfefferkörner dazu, gießt soviel guten Most darüber, dass das Fleisch halb bedeckt ist, lässt auch noch eine Hand voll gebratene und geschälte Kastanien mitkochen – gut zugedeckt alles weich dünsten. Der Saft muß dicklich einkochen und wird dann passiert, wenn nötig, mit etwas Mehl binden. (Von der Groebenkaserne/Feldbach)

GEMÜSESCHÜSSEL

ZUTATEN	4 PERS.	100 PERS.
Gemüse	80 dag	20 kg
Rindfleisch	40 dag	10 kg
Eier	4 Stk.	100 Stk.
Milch	etwas	2 l
Mehl	etwas	1 kg
Salz	etwas	etwas

Die verschiedenen saisonbedingten Gemüsesorten werden kurz in Salzwasser gekocht. Das Rindfleisch wird ebenfalls nach der Würzung mit Salz weich gekocht. Angerichtet wird das Gemüse auf Tellern und darüber werden die klein geschnittenen Rindfleischstücke gestreut. Anstatt Rindfleisch kann aus Eiern, Milch und Mehl eine in Fett fest herausgebackene Eierspeise zubereitet und in Stücke geschnitten auf den Gemüseteller gelegt werden. Diese Eierspeisschnitten werden „Oatascherl" genannt. (Von der Groebenkaserne/Feldbach)

Gefüllte Schweinsbrust

Die Schweinsbrust untergreifen, mit den Gewürzen einreiben und der Fülle füllen – zunähen oder binden. In einer Pfanne so viel Wasser geben, dass die Schwarte bedeckt ist. Der Braten muss so lange garen, bis die Schwarte weich ist und sich gut einschneiden lässt. Nun die Schwarte einschneiden und salzen – fertig braten.

Anmerkung: Nie über die Schwarte aufgießen, weil sie sonst zäh wird.

Bratenzeit: ca. 2 Stunden

Fülle:

Das Knödelbrot in Fett mit Petersilie anrösten, auskühlen, mit Milch-Ei-Gemisch vermengen, würzen. Zur Fülle kann man auch noch gekochte Erbsen, Karottenwürfel oder gebratene Schwammerln dazugeben. (Tüpl/Seetaleralpe)

ZUTATEN	4 PERS.	100 PERS.
Schweinsbrust	0,7 kg	16 kg
Salz, Kümmel, Pfeffer		
Knoblauch, Öl		
Fülle:		
Knödelbrot	0,15 kg	3,7 kg
Milch	1/16 l	6 l
Eier	2 Stk.	50 Stk.
Öl, Petersilie, Salz		

Schweinebraten

Das Fleisch gut mit den Gewürzen einreiben und in einer Pfanne mit Fett knusprig braun braten. Bratzeit ca. 1½ Stunden. Während des Bratens öfters mit etwas Wasser aufgießen. (Hadik-Kaserne/Fehring)

ZUTATEN	4 PERS.	100 PERS.
Schweineschopf	60 dag	15 kg
Salz		
Pfeffer		
Kümmel		
Knoblauch		
Fett	5 dag	13 dag

Steirisches Wurzelfleisch

Das Fleisch in kochendes Wasser geben, einige Wurzeln von Petersilie, Sellerie, Karotten dazugeben. Knoblauch, Salz, Pfeffer und etwas Essig hineingeben und alles ca. 1 Stunde weich kochen lassen. Zwiebeln, Lauch, Karotten, Sellerie in Julienne schneiden, leicht in Butter anschwitzen, mit etwas Fleischsuppe aufgießen, aufkochen lassen. Gut abschmecken und schließlich über das in Portionen geschnittene Fleisch anrichten – mit gerissenem Kren und Butterkartoffeln servieren. (Von der Groebenkaserne/Feldbach)

ZUTATEN	4 PERS.	100 PERS.
Schweinefleisch (Brüstl)	1 kg	25 kg
Wurzelwerk:		6 kg
Petersilie		
Karotten		
und Sellerie		
Salz		
Pfeffer		
Knoblauch		½ kg
Essig	etwas	etwas
Zwiebeln		3 kg
Lauch		1 kg
Karotten		2 kg
Sellerie		1 kg
frischer Kren	etwas	4 Wz.

Steirisches Wurzelfleisch

mittagsverpflegung

KALBSSCHNITZEL-ROULADE

ZUTATEN	4 PERS.	100 PERS
Kalbsschnitzel	2 Stk.	100
Kalbsschulter	25 dag	6 ????
Schlagobers	¼ l	6 l
Pressschinken	3 Bl.	75 Bl.
Blattspinat	6 dag	1,5 kg
Karotte	1 Stk.	25 Stk.
gelbe Rübe	1 Stk.	25 Stk.
dicke Scheibe		
Pöckelzunge	1 Sch.	25 Sch.
Salz		
Pfeffer		
Butter		
Alufolie		

Aus Kalbsschulter und Schlagobers eine Farce zubereiten, salzen, pfeffern und kaltstellen. Karotte und gelbe Rübe schälen und vierteln, so dass Stifte entstehen – diese blanchieren. Spinat blanchieren und trocknen. Schnitzel mit Folie ausklopfen, salzen und pfeffern. Mit Spinatblättern und Schinken belegen. Schinken mit Fleischfarce bestreichen. Am unteren Rand Karotten, Rübenstifte und Zunge auflegen.

Zwei Blatt Alufolie (24x26) mit Butter bestreichen. Schnitzel straff zu Pouladen einwickeln – Enden fest zusammendrehen. Rouladen in fast kochendem Wasser ca. 15 min garziehen lassen.

(Kirchner-Kaserne/Graz)

PUTENFLEISCH MIT CHAMPIGNONS

ZUTATEN	4 PERS.	100 PERS.
Putenfleisch	60 dag	15 kg
geh. Zwiebel	1 Stk.	2 kg
Champignons	15 dag	4 kg
Weißwein	⅛ l	1 l
Salz, Pfeffer		
Petersilie, Basilikum		
Öl zum Anbraten		
Rahm	2 Essl.	1 l

Zwiebel anlaufen lassen, geputzte geschnittene Champignons kurz mitrösten, das in Streifen geschnittene Putenfleisch dazugeben und alles nochmals durchrösten, mit Weißwein aufgießen, gut würzen und alles kurz aufkochen lassen. Mit etwas Mehl stauben und mit Rahm und Kräutern verfeinern – abschmecken.

(Erzherzog Johann-Kaserne/Strass)

Erste Vorbereitungen für die Mittagsverpflegung in der Kirchnerkaserne

GEFÜLLTER MOSTBRATEN

Schweinsnetz auswässern und abtropfen lassen – Karree der Länge nach zweimal einschneiden und plattieren – Fleisch salzen, pfeffern – Fülle auf den unteren Rand legen und einrollen – Netz ausdrücken, auflegen und das Fleisch damit einrollen, mit Spagat binden – Rohr auf 180° C vorheizen – Fleisch in Pfanne rasch rundherum anbraten, herausnehmen und im Rohr fertig braten – im Bratenrückstand Zwiebel, Speck, Wurzelwerk anrösten, mit Mehl etwas stauben und mit 1/4 l Most ablöschen. Mit Salz, Pfeffer, Lorbeer, Pfefferkörnern würzen – ca. 40 Min. dünsten – Soße passieren, wenn nötig, mit Most verlängern – abschmecken – Fleisch portionieren und mit Soße servieren. (Kirchner-Kaserne/Graz)

ZUTATEN	4 PERS.	100 PERS.
Schweinskarree	ca. 75 dag	18 kg
Schweinsnetz	1 Stk.	25 Stk.
Bauchspeck	5 dag	1,25 kg
Zwiebel	1 Stk.	
Wurzelwerk	10 dag	2,5 kg
(Sellerie, Karotten, Petersilienwurzel)		
Most	½ l	12,5 l
Fülle:		
Knödelbrot	15 dag	3,75 kg
Dörrzwetschken	5 dag	1,25 kg
Ei	1 Stk.	25 Stk.
Milch		
Salz, Pfeffer		
Petersilie		
Öl		

STEIRERBINKERLN

Aus Mehl, 2 Eiern, zerlassener Butter, Salz, Pfeffer einen glatten Teig bereiten und zugedeckt eine halbe Stunde rasten lassen.

Für die Fülle den Porree ringelig und die Champignons blättrig schneiden, in Butter andünsten, den würfelig geschnittenen Schinken dazugeben, mit Salz, Pfeffer, gehackter Petersilie abschmecken und mit dem Dotter binden. Die Teigmenge in 4 Teile teilen, dünn ausrollen und die Fülle in die Mitte der Teigfladen setzen – die Teigränder hochziehen und zusammendrücken – mit Ei bestreichen – auf ein befettetes Blech setzen und bei 200° C eine halbe Stunde backen. (Von der Groebenkaserne/Feldbach)

ZUTATEN	4 PERS.	100 PERS.
Mehl	20 dag	5 kg
Eier	3 Stk.	75 Stk.
Dotter	1	25
zerl. Butter	7 dag	1,75 kg
Porree	25 dag	6,25 kg
Champignons	10 dag	2,5 kg
Schinken	10 dag	2,5 kg
Butter	3 dag	¼ kg
Petersilie		
Salz, Pfeffer		

BREINWURST

Das Fleisch kernig weich kochen und nach dem Auskühlen durch eine 8-mm-Scheibe faschieren.

Heidenbrein in Wasser oder Schwartensuppe kernig weich kochen oder Hirsebrein 15 Minuten kochen, sofort in kaltem Wasser abkühlen, oder Rollgerste kernig weich kochen. Reis 12 Minuten in reichlich Wasser kochen, kalt abschwemmen. Nun das Fleisch mit den übrigen Zutaten und Gewürzen gut vermischen und abschmecken. Wenn die Masse zu dick ist, kann man etwas Schwartensuppe dazugeben. Nun die Masse in Schweinsdärme füllen, abdrehen und abbinden und etwa 40 Minuten im heißen Wasser (75° C) brühen. Herausnehmen, abkühlen lassen und in einer Pfanne im Rohr knusprig braten. (Von der Groebenkaserne/Feldbach)

ZUTATEN	30 PERS.	100 PERS.
Kopffleisch, Schwarten Lunge, eventuell Fleischabschnitte vom Schwein	2 kg	8 kg
Brein, Hirsebrein oder Rollgerste,	1 kg	4 kg
Reis		
Salz, Pfeffer		
Knoblauch		
Majoran,		
Zwiebeln		
Neugewürz,		
mittlere Schweinsdärme		

mittagsverpflegung

mittagsverpflegung

ZUTATEN	4 PERS.	100 PERS.
Brüstl	80 dag	20 kg
etwas Heu aus Bioland		
Wurzelwerk:		
Karotten		
Sellerie		
Lauch		
Salz, Pfeffer, etwas Essig		
etwas Fett		

SCHWEINSBRÜSTL IM HEUWASSER GEKOCHT

Das Fleisch im kochenden Wasser mit Heu und Wurzelwerk weich kochen – herausnehmen. In der Zwischenzeit Karotten, Sellerie und Lauch putzen, waschen – in Streifen schneiden und in etwas Fett anschwenken – mit dem Heuwasser bissfest dünsten und mit Essig abschmecken und würzen. Das Gemüse über das portionierte Fleisch anrichten und mit Chinakohlgemüse servieren. (Von der Groebenkaserne/Feldbach)

BOGRATSCH

Zwiebeln in Schweinefett anrösten und Knoblauch beigeben. Dann mit Paprikapulver und Tomatenmark verrühren und auch kurz mitrösten. (Paprika nicht lange rösten, wird bitter). Mit Rotwein ablöschen und etwas einreduzieren lassen und mit Wasser aufgießen. Die Gewürze beigeben und ein wenig kochen lassen. Das Fleisch gibt man in die kochende Soße, zuerst Rind, dann Lamm, und zum Schluss das Schweinefleisch.

Man läßt das Bogratsch 1½ Std. kochen. Dann nimmt man das Fleisch heraus und gibt die Kartoffeln in die Soße und kocht sie, bis sie gar sind. Zum Schluss wird die Einlage in einer Pfanne angeröstet und in die fertige Soße gegeben. Soße darf nicht aufgemixt werden. (Mickl-Kaserne/Bad Radkersburg)

ZUTATEN	4 PERS.	100 PERS.
Schweinefleisch	20 dag	5 kg
Rindfleisch	20 dag	5 kg
Lamm- oder Wildfleisch	15 dag	3,75 kg
Zwiebeln	60 dag	15 kg
Paprika edelsüß	3 dag	0,75 kg
Tomatenmark	2 dag	½ kg
Knoblauch		
Rotwein	¼ l	6 l
Salz, Pfeffer, Chilli, Majoran		
Einlage:		
Tomaten in Würfeln	2 Stk.	50 Stk.
Paprika in Würfeln	1 Stk.	25 Stk.
Kartoffeln	20 dag	5 kg

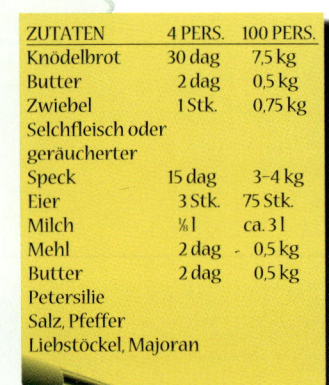

ZUTATEN	4 PERS.	100 PERS.
Knödelbrot	30 dag	7,5 kg
Butter	2 dag	0,5 kg
Zwiebel	1 Stk.	0,75 kg
Selchfleisch oder geräucherter Speck	15 dag	3-4 kg
Eier	3 Stk.	75 Stk.
Milch	⅛ l	ca. 3 l
Mehl	2 dag -	0,5 kg
Butter	2 dag	0,5 kg
Petersilie		
Salz, Pfeffer		
Liebstöckel, Majoran		

MURTALER FLEISCH(SPECK)-KNÖDEL

Gerösteten Zwiebel zum Knödelbrot geben, Selchfleisch oder Speck in Würfel schneiden und dazugeben – Eier mit Milch versprudeln, Mehl, erweichte Butter und die Gewürze hinzufügen und alles gut vermischen. Etwa 20 Minuten rasten lassen und danach 8 gleich große Knödel formen. Die Knödel vorsichtig in das heiße Salzwasser einkochen und ca. 10 bis 15 Minuten gar ziehen lassen. Abseihen und mit Salat servieren. (Kaserne Leoben)

Eingemachtes Lammfleisch

Das Lammfleisch wird kleinwürfelig, das Wurzelwerk nudelig geschnitten. Die Zwiebeln röstet man in Fett hellbraun, gibt Wurzelwerk, Fleisch, Gewürze und Wein dazu und dünstet es ca. 30 Minuten. Dann wird mit Mehl gestaubt, so viel Wasser aufgegossen, dass eine sämige Soße entsteht, gut verkocht, eventuell nachgewürzt.

(Mickl-Kaserne/Bad Radkersburg)

ZUTATEN	4 PERS.	100 PERS.
Lammfleisch	75 dag	19 kg
Fett	4 dag	1 kg
Zwiebeln	5 dag	1,25 kg
Knoblauch		
Karotten	10 dag	2,5 kg
Sellerie	10 dag	2,5 kg
Lorbeerblätter	2 Stk.	
Rosmarin		
Salz, Pfeffer		
Gewürznelken		
Weißwein	⅛ l	3 ½ l
Mehl	2 dag	0,5 kg
etwas Wasser		

Hühnerfrikassee

Die küchenfertigen Hühner werden halbiert und in ca. 20 l Wasser mit 2,5 kg Butter, etwas Salz, Lorbeerblättern, Wurzelwerk und den Zwiebeln langsam weich gekocht. Die Hühner herausheben, die Haut abziehen, jede Hälfte in Bruststück und Schenkel teilen und warm stellen.

Aus 3 kg Butter und ca. 2 kg Mehl eine leichte Einbrenn zubereiten, mit dem geseihten Kochsud aufgießen und zu einer sämigen Soße verkochen. Blättrig geschnittene Champignons oder Herrenpilze in Butter weich dünsten, in die Soße geben, mit Muskat und Zitronensaft abschmecken. Zum Schluss die nicht mehr kochende Soße mit Schlagobers und den glatt gerührten Eidottern legieren und die Soße über die angerichteten Hühnerstücke gießen.

(Landwehr-Kaserne/St. Michael i. ObStmk)

ZUTATEN	4 PERS.	100 PERS.
junges Huhn	1 Stk.	25 Stk.
Butter	10 dag	2,5 kg
Wurzelwerk	40 dag	10 kg
Zwiebeln	12 dag	ca. 3 kg
Butter	12 dag	3 kg
Mehl	8 dag	2 kg
Champignons od. Herrenpilze	40 dag	10 kg
Salz		
Lorbeerblatt		
Muskat		
Zitronensaft		
Schlagsahne	ca. ⅙ l	1 l
Eidotter	2	40

Erdäpfel-Schinkenlaibchen mit Weisskraut

Die Kartoffeln waschen und bei mittlerer Hitze zugedeckt etwa 30 Minuten weich kochen. Inzwischen für das Kraut die geschälten Zwiebeln fein hacken. In einem Topf 1 EL Butterschmalz erhitzen. Die Zwiebeln darin glasig dünsten. Das Weißkraut zu den Zwiebeln geben und andünsten. Den Cidre, das Lorbeerblatt und die Wacholderbeeren hinzufügen. Das Weißkraut mit Salz würzen und zugedeckt bei mittlerer Hitze etwa 45 Minuten garen. Die Kartoffeln abgießen, ausdampfen lassen, schälen und durch die Kartoffelpresse drücken. Den Schinken in Würfel schneiden. Die Petersilie waschen, trockenschütteln, die Blättchen von den Stielen zupfen und fein hacken. Mehl, Ei, Schinken, Petersilie, Salz und Muskat zu den Kartoffeln geben und alles rasch verkneten. Nicht zu lange kneten, sonst wird der Teig zu weich. Den Teig zu einer dicken Rolle formen, diese in etwa 1½ cm dicke Scheiben schneiden. Restliches Butterschmalz in einer Pfanne erhitzen. Die Kartoffelküchlein darin bei schwacher bis mittlerer Hitze pro Seite etwa 5 Minuten braten, bis sie schön gebräunt sind. Die Kartoffelküchlein mit Weißkraut servieren.

(Landwehr-Kaserne/St. Michael i. ObStmk)

ZUTATEN	4 PERS.	100 PERS.
mehl. Kartoffeln	1 kg	25 kg
Zwiebel	1 Stk.	2 kg
Butterschmalz	3–4 EL	
Weißkraut	75 dag	18,5 kg
Apfelwein – ersatzweise		
Apfelsaft (Cidre)	⅛ l	
Lorbeerblatt	1 Stk.	
Wacholderbeeren	4 Stk.	
gekochter Schinken	5 dag	1,5 kg
Mehl	10 dag	2,5 kg
Ei	1 Stk.	25 Stk.
Salz		
Petersilie		
Muskatnuss		

mittagsverpflegung

mittagsverpflegung

ZUTATEN	4 PERS.	100 PERS.
Lammschulter	1 kg	25 kg
Fett	40 dag	1 kg
Zwiebeln	20 dag	5 kg
Salz		
Kartoffeln	80 dag	20 kg
Rotwein	etwas	1 Fl.
Lorbeerblatt, Petersilie		

ENNSTALER BAUERNSCHÖPSERNES MIT KARTOFFELN

Das Schaffleisch zerteilen, salzen, in heißem Fett mit den Zwiebeln rasch anbraten und unter Zugießen von Rindsuppe halbweich dünsten. Die gewürfelten Kartoffeln dazugeben und mit den restlichen Gewürzen fertig dünsten.

Die Soße mit Rotwein verbessern!

Schaffleisch muß sehr heiß serviert werden, es empfiehlt sich die Teller vorzuwärmen. (Fiala-Fernbrugg Kaserne/Aigen i. E.)

SCHWEINSMEDAILLON IM SPECKMANTEL

Schweinsfilet zuputzen, schneiden à 5 dag, mit Speckscheibe umwickeln und binden, danach würzen und in der Pfanne braten.

Steirische Weinsoße

Zwiebeln in heißer Butter glasig anschwitzen lassen, mit Weißwein und Wermut ablöschen, aufgießen und einreduzieren lassen.

Quimik einrühren, bei niedriger Hitze so lange reduzieren, bis sich eine cremige Konsistenz ergibt. Danach salzen, pfeffern und durch ein feines Sieb gießen.

Geröstetes Fisolengemüse

Fisolen im Salzwasser kochen, abtropfen lassen, in Butter und blättrig geschnittenem Knoblauch schwenken.

(Erzherzog-Johann-Kaserne/Strass)

ZUTATEN	4 PERS.	100 PERS.
Schweinsfischerl (3 x à 5 dag)	60 dag	15 kg
Speck	8 dag	2,5 kg
Sonnenblumenöl		
Pfeffer aus der Mühle		
Salz		
Steirische Weinsauce:		
Sellerie	¼ Stk.	4 Stk.
Lauch	¼ Stk.	6 Stk.
Zwiebeln	2 Stk.	2 kg
Butter	2–3 dag	10 dag
Quimik	⅛ l	2 l
Weißwein	1 Schuss	2 l
Wermut	1 Schuss	½ l
Maizena		
Salz, Pfeffer		
Geröstetes Fisolengemüse:		
Fisolen	30 dag	8 kg
Butter	2 dag	0,5 kg
Salz, Pfeffer		
Knoblauch		

Letztes Abschmecken in Strass

Hühnchen Maryland

Die Hühnerbrüstchen würzen – panieren und links und rechts kurz anbraten – nun in eine feuerfeste Form geben und 10 bis 12 Minuten bei 190° C im Rohr braten. Die Bananen der Länge nach zur Hälfte schälen, mit der Schalenseite nach unten zum Hähnchen legen – mit Zucker bestreuen und 5 bis 8 Minuten mitbraten. Die Schalenränder sollen schwarz werden. Nun den Hamburger anbraten und die Hühnerbrüstchen damit garnieren.

Dazu reicht man Früchtereis und Salat. (Kaserne Leoben)

ZUTATEN	4 PERS.	100 PERS.
Hühnerbrüste (ohne Haut und Knochen)	2 Stk.	50 Stk. gr. ganze
Eier	2 Stk.	50 Stk.
Pflanzenöl	⅛ l	3 l
Bananen	4 Stk.	100 Stk.
brauner Zucker	4 EL	2 kg
Hamburger	12 Sch.	400 Sch.
Mehl, Brösel zum Panieren		
Salz, Pfeffer		

Eier in Kartoffeln gebacken mit Selchfleischrösti

Kartoffeln mit der Schale halbieren, aushöhlen, mit Butter ausstreichen, würzen und mit einem aufgeschlagenen Ei füllen.

Bei 200° C (vorgeheizt) im Rohr ca. 10 bis 15 Minuten backen.

Die ausgehöhlte Kartoffelmasse mit Zwiebeln, Schnittlauch, dem gekochten Teilsamen (in kl. Würfel geschn.) zu einer Masse verkneten und in Laibchenform anbraten. Servieren mit Sauerrahm und jeglicher Art von Blattsalat. (Kaserne Leoben)

ZUTATEN	4 PERS.	100 PERS.
gekochte Kartoffeln	4 große od. 8 mittlere	100 gr. od. 200 mittlere
Eier	8 Stk.	200 Stk.
Butter	8 dag	2 kg
Zwiebeln geh.	10 dag	25 kg
Schnittlauch	1 EL	10 Bd.
Salz, Pfeffer		
Teilsames gek.	40 dag	10 kg

Hüttengulasch

Im Fett röstet man die geschnittenen Zwiebeln goldgelb an, gibt das würfelig geschnittene Fleisch dazu, kurz durchrösten, Paprika, Gewürze und Essig dazu. Man gießt öfters mit Wasser auf und lässt alles 1 1/2 Stunden garen. Ist die Flüssigkeit verdunstet, gibt man das Mehl dazu, lässt kurz durchrösten und gießt mit klarer Suppe auf. Diese Soße lässt man jetzt gut sämig kochen.

Für die Beilage werden 7 dag Teigwaren gerechnet.
Dazu ein Bier und Salate nach Saison.

(Fiala-Fernbrugg Kaserne/Aigen i. E.)

ZUTATEN	4 PERS.	100 PERS.
Fett	4 dag	1 kg
Zwiebel	1 große	7 kg
bratiges Rindfleisch	60 dag	15 kg
Salz		
Paprika	1 EL	0,5 kg
etwas Essig		
Kümmel		
Majoran		
Knoblauchzehe	1 Stk.	
Mehl		3 dag
Suppe und Wasser zum Aufgießen		

Obersteirischer Rostbraten

Die Rostbraten werden geklopft, eingeschnitten und gewürzt. Die geschälten Erdäpfel werden in dünne Scheiben, die Zwiebeln in Ringe geschnitten. In eine gut ausgefettete Pfanne schichtet man abwechselnd Fleisch, Zwiebeln und Erdäpfel. Unter öfterem Beigießen mit Suppe wird die Speise ca. 1½ Std. im Rohr gedünstet. Dazu schmeckt grüner Salat. (Ausb. u. Erholungsheim/Bad Mitterndorf)

ZUTATEN	4 PERS.	100 PERS.
Rostbraten (à 200 g)	4 Stk.	100 Stk.
Salz, Pfeffer		
Kümmel	½ TL	
Salbeiblätter	2 Stk.	
Zwiebeln	30 dag	7,5 kg
Erdäpfel	70 dag	17,5 kg
Rindsuppe	¼ l	6 l
Fett für die Pfanne		

Rindfleischtascherl mit Schwammerlfülle

Rindschnitzel ausklopfen und mit Salz und Pfeffer würzen, geschnittenen Zwiebel andünsten.

Geschnittene Schwammerln zugeben und durchrösten. Mit Salz, Pfeffer, Petersilie und Liebstöckel würzen. Rahm und Ei verrühren und den Schwammerln beigeben. Vorsichtig erwärmen und Schwammerlfülle auf Schnitzel verteilen, zuklappen und an den Rändern festdrücken.

Gefüllte Rindfleischtascherl in Fett langsam braten.

(Ausb. u. Erholungsheim/Bad Mitterndorf)

ZUTATEN	4 PERS.	100 PERS.
Rindschnitzel	4 Stk.	100 Stk.
Steinpilze	¼ kg	6,25 kg
Ei	1 Stk.	25 Stk.
Rahm	1 EL	4 l
Zwiebel		
Petersilie		
Salz, Pfeffer		
Liebstöckel		

ZUTATEN	4 PERS.	100 PERS.
Hühnerbrüstchen (ohne Haut)	4 Stk.	100 Stk.
Topfen (40 % Fett)	5 dag	1,25 kg
Zwiebeln (fein gehackt)	3 dag	0,75 kg
Eier	2 Stk.	50 Stk.
Petersiliengrün, Schnittlauch		
Salz, Pfeffer, Mehl, Brösel		

Gefüllte Hühnerbrust

In die enthäuteten Hühnerbrüstchen einen länglichen Einschnitt machen, die Kräuterfülle in den Einschnitt füllen und zusammenklappen. Die gefüllten und gewürzten Hühnerbrüstchen mit Mehl, Ei und Brösel panieren und schwimmend im Fett herausbacken. Dazu passt sehr gut ein warmer Kartoffelsalat.

(Fliegerhorst Nittner/Thalerhof)

Paprikarahmhuhn

Huhn putzen, waschen, zerkleinern, würzen und im heißen Fett auf beiden Seiten anbraten. Im Bratrückstand Zwiebeln goldbraun rösten und Mehl mitrösten, paprizieren, mit Fond auffüllen, die Hühnerstücke einlegen und dünsten. Wenn das Fleisch gar ist, herausnehmen, den Fond passieren, mit Sauerrahm verfeinern und gut abschmecken, den grünen Paprika in Streifen schneiden und blanchieren und in der Soße etwas ziehen lassen und dann servieren.

(Fliegerhorst Hinterstoisser/Zeltweg)

ZUTATEN	4 PERS.	100 PERS.
Huhn (1,80 kg)	1 Stk.	25 Stk.
Zwiebeln	12 dag	3 kg
Mehl	4,8 dag	1,2 kg
Margarine	10 dag	2,5 kg
Öl (zum Anbraten)	24 dag	1 l
Sauerrahm	8 cl	2 l
grüner Paprika	8 dag	2 kg
Paprikapulver	2 dag	0,5 kg
Salz, Pfeffer, Knoblauch		
Suppe	4 dl	10 l

Essensausgabe in der Kaserne Bad Radkersburg

ZUTATEN	4 PERS.	100 PERS.
Rindfleisch ohne Knochen	60 dag	15 kg
Wurzelwerk	10 dag	2,5 kg
Zwiebeln	2,8 dag	70 dag
Mehl	2,4 dag	60 dag
Fett	4 dag	1 kg
Tomatenmark	0,8 dag	20 dag
Salz, Pfeffer, Knoblauch		
Lorbeerblatt, Thymian		

RINDSBRATEN (GEDÜNSTET)

Das Fleisch gut würzen und von allen Seiten scharf anbraten, grobwürfelig geschnittenes Wurzelwerk mitrösten – etwas später die Zwiebeln dazugeben – Tomatenmark mitrösten und schließlich mit Wein oder Suppe ablöschen. Das Fleisch nun 2–4 Stunden dünsten. Wenn das Fleisch gar ist, herausnehmen, den eingekochten Fond auf die gewünschte Menge ergänzen, binden, passieren und abschmecken. (Fliegerhorst Hinterstoisser/Zeltweg)

GEFÜLLTER SCHWAMMERL-ROSTBRATEN

Für die Fülle Zwiebel und Kräuter gehackt in Öl erhitzen, faschiertes Hühnerfleisch mit Zwiebel anrösten, Kräuter dazugeben und mit geriebener Muskatnuss, Salz und Pfeffer würzen. Abkühlen lassen, die Eidotter einrühren und würzen.

Rostbratenstücke seitlich etwas einschneiden, klopfen, würzen und auf einer Seite mit Senf bestreichen und mit der Fülle überdecken. Die Rostbratenschnitzel zusammenklappen und an den Rändern festdrücken.

Das Backrohr auf ca. 150° C vorheizen, Öl erhitzen, gefüllte Rostbraten 15 Minuten im Backrohr braten.

Für die Soße Zwiebel, Knoblauch, Räucherspeck, Petersilienblätter und Pilze schneiden oder hacken. Das Öl erhitzen, Pilze zufügen und kurz schwenken. Speck, Zwiebel und Knoblauch zugeben, Paprikapulver einrühren. Mit Weißwein ablöschen und Schlagobers dazugeben. Petersilie zufügen und ca. 5 Minuten kochen lassen. Kalte Butter in Flocken einrühren. (Von der Groebenkaserne/Feldbach)

ZUTATEN	4 PERS.	100 PERS.
Rostbraten	4 Sch.	400 Sch.
Öl	⅛₀ l	1,5 l
Senf	2 EL	
Salz, Pfeffer, Kerbel		
FÜLLE		
faschiertes Hühnerfleisch	15 dag	3,75 kg
Zwiebel	1 Stk.	75 dag
Petersilie, Kerbel,		
Thymian, Rosmarin		
Öl	⅛₀ l	1,5 l
Eier	2 Stk.	50 Stk.
Muskatnuss, Salz, Pfeffer		
SCHWAMMERLSAUCE		
Steinpilze	30 dag	7,5 kg
Räucherspeck	10 dag	2,5 kg
Zwiebel	1 Stk.	75 dag
Knoblauchzehe	1 Stk.	
Weißwein	⅛ l	3,2 l
Schlagobers	⅜ l	ca. 10 l
Öl	⅛₀ l	
Butter	10 dag	2,5 kg
Paprikapulver edelsüß	1 TL	
Salz, Pfeffer, Petersilie		

mittagsverpflegung

Steirisches gefülltes Hendl

Das Hendl ausnehmen, gründlich waschen, innen und außen gut würzen, Zwiebel fein hacken und mit den zerkleinerten Innereien in Butter anrösten - zur Knödelmasse geben, alles würzen und gut durchmischen. Das Hendl damit füllen und zunähen. In eine Bratenpfanne geben und im Rohr ca. 70 bis 80 Minuten bei 200 bis 220° C unter öfterem Aufgießen mit Wein braten. Nach Ablauf der Bratzeit das Hendl herausnehmen, den Fond mit heißem Wasser lösen, einmal aufkochen, abschmecken und separat zum Hendl servieren.

(Hadik-Kaserne/Fehring)

ZUTATEN	4 PERS.	100 PERS
größeres Hendl (ca. 1,2 bis 1,5 kg) mit Innereien (Leber, Herz)	1 Stk.	25 Stk.
Salz		
weißer Pfeffer, Butter zum Braten		
Weißwein	⅛ l	2 l
FÜLLE		
Eier	2-3 Stk.	50-60 Stk
Knödelbrot	15-20 dag	3-5 kg
Milch (heiß)	¼ l	ca. 2 l
Innereien		
Butter	3 dag	75 dag
Zwiebel	1 Stk.	1 kg
Salz, Pfeffer		
Petersilie, Muskat		

Hasenkeulen „Grazer Art"

Die Hasenkeulen säubern, mit Salz und Pfeffer würzen, in Mehl wälzen. Speck und Zwiebeln in Öl knusprig anrösten, herausnehmen und zur Seite stellen.

Nun die Hasenkeulen gut anbraten, mit Knoblauch würzen, die Zitronenscheibe dazugeben, mit Rotwein aufgießen, sämtliche Gewürze sowie das Ribiselgelee dazugeben. Zugedeckt bei mittlerer Hitze ca. 50 Minuten schmoren lassen, hin und wieder mit Rindsuppe aufgießen. Zum Schluss die Soße durchpassieren – Speck und Zwiebeln dazugeben, nochmals aufkochen, abschmecken und mit der Hasenkeule servieren. Als Beilage passen gedünstetes Blaukraut und Kartoffelknödeln.

(Belgier-Kaserne/Graz)

ZUTATEN	4 PERS.	100 PERS.
Hasenkeulen	70-80 dag	18-20 kg
Salz, Pfeffer, Thymian, Rosmarin, Lorbeerblatt, Wacholderbeeren		
Zwiebeln (gewürfelt)	3 dag	7,5 kg
Knoblauchzehen (gehackt)	2 Stk.	¼ kg
Zitronenscheibe	1 Stk.	
Rotwein	¼ l	6 l
Rindsuppe	¼ l	6 l
Johannisbeergelee (Ribisel)	2 TL	0,5 kg
Mehl, Öl		
geselchter Speck (gewürfelt)	ca. 15 dag	3,75 kg

Girardi-Rostbraten

Die gut abgelegten Rostbratenstücke klopfen, salzen, pfeffern und im heißen Fett auf beiden Seiten rasch anbraten - warm stellen, Butter aufschäumen – geschnittene Champignons und Zwiebel, Petersilie, Zitronenschale anschwitzen, mit Cognac oder Weißwein ablöschen, mit Tomatenmark binden und abschmecken. Nun das Fleisch in die Soße legen und weich dünsten. Beim Anrichten über das Fleisch einen Streifen Sauerrahm ziehen und mit grob gehacktem Eiweiß bestreuen.

(Gablenz-Kaserne/Graz)

ZUTATEN	4 PERS.	100 PERS.
Rostbratenbeiriedstücke (à 160 g)	4 Stk.	100 Stk.
Fett	5 dag	1,25 kg
Salz, Pfeffer, Mehl		
Butter	4 dag	1 kg
Champignons	8 dag	2 kg
Petersilie, Zwiebel, Zitronenschale		
etwas Cognac oder Weißwein		
Paradeismark		
Sauerrahm	⅛ l	ca. 3 l
hart gek. Ei	1 Stk.	25 Stk.

Mittagsverpflegung

Erste Vorbereitungen für die Mittagsverpflegung in Leoben

Steirisches Bauernschöpsernes

ZUTATEN	4 PERS.	100 PERS.
Schöpsenfleisch (Lammfleisch)	1 kg	25 kg
Salz, Pfeffer, Thymian, Rosmarin, Kümmel, Knoblauch		
Öl	etwas	
geschälte rohe Kestn (Kartoffeln)	75 dag	18 kg
Rindsuppe zum Aufgießen		
Wurzelwerk (klein geschnitten): gelbe Rüben, Sellerie, Lauch, Petersilienwurzel		
Zwiebel		5–6 kg

Das Fleisch in portionsgerechte Stücke schneiden, salzen und pfeffern, übrige Gewürze mit Öl vermischen und zum Fleisch geben. In eine Pfanne geben und bei 200° bis 220° C etwa 30 Minuten offen braten. Danach die geviertelten, rohen Kartoffeln und das würfelig geschnittene Wurzelwerk dazugeben, gut durchmischen und ca. 1 Stunde weiterbraten. Zwischendurch mit etwas Flüssigkeit aufgießen und öfter umrühren. Als Beilage reicht man frisch geriebenen Kren und Krautsalat.

(Hackher-Kaserne/Gratkorn)

Turracher Hochzeitsschnitzel

Topfen passieren und mit Kräutern vermischen und würzen. Die Schnitzel dünn ausklopfen, salzen und pfeffern - auf jedes Fleisch 1 Scheibe Selchfleisch legen und einen Löffel von der Fülle geben, zusammenklappen, festdrücken und mit Ei, Mehl und Brösel panieren und in Fett wie ein Wienerschnitzel backen.

Man kann das Schnitzel aber auch natur anbraten und mit einer zarten Rahmsoße servieren.

(Tüpl/Seetaleralpe)

ZUTATEN	4 PERS.	100 PERS.
Schweineschnitzel (à 16 dag)	4 Stk.	100 Stk.
Selchfleisch	4 Sch.	100 Sch.
FÜLLE		
Topfen (Bauerntopfen)	8 dag	2 kg
Zwiebel		
Petersilie		
Schnittlauch		
verschiedene Kräuter		
Salz, Pfeffer		
Eier	2 Stk.	ca. 50 Stk.
Mehl und Brösel zum Panieren		
Fett zum Backen		

mittagsverpflegung

ZUTATEN	4 PERS.	100 PERS.
Lammschlegel (Keule) mit Knochen (ca. 1,5 kg)	1 Stk.	100 Stk.
Senf	etwas	
Öl		
Knoblauch		
Salz, Pfeffer		
Rosmarin		
Butterschmalz	6 dag	1,5 kg
Fleischsuppe	ca. 0,25 l	6 l
Rahm (Sahne)	80–100 ml	5 l
Butter	2–3 dag	0,75 kg

MURTALER LAMMBRATEN

Die Gewürze gut mit Öl vermischen und den Schlegel von allen Seiten damit einreiben. Den Schlegel in einer Pfanne mit Butterschmalz anbraten und mit Fleischsuppe ablöschen, in das vorgeheizte Rohr (180° bis 200° C) schieben und 1½ Stunden fertig braten. Den Bratensatz mit Wasser löschen und mit Rahm verfeinern. Kräftig abschmecken und mit kalter Butter montieren. Das Fleisch am Knochen entlang aufschneiden und die Soße separat zum Fleisch servieren. Beilage „Kestn" und Fisolen.

(Landwehr-Kaserne/St. Michael i. ObStmk)

STEIRISCHER OFENBRATEN

Das Backrohr auf 180°–200° C vorheizen. Den Braten (Schwarte) kreuzweise einschneiden und auf beiden Seiten gut würzen. In einer Bratenpfanne ca. 1½ Stunden offen braten, dabei mehrmals begießen. Das Wurzelwerk putzen, waschen, schälen, grob vierteln – zum Braten geben und ca. 1 Stunde im Rohr mitbraten. Dabei öfters umrühren und aufgießen. Nun das Fleisch und das Gemüse herausnehmen, den Bratensatz gut ablösen und durch ein Sieb passieren – mit Mehl binden – mit Sauerrahm verfeinern und gut abschmecken. Den Braten auf Gemüsebett anrichten und die Soße separat servieren. Dazu reicht man Kartoffelknödel und Salat.

(Hermann-Kaserne/Leibnitz)

ZUTATEN	4 PERS.	100 PERS.
Schweinebraten vom Schlegel oder aus der Schulter mit Schwarte	1,5 kg	15 kg
Salz, Pfeffer		
Knoblauch		
Kümmel, Thymian		
Öl	etwas	
Wurzelwerk:		
gelbe Rüben	2 Stk.	4 kg
Sellerie	¼ Stk.	2 kg
Lauch	1 Stg.	1 kg
Petersilienwurzel	1 Stk.	1 kg
Zwiebeln	2 Stk.	2 kg
Mehl und Sauerrahm für die Soße		

ZUTATEN	4 PERS.	100 PERS.
Rindschnitzel	4 Stk.	100 Stk.
Selchspeck	5 dag	0,75 kg
Petersiliengrün		
Estragonsenf		
Salz, Pfeffer		
Zitronenschale		
Rindsuppe zum Aufgießen		
Sauerrahm		
Bratfett		
Mehl	etwas	
Selleriewurz	5 dag	
Petersilienwurz	5 dag	
Zwiebeln	5 dag	6,25 kg
Essiggurkerl	5 dag	
Karotten	5 dag	

GEFÜLLTES RINDSCHNITZEL AUF STEIRISCHE ART

Fein gehackten Selchspeck und fein gehacktes Wurzelwerk gut vermischen. Die Rindschnitzel klopfen, mit Senf bestreichen und die Fülle darauf verteilen – einrollen, mit Zahnstocher feststecken, würzen, bemehlen und von beiden Seiten scharf anbraten. Den Bratensatz mit etwas Suppe und eventuell mit Weißwein aufgießen und die Rindschnitzel weich dünsten. Die fertige Soße mit Sauerrahm binden.

Dazu passen sehr gut „hausgemachte Nudeln und Preiselbeeren".

(Kaserne Leoben)

Ausgabe der Mittagsverpflegung in Gratkorn

STEIRISCHES RIND GEFÜLLT MIT SAFRANPOLENTA UND HAUSKANINCHEN

Kaninchenfilet würzen, kurz anbraten, Beiried platieren, mit Salz würzen, mit Polenta ca. 0,5 cm bestreichen, Kaninchenfilet darauf, einrollen, binden, scharf anbraten, im Rohr bei 170° C fertig dünsten, öfters aufgießen.

(Kirchner-/Gablenz-Kaserne/Graz)

ZUTATEN	4 PERS.	100 PERS.
Beiried	24 dag	6 kg
Hauskaninchenrücken	10 dag	2,5 kg
Polenta	5 dag	1 kg
Ei	1 Stk.	26 Stk.
Salz, weißer Pfeffer, Safran		

Essensausgabe

Mittagsverpflegung

**Gastronomiegeräte – Kühlanlagen
Computergesteuerte Getränkeanlagen
Großkücheneinrichtungen**

zu *CASH & CARRY* Abholpreisen

LASSACHER GmbH.
RSC Gruppe

8053 Graz, Kärntner Straße 165
Tel. 0316/27 11 71-0, Fax 27 19 73

Am besten schmeckt's halt doch mit **Knorr**

wild

MARINIERTES HIRSCHKARREE

Hirschkarree 5 Tage vorher in Salz, Pfefferkörnern, Wacholderbeeren, Lorbeerblatt, Thymian, Orangen, Preiselbeeren, Rotwein einmarinieren.

Das Karree rundherum ansautieren, im Wildfond leicht dünsten (Fleisch rosa), nach Konsistenz milieren und mit Obers vollenden. *(Erzherzog Johann-Kaserne/Strass)*

ZUTATEN	4 PERS.	100 PERS.
Hirschkarree	72 dag	18 kg
Orange	1 Stk.	20 Stk.
Wurzelwerk	20 dag	3 kg
Obers	⅛ l	3 l
Rotwein	⅛ l	3 l
Preiselbeeren	5 dag	1 kg
Salz, Pfefferkörner		
Wacholderbeeren, Lorbeerblatt		
Tymian		

ZUTATEN	4 PERS.	100 PERS.
Gamsbraten	0,6 kg	15 kg
Wurzelwerk	8 dag	2 kg
Mehl	1 EL	9,75 kg
Sauerrahm	1 EL	1 l
Öl	etwas	1 l
Rotwein	etwas	0,5 l
Preiselbeeren	0,25 kg	1 kg
Champignons	6 dag	1,5 kg
Speck		
Salz, Pfeffer		
Lorbeer		
Thymian,		
Senf		
Wacholder		

GAMSBRATEN

Das Fleisch etwa 8 bis 10 Tage mit dem Wurzelwerk, Gewürzen und den verdünnten Rotwein beizen (kalt).

Das Fleisch aus der Beize nehmen und mit dem rohen, grünen Speck spicken, nun rundherum in heißem Fett anbraten. Das Fleisch zur Seite stellen – und das Wurzelwerk und Speckrückstände anrösten – mit der Beizflüssigkeit aufgießen und nun über das Fleisch gießen und dünsten. Einen Teil der Preiselbeeren mitdünsten. Wenn das Fleisch gar ist, zum Portionieren bereitstellen. Die Flüssigkeit passieren und mit Sauerrahm und Mehl binden und gut abschmecken.

Dazu passen Preiselbeerbirnen sehr gut. *(Tüpl/Seetaleralpe)*

Spanferkel für die Soldaten am Tüpl Seetal

REHSCHLEGEL MIT RAHM

In eine große Rein gibt man etwas Fett, den gebeizten, enthäuteten Rehschlegel, Speckscheiben, Wurzelwerk, Zwiebeln und Wacholderbeeren. Das Ganze gibt man in ein vorgeheiztes Rohr und gießt während des Bratens bei 200° C öfters mit der Beize auf. Nach ungefähr einer Stunde Bratzeit gießt man Sauerrahm und Rotwein über den Schlegel und brät ihn noch 30 Minuten. Dann das Fleisch herausnehmen, warmstellen, die Soße passieren und mit Preiselbeeren, Rotkraut und Erdäpfelknödel anrichten. Man kann das Wurzelgemüse aber separat zum Wild reichen. (Von der Groebenkaserne/Feldbach)

ZUTATEN	4 PERS.	100 PERS.
Rehschlegel	1 Stk.	25 Stk.
Schmalz	1 EL	1 kg
Selchspeck	40 dag	1 kg
Wurzelwerk:		
Porree	1 Stk.	
Sellerie	1 Stk.	4 kg
Möhren	2 Stk.	
Petersilienw.	2 Stk.	
Zwiebeln	2 Stk.	2 kg
Wacholderbeeren, Salz, Pfeffer		
Sauerrahm	¼ l	6,25 l
Rotwein	⅛ l	3⅛ l

STEIRISCHES WILDSCHWEINERNES

Das Fleisch mit Wurzelwerk, Zwiebel, Knoblauch und den Gewürzen in Salzwasser (leicht bedeckt) langsam weich kochen. Sobald das Fleisch fast weich ist, mit Essig und Rotwein aufgießen. Das Fleisch in Stücke teilen und mit reichlich Wurzelwerk und etwas Suppe anrichten. Dazu gibt man Salzkartoffeln und Hetschepetschsoße (Hagebuttenmarmelade) mit etwas Wein abgerührt. (Von der Groebenkaserne/Feldbach)

ZUTATEN	4 PERS.	100 PERS.
Wildschweinfleisch	75 dag	ca. 19 kg
Salz	etwas	
Pfefferkörner		
Wurzelwerk:	25 dag	ca. 7 kg
Gewürznelken, Gewürzkörner,		
Lorbeerblatt, Thymian,		
Koriander	1 TL	
Senfkörner	1 TL	
Knoblauch		0,25 kg
Zwiebel		1 kg
Essig	1 EL	0,25 l
Rotwein	¼ l	6 l

GEBRATENE GANS – GEFÜLLT

Das Geflügel innen und außen würzen und innen mit etwas Majoran einreiben. 1 bis 2 gewaschene Äpfel in den Bauch legen – die man jedoch beim Anrichten herausnimmt – und das Geflügel braten. Das überflüssige Fett, das sich während des Bratens ansammelt, abschöpfen und mit Suppe oder Wasser aufgießen. Bratzeit ca. 2 bis 2½ Stunden. Man kann das Geflügel aber auch mit einer Semmelfülle, der man die Innereien und eventuell auch Champignons beigibt, füllen.
(Von der Groebenkaserne/Feldbach)

ZUTATEN	4-6 PERS.	100 PERS.
Gans oder Ente	1 Stk.	
Salz		
Majoran		
Fett	6 dag	
Äpfel	1-2 Stk.	

REHFILET

Das gut abgelegene Rehfilet wird mit der Hühnerleber rasch in heißer Butter angebraten - gewürzt und mit Rotwein aufgegossen und gedünstet. Die blättrig geschnittenen Champignons werden mit der Petersilie in Butter gedünstet. Die Filetstücke werden auf einer Platte schön angerichtet, je ein Stück Leber darauf gesetzt und mit Champignons garniert. Dazu passt Rotkraut, Kräuterspätzle mit gedünsteten Birnen und Preiselbeerkompott. (Von der Groebenkaserne/Feldbach)

ZUTATEN	4 PERS.	100 PERS.
Filets (à 150 g)	4 Stk.	100 Stk.
Hühnerleber	20 dag	5 kg
Butter	20 dag	5 kg
Rotwein	½ l	12 l
Champignons	40 dag	1 kg
Butter	12 dag	3 kg
Salz		
Pfeffer		
geh. Petersilie		

Wild

ZUTATEN	3 PERS.	100 PERS.
junger Fasan	1 Stk.	50 Stk.
Speck	5 dag	2,5 kg
Salz, Pfeffer		
Butter	5 dag	2,5 kg
Sauerkraut	50 dag	25 kg
grüne Paprika	2 Stk.	50 Stk.
Schmalz	2 dag	1 kg
Zwiebel	1 Stk.	1 kg
Kümmel		

FASAN IN SAUERKRAUT

Der zubereitete Fasan wird innen und außen gesalzen und gepfeffert. Der Speck wird in dünne Scheiben geschnitten und um den Fasan gelegt. Den Fasan nun von allen Seiten anbraten. Inzwischen die gehackte Zwiebel in Fett rösten, das Sauerkraut einige Male durchschneiden und zusammen mit dem nudelig geschnittenen Paprika und der Zwiebel langsam weich dünsten. Der Fasan wird auf dem Sauerkraut liegend angerichtet und mit Bratkartoffeln serviert.

(Von der Groebenkaserne/Feldbach)

WILDRAGOUT

Das Wildfleisch mit Gewürzen ca. 1 bis 1½ Stunden weich kochen, herausnehmen, den Kochsud abseihen. In einer Bratenpfanne die fein geschnittene Zwiebel und das geriebene Wurzelwerk anrösten, das Wildfleisch dazugeben, kurz mitbraten, mit Kochsud aufgießen und zugedeckt etwa eine ¾ Stunde weich dünsten.

Zuletzt mit Mehl stauben, mit Sauerrahm, Rotwein, Muskatnuss und Granggen abschmecken und servieren.

Als Beilage gibt man gedünsteten Sellerie, Hoadnknödel (Heidenknödel).

(Fiala-Fernbrugg kaserne/Aigen i. E.)

ZUTATEN	4 PERS.	100 PERS
Wildfleisch	1 kg	25 kg
(Reh- oder Hirschschulter)		
Salz, Pfefferkörner		
Wacholderbeeren,		
Thymian		
Zitronensaft		
Zwiebel		2 kg
Wurzelwerk:		4 kg
Karotten, Sellerie,		
Petersilienwurzel		
Mehl		1 kg
Sauerrahm	5 EL	2 l
trockener Rotwein		1 l
Granggen		
(Preiselbeeren)	1–2 EL	0,5 kg

Größtes Augenmerk wird in den Kasernen – im Bild Soldaten in Zeltweg – auf die Reinigung des Küchengeschirres gelegt.

Rehrückenfilet auf Holundersauce

Die Rückenfilets sauber vom Knochen heben und von allen Sehnen und Häuten befreien. Alle diese Abfälle mitsamt dem Rückgrat für eine Sauce aufheben.

Das Fleisch in eine Schüssel legen und über Nacht in einer Marinade aus den angegebenen Zusatz ziehen lassen. Die Filets in jeweils 4 schöne, dicke Nüsschen teilen und diese in reichlich Butter braten, so dass sie innen rosa bleiben. Salzen, pfeffern und zwischen heißen Tellern noch etwas nachziehen lassen. Die Rehnüsschen auf einer heißen Platte anrichten und mit Sauce nappieren.

Holundersauce

Zutaten für die Holundersauce in einem Topf aufkochen, ca. 10 min köcheln lassen. Pürieren und durch ein Passiersieb streichen.

ZUTATEN	4 PERS.	100 PERS.
Rehrücken (1–1,2 kg)	1 Stk.	25 kg
Butter	15 dag	3,75 kg
Salz, Pfeffer		
MARINADE		
kräftiger Rotwein (0,75 l)	1 Fl.	20 Fl.
Zwiebel	1 Stk.	25 Stk.
gew. Karotte	1 Stk.	25 Stk.
Persilie	1 Stgl.	25 Stgl.
Thymianzweiglein	1 Stk.	25 Stk.
Gewürznelke	1 Stk.	25 Stk.
Rosmarin	1 Prise	
Wacholderbeeren	6 Stk.	150 Stk.
HOLUNDERSAUCE		
Holunderbeeren	20 dag	5 kg
Kristallzucker	2 Essl.	50 Essl.
kräft. Rotwein	⅙ l	4 l
Cassis oder Johannisbeerlikör	5 cl	1 l
Zimt	1 Prise	10 dag

Schladminger Bier
Gesunde Rohstoffe – Höchste Qualität

Ein wahrer Bier-genuß!

fisch

fisch

STEIRISCHE FORELLE MIT SCHILCHERKAROTTEN UND WEINTRAUBEN

Forellen putzen, waschen, abtropfen – innen und außen salzen, mit Zironensaft beträufeln, mit gepresstem Knoblauch einreiben, in Mehl wälzen und in erhitzter Margarine von beiden Seiten braun braten.

Kürbiskerne mit Petersilie kurz anrösten und über die gebratene Forelle verteilen.

Für die Schilcherkarotten werden die Karotten gewaschen, geschält und in dünne Scheiben geschnitten. In ein wenig Wasser andünsten, Schilcher, Salz und Zucker dazugeben, dann die gewaschenen Weintrauben zu den Schilcherkarotten geben und mit der Forelle servieren.

(Hermann-Kaserne/Leibnitz)

ZUTATEN	4 PERS.	100 PERS.
mittelgroße Forellen (je 300 g)	4 Stk.	100 Stk.
Steirische Kürbiskerne	5 dag	1,25 kg
Saft einer Zitrone		
Knoblauchzehen	2 Stk.	
Mehl	etwas	etwas
Margarine	5 dag	1,25 kg
Petersilie, Salz		
SCHILCHERKAROTTEN		
Karotten	½ kg	12,5 kg
Schilcher	⁄₁₀ l	1,5 l
Salz, Zucker		
kernlose, kleine Weintrauben	15 dag	3,75 kg

ZUTATEN	4 PERS.	100 PERS.
Fischfilets	½ kg	12,5 kg
Salz		
Gemüse	½ kg	12,5 kg
(Karfiol, Karotten, Kohlsprossen)		
Fett	5 dag	1,25 kg
Mehl	6 dag	1,5 kg
Dotter	1	25
Zitrone	½ Stk.	10 Stk.
Salz, Butter, Reibkäse		

FISCHAUFLAUF MIT GEMÜSE

Zuerst den Fisch und das Gemüse kochen – dann abwechselnd in eine Auflaufform schichten. Dann eine leichte Einmach bereiten, die man mit Fisch- und Gemüsesud aufgießt.

Nun würzt man die dickliche Soße, rührt den Dotter ein – und gießt alles über den Auflauf, den man mit geriebenem Parmesan bestreut, mit Butterflocken belegt und im Rohr überbäckt.

(Belgier-Kaserne/Graz)

ZUTATEN	4 PERS.	100 PERS.
Karpfen	1,5 kg	
Salz, Pfeffer		
Zitronensaft		
Ingwer	etwas	
Lorbeerblatt, Thymian		
Zwiebel		1 kg
geriebenes Wurzelwerk:		3 kg
Karotten, Petersilienwurzel, Selleriewurzel		

STEIRISCHER WURZELKARPFEN

Der Fisch wird gereinigt, abgeschuppt und in Portionen geteilt. Geriebene Karotten, Petersilienwurzel, Selleriewurzel, nudelig geschnittene Zwiebel und Gewürze werden mit etwas Zitronensaft und ca. 2 l Wasser zum Kochen gebracht (ca. ½ Stunde). Dann kommt erst der Fisch dazu und wird zugedeckt ziehen gelassen, bis er gar ist. Heiß mit Wurzeln und Suppe servieren. Als Beilage gibt man Salzkartoffeln und Oberskren.

(Von der Groebenkaserne/Feldbach)

ZUTATEN	4 PERS.	100 PERS.
Karpfenfilets od.	4 Stk.	100 Stk.
halbierter Karpfen ohne Kopf	1 Stk.	
Verhackert	10 dag	2,5 kg
Sterzmehl (Polentagrieß)	20 dag	5 kg
Salz, Zitronensaft		

POLENTAKARPFEN

Die Karpfenstücke zuerst mit Zitronensaft würzen und dann salzen. Anschließend im Polentagrieß wälzen und das Mehl gut andrücken. In einer Pfanne das Verhackert erhitzen und die Karpfenstücke einlegen – langsam auf beiden Seiten braten.

(Von der Groebenkaserne/Feldbach)

Fisch nach Bauernart

Den Fisch putzen und in Filets schneiden (ca. 30 dag) und marinieren. Die Erdäpfel, Karotten, Erbsen und Zwiebel blättrig schneiden und vorblanchieren. Eine Auflaufform mit Hamburgerspeckscheiben auslegen, das Gemüse lagenweise mit dem Fisch einlegen und mit Hamburgerspeckscheiben abschließen. Im vorgeheizten Rohr bei mittlerer Hitze (180° C) ca. 30 Min. garen lassen. Dann den Sauerrahm mit Ei versprudeln, würzen, über den Auflauf gießen und nochmals kurz in das heiße Rohr (200° C) schieben. Dazu reicht man am besten grünen Salat. (Erzherzog Johann-Kaserne/Strass)

ZUTATEN	4 PERS.	100 PERS.
Steirerfisch (Karpfen)	1,2 kg	30 kg
Erdäpfel	0,5 kg	12,5 kg
Karotten	10 dag	2,5 kg
Erbsen	10 dag	2,5 kg
Hamburgerspeck	10 dag	2,5 kg
Zwiebeln	10 dag	2,5 kg
Guss:		
Sauerrahm	¼ l	6,25 l
Ei	1 Stk.	25 Stk.
Salz, Pfeffer		
Thymian, Knoblauch		

Gefüllte Forelle

Für die Fülle die Champignons, Zwiebeln und Petersilie fein hacken und in Butter anrösten – Brösel dazugeben und würzen. Die Forellen säubern und abtrocknen. Die Forellen mit der Fülle füllen und in Mehl, Ei und Brösel wälzen – in heißem Fett kurz anbraten und in eine befettete, feuerfeste Form geben und im vorgeheizten Rohr fertig backen (ca. 180° C). Dazu serviert man Salz- oder Petersilienkartoffeln und Salat nach Saison. (Landwehr-Kaserne/St. Michael i. ObStmk)

ZUTATEN	4 PERS.	100 PERS.
Forellen	4 Stk.	100 Stk.
Fülle:		
Champignons	½ Dose	25 Dosen
Zwiebeln	10 dag	2,5 kg
Petersilie	½ Bund	
Butter	2 dag	0,5 kg
Brösel	2 dag	0,5 kg
Salz, Pfeffer, Paprikagewürz		
Panier:		
Eier	1–2 Stk.	50 Stk.
Mehl	5 dag	ca. 6 kg
Brösel	5 dag	ca. 6 kg

Gebratener Fisch mit Rahmkren

Fischstücke an der Hautseite leicht einschneiden, salzen, säuern und pfeffern und mit der bemehlten Hautseite nach unten im heißen Fett goldgelb anbraten, umdrehen und etwas langsamer fertig braten. Für den Rahmkren den geriebenen Kren und den Sauerrahm mit Salz und Zitronensaft mischen und zum fertigen Fisch mit gebratenen Erdäpfeln servieren. (Hackher-Kaserne/Gratkorn)

ZUTATEN	4 PERS.	100 PERS.
Fischfilets (à 25 dag)	4 Stk.	100 Stk.
Salz, Pfeffer		
Mehl		
Öl zum Braten		
RAHMKREN		
geriebener Kren	1 EL	1 kl. Kübel
Sauerrahm	¼ l	6,25 l
Salz		
Zitronensaft		

Gebackener Karpfen im Bierteig

Mehl, Eier, Salz und Bier zu einem glatten Teig verrühren. Die Karpfenfilets würzen, in Mehl wälzen und in Bierteig tauchen – und im Schweineschmalz backen.

Man kann an Stelle des Karpfen auch einen anderen Fisch (Forelle usw.) verwenden. (Fliegerhorst Nittner/Thalerhof)

ZUTATEN	4 PERS.	100 PERS.
Karpfen	1 Stk.	25 Stk.
Salz		
TEIG		
Bier	0,25 l	ca. 6 l
Eier	2 Stk.	50 Stk.
Mehl	13 dag	3,25 kg
Salz		
Schweineschmalz		

fisch

fisch

GEBACKENER KARPFEN

Die Karpfenfilets mit Zitronensaft beträufeln, mit Salz und Pfeffer würzen – in Mehl wälzen und in Öl knusprig herausbacken. Dazu reicht man Salzkartoffeln und Salat.

(Hadik-Kaserne/Fehring)

ZUTATEN	4 PERS.	100 PERS.
Karpfenfilets	4 Stk.	
Zitronensaft		
Salz, Pfeffer		
Mehl	etwas	
Öl		

ZUTATEN	4 PERS.	100 PERS.
geräucherte Fischfilets	6 dag	1,5 kg
Butter	2 dag	20 dag
Zitrone		4 Stk.
Pernod		2 cl
Räucherfilet	1 Stk.	16 Stk.
Saiblingsfilet (Lachsforellenfilet)	1 Stk.	20 Stk.
Jungzwiebeln	3 Stk.	80 Stk.
Zucchini	1 Stk.	4 Stk.
Tomate	1 Stk.	10 Stk.
Blattsalate		
Limetten		2 Stk.
Salz, schwarzer Pfeffer, Feinkristallzucker, weißer Pfeffer, Dill, Traubenkernöl Mehl, Margarine, Eier		

DONAULÄNDER FISCHVARIATIONEN

Saiblingfilet mit Beize marinieren, Mürbteig kneten, rasten lassen, Fischmousse zubereiten, kalt stellen, Räucherfischfilet filetieren, Zucchini in Form bringen, blanchieren, Jungzwiebel vorbereiten, Blattsalate putzen, waschen, Marinade bereiten, Mürbteigfischerl bereiten, backen, Fischmousse in Dressiersack füllen, Teller vorbereiten, anrichten.

(Kirchner-/Gablenz-Kaserne/Graz)

Küchenarbeit in der Belgierkaserne

abend-verpflegung

GRENADIERMARSCH OHNE FLEISCH

Die Kartoffeln kochen und in Scheiben schneiden, die Fleckerln kochen – kalt abschwemmen, die Zwiebeln im Fett goldbraun rösten – die geschnittenen Kartoffeln mitrösten – mit den Fleckerln vermischen – gut würzen und mit grünem Salat servieren.

Vereinzelt werden auch Fleisch- oder Wurststücke untergemischt.

(Von der Groebenkaserne/Feldbach)

ZUTATEN	4 PERS.	100 PERS
Kartoffeln	20 dag	5 kg
Fleckerln	15 dag	4 kg
Fett	10 dag	2 kg
Zwiebel	1 Stk.	2 kg
Salz, Pfeffer		

SCHWEINSBEUSCHEL MIT KNÖDEL

Das Beuschel wird im Salzwasser mit dem Wurzelwerk und den Gewürzen gekocht – nach dem Erkalten wird es nudelig geschnitten. Aus Fett und Mehl macht man eine braune Einbrenne und röstet darin die gehackten Zwiebeln. Nun gießt man mit dem abgeseihten Kochsud auf – gibt das Beuschel hinein, schmeckt es gut ab, lässt es noch etwas durchkochen und verfeinert das Gericht mit Sauerrahm. Dazu serviert man Semmelknödel.

(Von der Groebenkaserne/Feldbach)

ZUTATEN	4 PERS.	100 PERS.
Schweinslunge	80 dag	10 kg
Wurzelwerk		3 kg
Zwiebel		2 kg
Fett		0,5 kg
Majoran, Thymian		
Lorbeerblatt		
Salz, Pfeffer		
Sauerrahm	etwas	1 l
Mehl		0,5 kg

STEIRISCHE RINDFLEISCHSULZ

Das Fleisch im Wasser leicht kochen, Wurzelwerk mit dem Fleisch weich kochen, salzen und pfeffern. Den Kochsud abseihen, das Wurzelwerk entfernen und das Rindfleisch auskühlen lassen.

Karotten und gelbe Rüben schälen und kleinwürfelig schneiden. In Rindsuppe weich kochen, abseihen und mit kaltem Wasser abschrecken. Paprikadeckel samt Kernen herausschneiden. Paprikaschoten 3 Minuten lang in heißem Wasser überbrühen und mit der Öffnung nach unten auf einem Küchentuch abtropfen lassen. Jetzt Rindfleisch kleinwürfelig schneiden. Gelatineblätter in kaltem Wasser einweichen und den Schnittlauch fein schneiden. Ausgedrückte Gelatineblätter in der erhitzten Suppe auflösen. Suppe mit Gemüse- und Fleischwürfeln, Schnittlauch, Salz, Pfeffer und Essig vermengen. Die Paprikaschoten mit der Rindfleischsulz füllen. Mindestens 5 Stunden lang im Kühlschrank kalt stellen.

Für das Zwiebeldressing die Zwiebeln fein hacken und mit Essig, Öl, Salz und Pfeffer vermengen.

(Fiala-Fernbrugg Kaserne/Aigen i. E.)

ZUTATEN	4 PERS.	100 PERS.
Rindfleisch zum Kochen	0,75 kg	19 kg
Wurzelwerk		
rote Paprika	4 Stk.	100 Stk.
Karotten	20 dag	5 kg
gelbe Rüben	20 dag	5 kg
Schnittlauch		
Gelatine	3 Bl.	75 Bl.
Rindsuppe	¼ l	6 l
Essig		
Salz, Pfeffer		
ZWIEBELDRESSING		
rote Zwiebeln	2 Stk.	2 kg
Olivenöl	⅒ l	2 l
Essig	1 EL	
Salz, Pfeffer		

Sulz – Presswurst

ZUTATEN	4 PERS.	100 PERS.
Schweinshaxln	4 Stk.	100 Stk.
Schwarten	einige	
Lorbeerblätter	2 Stk.	50 Stk.
Pfefferkörner		
Salz		
Knoblauch		0,5 kg
Essig		
Zwiebel		1 kg
Wurzelwerk		1 kg
Karotten	4 Stk.	100 Stk.
Essiggurkerl	3 Stk.	50 Stk.
hart gek. Eier		25 Stk.

Alle Zutaten mit kaltem Wasser aufstellen und weich kochen. Das Fleisch von den Haxln lösen und würfelig schneiden. In einer Schüssel Eischeiben, Karottenscheiben und Gurkenscheiben legen, dann das Fleisch dazugeben und mit der abgeseihten Suppe übergießen. Zum Stocken über Nacht kühl stellen. Dann die Schüssel stürzen, in Portionen teilen und mit Zwiebel und Kernöl servieren.

In der Oststeiermark wird diese Spezialität (jedoch ohne Ei) in einen Naturdarm oder Magen gefüllt, beschwert und geräuchert (bei sehr niedriger Selchtemperatur). In dünne Scheiben geschnitten wird die Presswurst gerne auf Brettljausen serviert. (Mickl-Kaserne/Bad Radkersburg)

Gefüllte Paprika

ZUTATEN	4 PERS.	100 PERS.
grüne Paprikaschoten	8 Stk.	200 Stk.
gemischtes Faschiertes	30 dag	7,5 kg
gekochter Reis	10 dag	2,5 kg
geh. Zwiebel	1 Stk.	2 kg
Salz, Pfeffer		
Majoran		
Petersilie		
TOMATENSAUCE		
geh. Zwiebel	1 Stk.	
Mehl	4 dag	
Tomatensaft	0,5 l	
Salz, Pfeffer		
Knoblauch		
Paprikapulver	1 EL	

Den Deckel von der Paprikaschote abschneiden, entkernen und innen und außen waschen. Zwiebel rösten – mit Faschiertem und gekochtem Reis und den Gewürzen vermischen und die Paprika damit füllen. Die Deckel auf die Paprikaschoten drücken und in eine Pfanne setzen, etwas Wasser hinein und langsam halb weich dünsten. Mit Tomatensoße übergießen und fertig dünsten.

Tomatensoße

Die Zwiebeln rösten – das Mehl etwas mitrösten, mit Tomatensaft aufgießen, gut würzen und zu einer dicklichen Soße verkochen. Zum Schluss mit etwas Sauerrahm verfeinern und über die Paprika gießen.

(Hadik-Kaserne/Fehring)

Reisfleisch mit Saft

ZUTATEN	4 PERS.	100 PERS.
Schweinefleisch	50 dag	12,5 kg
Zwiebeln	20 dag	5 kg
Speck	12 dag	3 kg
Reis	25 dag	ca. 6 kg
Tomatenmark	5 dag	1 kg
Rosenpaprika	5 dag	1 kg
Salz, Pfeffer		
Kümmel		
Knoblauch		

Die Zwiebeln im Fett goldbraun rösten, Paprikapulver beifügen, kurz mitrösten und dann mit Wasser aufgießen – das würfelig geschnittene Fleisch dazugeben – Tomatenmark und die Gewürze beifügen und alles weich dünsten.

Nun den Reis separat kochen. Das Fleisch vom Saft nehmen und mit dem fertigen Reis vermischen und mit so viel Saft vermengen, damit der Reis nicht zu nass wird.

Nun den restlichen Gulaschsaft mit der gewünschten Menge Wasser aufgießen, gut abschmecken und zum Reisfleisch servieren. (Hackher-Kaserne/Gratkorn)

Schweinsbeuschel mit Knödel

ZUTATEN	4 PERS.	100 PERS
Schweinslunge	80 dag	10 kg
Wurzelwerk		3 kg
Zwiebel		2 kg
Fett		0,5 kg
Majoran, Thymian		
Lorbeerblatt		
Salz, Pfeffer		
Sauerrahm	etwas	1 l
Mehl		0,5 kg

Das Beuschel wird im Salzwasser mit dem Wurzelwerk und den Gewürzen gekocht - nach dem Erkalten wird es nudelig geschnitten. Aus Fett und Mehl macht man eine braune Einbrenne und röstet darin die gehackten Zwiebeln. Nun gießt man mit dem abgeseihten Kochsud auf - gibt das Beuschel hinein, schmeckt es gut ab, lässt es noch etwas durchkochen und verfeinert das Gericht mit Sauerrahm. Dazu serviert man Semmelknödel.

(Von der Groebenkaserne/Feldbach)

Bluttommerl

ZUTATEN	4 PERS.	100 PERS.
frisches Schweineblut	0,75 l	18-19 l
Milch	0,5 l	12,5 l
Mehl	25 dag	6,25 kg
Zwiebeln	20 dag	5 kg
Salz, Pfeffer		
Knoblauch		0,5 kg
Majoran		
Schmalz		
Grammeln		1 kg

Das Schweineblut mit Milch vermischen und durchseihen. Zwiebeln und Knoblauch anrösten und alle Zutaten zu einem Teig verarbeiten. Schweineschmalz sehr heiß werden lassen und den Teig fingerdick in eine Pfanne (Gusseisen) eingießen, Grammeln darüber streuen und im Rohr bei 220° C ca. 15 Minuten backen.

Bluttommerl ist eine gute Beilage zu einer sauren Suppe, oder man kann ihn auch zu Sauerkraut oder grünem Salat servieren.

(Von der Groebenkaserne/Feldbach)

Griessschmarren

ZUTATEN	4 PERS.	100 PERS.
Milch	0,75 l	20 l
Salz	etwas	etwas
Zucker	4 dag	1 kg
Butter	20 dag	5 kg
Grieß	37,5 dag	10 kg
Zimtzucker zum Bestreuen		

Die gekochte Milch salzen und den Grieß dick einkochen. In einer Pfanne die Butter heiß machen, die Grießmasse dazugeben und zugedeckt ausdünsten. Hin und wieder mit der Gabel zerreißen. Der Grießschmarren muß schön kernig, hell und weich bleiben. Mit Zimtzucker bestreuen und mit Zwetschkenröster, Apfel- oder Preiselbeerkompott servieren.

(Kirchner-Kaserne/Graz)

Schinken-Käse-Nockerln

ZUTATEN	4 PERS.	100 PERS.
Milch	⅛ l	3,5 l
fein gehackter Schinken	10 dag	2,5 kg
Mehl	10 dag	2,5 kg
Butter	12 dag	3 kg
Eier	2 Stk.	50 Stk.
Petersilie, Salz, Pfeffer		
Reibkäse	20 dag	5 kg

Milch mit etwas Fett aufkochen, salzen und pfeffern. Mehl einrühren und so lange rühren, bis sich der Teig vom Boden löst – vom Feuer nehmen – etwas auskühlen lassen und die Eier nacheinander im Teig glatt verrühren. Schinken und Petersilie darunter mischen und Nockerln ausstechen – in kochendes Salzwasser einlegen – aufkochen – abschrecken, herausnehmen und mit zerlassener Butter übergießen – mit Reibkäse bestreuen. Dazu reicht man grünen Salat.

(Belgier-Kaserne/Graz)

KRAUTFLECKERLN

Den Speck würfelig schneiden und rösten, die Zwiebeln und etwas Zucker mitrösten – mit Essig ablöschen, das fein geschnittene Kraut und die Gewürze dazu geben und alles weich dünsten. Inzwischen die Fleckerln kochen, abseihen und unter die Krautmasse mischen. Heiß servieren.

(Fliegerhorst Nittner/Thalerhof)

ZUTATEN	4 PERS.	100 PERS.
Fleckerln	0,4 kg	10 kg
Kraut	1 kg	25 kg
Speck	8 dag	2 kg
Zucker	2 dag	0,5 kg
Zwiebel		2 kg
Salz, Pfeffer		
Kümmel		
Essig	etwas	

KAISERSCHMARREN

ZUTATEN	4 PERS.	100 PERS.
Eier	8 Stk.	200 Stk.
Zucker	6 dag	1,5 kg
Milch	0,5 l	5 l
Mehl	24 dag	6 kg
Butter zum Backen	10 dag	2,5 kg
Rosinen	6 dag	1,5 kg
Vanillezucker		
Salz	etwas	

Mehl, Zucker, Salz, Eigelb und Milch vermischen, Schnee unterziehen, Omelettenpfanne mit dickem Boden verwenden, Butter heiß werden lassen, Teig eingießen, Pfanne ständig bewegen, Rosinen darauf streuen, Masse vierteln, wenden, mit zwei Gabeln in nicht zu kleine Stücke zerreißen, Schmarren zusammenschieben, am unteren Ende der Pfanne Butter heiß werden lassen, Vanillezucker und Kristallzucker karamellisieren (bräunen), durchschwenken, vor dem Anrichten mit Staubzucker bestreuen.

(Hermann-Kaserne/Leibnitz)

BAUERNOMELETTE

Die Kartoffeln kochen, schälen und würfelig schneiden, Bauchspeck schneiden, Champignons blättrig schneiden, Karotten und Erbsen etwas überkochen (bissfest), Zwiebeln anrösten. Bauchspeck, Champignons und den geschnittenen Paprika mitrösten – dann das Gemüse dazu mischen – kurz durchrösten, mit Salz und Pfeffer würzen und zum Schluss das verquirlte Ei darüber gießen – stocken lassen und anrichten. Mit Petersilie bestreuen und mit Salat servieren.

(Erzherzog Johann-Kaserne/Strass)

ZUTATEN	4 PERS.	100 PERS.
Kartoffeln	20 dag	5 kg
Bauchspeck	20 dag	5 kg
Champignons	10 dag	2,5 kg
Karotten	10 dag	2,5 kg
Erbsen	10 dag	2,5 kg
Zwiebel	1 Stk.	2 kg
großer grüner Paprika	1 Stk.	25 Stk.
Eier	3 Stk.	75 Stk.
Salz, Pfeffer		
Petersilie		

GEMÜSEPLATTE

Das geputzte, gewaschene und geschnittene Gemüse kochen, dämpfen oder dünsten – würzen, auf Platten anrichten und mit Butter übergießen.

Man kann aber auch Hollandaise oder eine Béchamel mit frischen Kräutern dazu servieren. (Fliegerhorst Hinterstoisser/Zeltweg)

ZUTATEN	4 PERS.	100 PERS.
Gemüse	1 kg	25 kg
(Gemüse der Saison) Karfiol, Bohnschoten, Erbsen, Kohl, Spargel, Kohlsprossen usw.		
Salz		
Butter		

Abendverpflegung

Abendverpflegung

GERMKNÖDEL

Aus den Zutaten einen festen Germteig zubereiten, gehen lassen und einmal zusammenschlagen. Den Teig zu einer Rolle formen und in ca. 60 g schwere Stücke abteilen – mit Powidl füllen, zu einer Kugel formen und zugedeckt gehen lassen. In kochendes Salzwasser einlegen, ca. 4 Minuten auf einer Seite und ca. 6 Minuten auf der anderen Seite leicht kochen oder im Dampf garen. Mit Mohn-Staubzucker-Gemisch bestreuen und mit zerlassener Butter beträufeln. (Von der Groebenkaserne/Feldbach)

ZUTATEN	10 PERS.	100 PERS
Mehl	50 dag	5 kg
Germ	2,5 dag	25 dag
Eier	2 Stk.	20 Stk.
Margarine	6 dag	60 dag
Zucker	1 dag	10 dag
Milch	⅛ l	3 l
Salz	0,5 dag	
Vanillezucker		
Rum		
Zitronenschale		
Powidl	25 dag	2,5 kg
Mohn	15 dag	1,5 kg
Staubzucker	10 dag	1 kg
Butter	35 dag	3,5 kg

REISAUFLAUF

Den Reis in Milch kochen – ausdampfen und erkalten lassen. Margarine mit Staubzucker und Aromen gut schaumig schlagen, die Dotter nach und nach beigeben und gut aufschlagen. Den Reis mit dem Abtrieb vermengen, in der Zwischenzeit den restlichen Zucker mit dem Eiweiß gut aufschlagen. Vorsichtig darunter ziehen. In eine befettete Pfanne streichen und bei 180° bis 200° C langsam backen – portionieren und anzuckern. (Ausb. u. Erholungsheim/Bad Mitterndorf)

ZUTATEN	4 PERS.	100 PERS.
Margarine	12 dag	3 kg
Reis	28 dag	7 kg
Kristallzucker	8 dag	2 kg
Staubzucker	4 dag	1 kg
Ei	1 Stk.	25 Stk.
Milch	0,5 l	1,5 l
Vanillezucker	0,6 dag	15 dag
Rosinen	8 dag	2 kg
Zitronen		

Das Abendessen wird in der Gablenzkaserne zubereitet.

Zwiebelbrot mit Hühnerleber und Käsestreifen

Die Zwiebeln schälen und fein hacken, etwas Butter erhitzen und die gehackten Zwiebeln etwas dünsten. Den Knoblauch mit der Presse dazudrücken.

Hühnerleber in kleine Stücke schneiden und in der Pfanne mitrösten, mit Salz, Pfeffer und Majoran würzen.

Backrohr auf ca. 190° bis 200° C vorheizen. Das Zwiebelbrot leicht antoasten. Mit etwas Butter bestreichen, die Leber darauf verteilen und mit Käsestreifen belegen.

Die Toasts auf einem mit Alufolie belegten Backblech in den Backofen schieben und etwa 10 bis 12 Minuten überbacken. Mit Petersilie bestreut servieren.

Vorbereitungszeit ca. 25 Min. (Von der Groebenkaserne/Feldbach)

ZUTATEN	4 PERS.	100 PERS.
Zwiebel	1 Stk.	1 kg
Butter	4 EL	2 kg
Knoblauchzehe	1 Stk.	
Hühnerleber	30 dag	8 kg
Salz		
Pfeffer		
Majoran		
Zwiebelbrot	4 Sch.	100 Stk.
Käse	20 dag	5 kg
Petersilie	1 Bd.	

Bauerntoast mit Landbrot (Dosenbrot)

Die Brotscheiben toasten, mit Butter bestreichen und mit Hamburger Speck oder Teilsames belegen. Käse und Tomatenscheiben darüber geben.

Die Toasts auf einem mit Alufolie oder Backtrennpapier belegten Backblech in den auf 200° C vorgeheizten Backofen (Mitte) schieben und etwa 8 Minuten überbacken, bis der Käse zu schmelzen beginnt.

Spiegelei und gehackten Schnittlauch darauf geben und servieren. (Von der Groebenkaserne/Feldbach)

ZUTATEN	4 PERS.	100 PERS.
Landbrot	8 Sch.	200 Sch.
Hamburger Speck oder Teilsames à 2 dag	24 Sch.	600 Sch.
Zwiebel	½ Stk.	10 Stk.
Eier	4 Stk.	100 Stk.
Tomaten	2 Stk.	50 Stk.
Käse à 3 dag	8 Sch.	200 Sch.
Butter	ca. 2 TL	ca. 2 kg
Schnittlauch	etwas	2 Bd.

GLEICHENBERGER JOHANNISBRUNNEN

von führenden Fachärzten zur Haustrinkkur empfohlen!

- verhindert die Übersäuerung des Magens
- führt zur Entlastung der Nieren
- stärkt den Kreislauf
- verhindert die Austrocknung der Haut
- verleiht ein frischeres Aussehen
- unterstützt die Schleimlösung bei
- Atemwegserkrankungen
- verbessert die körpereigenen Abwehrkräfte

erhältlich im guten Lebensmittelfachhandel!

die gesunde Alternative – das Wasser zum Leben

Informationen unter:

Gleichenberger und Johannisbrunnen AG • 8344 Bad Gleichenberg
Telefon: 03159/2294-0 • Fax: DW -22
e-mail: gleichenberger-ag@ccf.net

Reste-Verwertung

Resteverwertung

GEBRATENER REIS MIT EI

Der übrig gebliebene Reis wird ganz kurz in Öl geschwenkt, mit leicht gerösteter Zwiebel und geschnittenem Hamburgerspeck vermischt und mit verquirltem Ei übergossen und stocken gelassen. Mit Schnittlauch bestreuen und mit grünem Salat servieren.

Übrig gebliebener Reis kann aber auch als Suppeneinlage, für Auflaufgerichte, für Süßspeisen, Reisfleisch usw. verwendet werden.

(Fliegerhorst Nittner/Thalerhof)

ZUTATEN	4 PERS.	100 PERS.
gek. Reis	50 dag	12,5 kg
Hamburgerspeck	25 dag	6,25 kg
Zwiebeln	2 Stk.	1,5 kg
Öl		
Eier	4 Stk.	100 Stk.
Schnittlauch		

FLEISCH-WURSTSALAT

Fleisch- oder Wurstreste und Gurkerln feinnudelig schneiden. Zwiebel in Ringe schneiden. Alles vermischen und gut abschmecken, mit Essig und Öl anrichten und mit hart gekochten Eiern garnieren und mit Schnittlauch bestreuen.

Fleischreste kann man aber auch in Suppen geben oder zu Gröstl, Fleischstrudel, Haschee usw. verarbeiten.

(Belgier-Kaserne/Graz)

ZUTATEN	4 PERS.	100 PERS.
Wurst oder Fleischreste	40 dag	10 kg
Zwiebel	1 Stk.	0,75 kg
Ei	1 Stk.	25 Stk.
Salz, Pfeffer		
Öl, Essig		
Schnittlauch		
Essiggurkerl	4 Stk.	100 Stk.

Wurstnudeln

NUDELSALAT

Tomaten waschen, vierteln, Paprika in Streifen schneiden, Gurken schälen und in Scheiben schneiden, Käse in Würfel schneiden, Zwiebel grob schneiden. Alles mit den gekochten Nudeln vermischen – kräftig würzen und mit Weinessig und Olivenöl abmachen. Mit gehackten, frischen Kräutern servieren.

Übrig gebliebene Nudeln können aber auch zu Grenadiermarsch, Gemüseaufläufen, Wurstnudeln usw. verwendet werden.

(Hermann-Kaserne/Leibnitz)

ZUTATEN	4 PERS.	100 PERS.
gek. Nudeln	50 dag	12,5 kg
Tomaten	4 Stk.	7,5 kg
Paprika	2 Stk.	5 kg
Gurke	1 Stk.	9 kg
Zwiebel	1 Stk.	0,75 kg
Käse	20 dag	5 kg
Salz		
Pfeffer		
Weinessig		
Olivenöl		
Schnittlauch		
Petersilie		
Zitronenmelisse		

BLUTWURSTGRÖSTL (BLUNZEN)

Die Kartoffeln mit der Schale kochen und schälen und in Scheiben schneiden. Die Haut von der Blutwurst ziehen und in Scheiben schneiden. Zwiebel in Schweineschmalz rösten - die Grammeln dazugeben und mitrösten - die Blutwurstscheiben darunter mischen und gut anrösten, nun die Kartoffeln dazu, mit Knoblauch, Salz, Pfeffer und Petersilie würzen und nochmals durchrösten.

Zum Schluss kann man das Gröstl noch mit gerissenem Kren bestreuen und mit Salat servieren.

(Von der Groebenkaserne/Feldbach)

ZUTATEN	4 PERS.	100 PERS.
Kartoffeln	50 dag	12,5 kg
Grammeln	12,5 dag	3,5 kg
Blutwurst	50 dag	12,5 kg
Zwiebeln	2 Stk.	1,5 kg
Knoblauch		0,5 kg
Schweineschmalz		0,5 kg
Salz, Pfeffer		
Petersilie, Majoran		

eintöpfe

eintöpfe – erfolgreich seit jahrtausenden

Mit den Bundesheerküchen untrennbar verbunden sind die Eintöpfe. Obwohl sie immer mehr aus den täglichen Kasernenspeiseplänen verschwinden, zählen sie bei der Versorgung im Felde, also bei Übungen und Einsätzen, zu den wichtigsten Speisen. Gefordert werden Eintopfgerichte auch bei öffentlich zugängigen Veranstaltungen in Kasernen. Es sind vorwiegend Gourmets, die sich einen Eintopf, der in großer Menge zubereitet wurde, auf dem Gaumen zergehen lassen. Das heißt, dass ein Eintopf dann besonders gut schmeckt, wenn er großmengig zubereitet ist.

Der Eintopf gehört zu den uns historisch am ältesten bekannten Speisen. Bereits in der Bibel heißt es, dass Isaaks Sohn Esau seinem Bruder Jakob für einen Linseneintopf das wichtige Erstgeborenenrecht abtrat. In Mitteleuropa blieben einige zwei- bis dreitausend Jahre alte Eintopfrezepte erhalten.

In einem Eintopf vereinen sich zahlreiche Zutaten zu einer harmonisch abgestimmten Komposition mit einer ungeheuren Vielfalt von Geschmacksvariationen. Eintöpfe können für ein Land wie die Steiermark oder für Österreich typisch sein, können vegetarisch zubereitet oder aus Ländern aller Weltteile übernommen werden. Die Eintopfvielfalt ist faktisch grenzenlos. Um einige Beispiele zu nennen, wären der Bohneneintopf, Gemüseeintopf (beide Steiermark), der Pichelsteiner, Himmel und Erde (beide Deutschland), Ratatouille (Frankreich), der Gulaschtopf (Ungarn), Borschtsch (Taiga), Fischtopf (Thailand), Chili con Carne (Mexiko) und der Linseneintopf (Österreich, Naher Osten) erwähnenswert.

Zwei der ältesten in Mitteleuropa erhalten gebliebenen Eintopfrezepte sollen hier Erwähnung finden. Es handelt sich um ein Ritschert aus der Jungsteinzeit (seit 4000 Jahren bekannt) und einem Aprikosen-Fleisch-Eintopf (seit 1800 Jahren bekannt) aus der Römerzeit.

Jungsteinzeitritschert

Den Speck in Streifen schneiden, auslassen und darin den in Stücke geschnittenen Kalbsschwanz, das würfelig geschnittene Rindfleisch und gewürfelten Sellerie anbraten, Gerste zugeben und ziehen lassen, Rindsuppe und Thymianblätter zugeben. 1¾ Stunden zugedeckt köcheln lassen. Gemüse und Honig zugeben und ungedeckt noch etwas kochen lassen. Abschließend würzen. *(Von der Groebenkaserne/Feldbach)*

ZUTATEN	4 PERS.	100 PERS.
geräucherter Speck	15 dag	3,75 kg
Kalbsschwanz	1 Stk.	25 Stk.
Rindfleisch	50 dag	12,5 kg
Stangensellerie	15 dag	3,75 kg
Rollgerste	25 dag	6,25 kg
Rindsuppe	1,5 l	37 l
1 Hand voll Ampfer oder Bärlauch in Streifen geschnitten		
Zweig Wilder Thymian	1	
Honig	1 EL	75 dag

Römischer Aprikosen-Fleisch-Topf

Man koche die Fleischwürfel etwa 10 Minuten in einem Sud (z. B. eine halbierte Zwiebel, etwas Essig und Salz). Man lege die Dörraprikosen in Weißwein und stampfe im Mörser Pfeffer, Kümmel, getrocknete Minze und Dill. Man bereite daraus eine Soße mit Honig, 1 EL liquamen, 2 EL Fleischbrühe und etwas Essig. Dann koche man in der Pfanne etwas Öl, 3 EL liquamen und 3 dl Weißwein zusammen mit den Schalotten und vorgekochten Fleischwürfeln auf, gibt die Soße aus dem Mörser und die Aprikosen hinzu und lasse dann so lange kochen, bis das Ganze gar ist.

Falls nötig, kann laufend etwas Sud zugegeben werden. Man füge etwa 10 bis 15 Minuten vor dem Anrichten die Teig(waren)-Krümel hinzu und serviere das Gericht mit Pfeffer bestreut. *(Von der Groebenkaserne/Feldbach)*

ZUTATEN	4 PERS.	100 PERS.
Schweinsschulter, würfelig schnd.	60 dag	15 kg
ged. Aprikosen	10 dag	2,5 kg
Weißwein	4 dl	1 l
Pfefferkörner	½ TL	
Kümmel	1 TL	
getr. Minze	1 TL	
Dill	1 TL	
Honig	1 EL	
Essig	1 EL	
Olivenöl	2 EL	
Schalotten	2–3 Stk.	1 kg
gem. Pfeffer	½ TL	
fein zerstampfte Teigwaren oder Teigkrümel	3 EL	
liquamen (= Nuok Mam, asiatische Fischsoße oder Worchestersoße)	4 EL	
passum (oder Malaga oder Tokayer)	2 EL	

Bohnen-Sauerkraut-Topf

Die Bohnen waschen und über Nacht einweichen. Am nächsten Tag mit den Gewürzen im Einweichwasser kochen. Speck und Zwiebel hellgelb rösten, das Sauerkraut und das Tomatenmark dazugeben, würzen und zugedeckt weich dünsten. Nun mischt man die geschnittene Wurst und die Bohnen darunter, vermengt mit dem versprudelten Sauerrahm und lässt alles zusammen noch 15 Minuten leicht nachdünsten. *(Fiala-Fernbrugg Kaserne/Aigen i. E.)*

ZUTATEN	4 PERS.	100 PERS.
weiße Bohnen	20 dag	5 kg
Braunschweiger	25 dag	6,25 kg
Sauerkraut	25 dag	6,25 kg
Selchspeck	10 dag	2,5 kg
Sauerrahm	0,5 B.	3⅓ l
Tomatenmark	2 EL	0,5 kg
Lorbeerblätter	3 Stk.	
Pfeffer, Salz		
Thymian		
Zwiebeln		

Irish Stew

Das Lammfleisch würfelig schneiden, die Kartoffeln und die Zwiebeln schälen und auch würfelig schneiden, das Kraut in grobe Streifen schneiden. Alles abwechselnd in einen großen Topf schichten und jede Schicht mit Salz, Pfeffer und Kümmel würzen. Mit Fleischbrühe auffüllen und zugedeckt ca. 50 Minuten bei mittlerer Hitze garen. Beim Anrichten jede Portion mit Petersilie bestreuen. *(Von der Groebenkaserne/Feldbach)*

ZUTATEN	4 PERS.	100 PERS.
Lammfleisch (aus der Schulter)	50 dag	12,5 kg
Kartoffeln	25 dag	6,25 kg
Zwiebeln	1,5 dag	3 kg
Weißkraut	25 dag	6,25 kg
Fleischbrühe	½ l	12–13 l
Salz, Pfeffer		
Kümmel		
Petersilie		

eintöpfe

eintöpfe

LINSENEINTOPF

Die Linsen über Nacht einweichen, die Wurst kleinwürfelig schneiden, Sellerie und Möhren würfeln und die Zwiebeln hacken.

Die Linsen im Einweichwasser ca. 15 Minuten kochen, den geschnittenen Hamburger Speck in einer Pfanne anrösten, Zwiebeln und das Gemüse dazugeben – nun die Linsen mit Kochwasser und die Wurst dazugeben. Alles bei schwacher Hitze ca. 30 Min. zugedeckt kochen lassen. Den Eintopf mit Essig, Salz, Pfeffer und eventuell mit Zucker abschmecken.

(Mickl-Kaserne/Bad Radkersburg)

ZUTATEN	4 PERS.	100 PERS.
Linsen	0,5 kg	12,5 kg
Suppenwürze	etwas	etwas
Hamburger Speck	20 dag	5 kg
Braunschweiger	20 dag	5 kg
Sellerie	20 dag	5 kg
Möhren	3 Stk.	6 kg
Zwiebel	1 Stk.	2 kg
Essig	4 EL	¼ l
Zucker	etwas	
Salz, Pfeffer, Öl		

STEIRISCHES RITSCHERT

Man weicht am Vorabend die Bohnen ein und ein paar Stunden von dem Kochen die Rollgerste. Die Bohnen und die Rollgerste in Salzwasser kochen – das Selchfleisch kochen, Zwiebeln hellgelb rösten und etwas Mehl darin anlaufen lassen. Das Wurzelwerk feinwürfelig schneiden und überkochen. Bohnen, Rollgerste und Wurzelwerk zu den Zwiebeln geben und mit Selchsuppe, so viel man zum Verkochen braucht, aufgießen. Nun gibt man das in Würfel geschnittene Selchfleisch dazu und schmeckt es mit den Gewürzen ab. Das Steirische Ritschert darf nicht suppig sein, denn es ist ein typisches Eintopfgericht.

(Hadik-Kaserne/Fehring)

ZUTATEN	4 PERS.	100 PERS.
Rollgerste	25 dag	1 kg
Käferbohnen oder weiße Bohnen oder Erbsen	20 dag	80 dag
Selchfleisch	25 dag	1 kg
Wurzelwerk:		3 kg
Lauch	1 kl. Stg.	
Möhren	2 Stk.	
Sellerie	etwas	
Petersilienwurzel	1 kl. Stk.	
Zwiebel	1 Stk.	2 kg
Knoblauch		0,5 kg
Salz, Pfeffer		
Liebstöckel		
Salbei		

GULASCHTOPF

Die Zwiebeln im heißen Schmalz glasig dünsten – das würfelig geschnittene Fleisch und den Knoblauch dazugeben – leicht anbraten – mit ¾ l Brühe aufgießen, die Gewürze dazugeben und ca. 60 Minuten leicht kochen lassen. Die Möhren, die Kartoffeln und die Paprikaschoten zum Fleisch geben und weitere 30 Minuten mitgaren. Zum Schluss gibt man die Tomaten dazu und lässt alles noch ca. 10 Minuten ziehen. Wenn nötig, gießt man mit der restlichen Brühe auf – schmeckt den Eintopf kräftig ab und verfeinert ihn mit Rotwein.

(Hackher-Kaserne/Gratkorn)

ZUTATEN	4 PERS.	100 PERS.
mag. Rindfleisch	80 dag	16 kg
Schweineschmalz	5 dag	1 kg
Zwiebeln (Würfel)	4 Stk.	4 kg
Knoblauch, Salz, Pfeffer		
Kümmel		
Paprikapulver	2 EL	20 dag
Rosenpaprika	2 TL	10 dag
Fleischbrühe	1 l	20 l
Möhren (in Streifen)	25 dag	5 kg
Kartoffeln (in Würfel)	50 dag	10 kg
roter Paprika (in Streifen)	1 Stk.	20 Stk.
grüner Paprika (in Streifen)	1 Stk.	20 Stk.
Tomaten (enthäutet)	3 Stk.	5 kg
Thymian		
Salz		
dunkler Rotwein	¼ l	5 l

CHILI CON CARNE

Die Bohnen am Vorabend einweichen – und am nächsten Tag in Salzwasser ca. 30 Minuten garen.

Das geschnittene Fleisch mit den Zwiebeln anbraten – alles zu den gekochten Bohnen geben – mit Pfeffer, Chilipulver und Paprika würzen und 60 Minuten garen. Nun die geachtelten Tomaten zum Bohnentopf geben und etwa 5 Minuten mitkochen. Mit Speisestärke binden und mit Essig, Zucker und Tabasco abschmecken.

(Kirchner-Kaserne/Graz)

ZUTATEN	4 PERS.	100 PERS.
rote oder braune Bohnen	50 dag	8,5 kg
Wasser	2 l	35 l
Salz	2 TL	
Öl		
mageres Rindfleisch (in Würfel)	75 dag	12,75 kg
Zwiebeln (in Würfel)	2 Stk.	
Pfeffer		
Chilipulver		
Paprika edelsüß		30 dag
Rosenpaprika		30 dag
Tomaten (enthäutet)	50 dag	8,5 kg
Speisestärke		
Tabasco	einige Tropfen	
Rotweinessig	etwas	
Zucker	etwas	

LAMMTOPF

Das Fleisch in Würfel schneiden – würzen – in heißem Fett anbraten. Knoblauch, Lorbeerblatt und etwas Zimt dazugeben – 10 Minuten schmoren lassen. Das Gemüse – außer den Tomaten – dazugeben – Tomatenmark mit Zitronensaft, Petersilie und Basilikumblättern vermischen – alles über das Gemüse geben und 20 bis 25 Minuten schmoren lassen. Zum Schluss Tomatenwürfel dazugeben, abschmecken und mit Petersilie bestreut servieren.

(Von der Groebenkaserne/Feldbach)

ZUTATEN	4 PERS.	100 PERS.
Lammfleisch	50 dag	12,5 kg
Salz, Pfeffer, Thymian		
Öl, Knoblauch, Lorbeerblatt		
Zimt	etwas	
Auberginen (in Würfel)	2 kl. Stk.	50 Stk.
Zucchini (in Scheiben)	2 Stk.	50 Stk.
rote Paprikaschoten (in Streifen)	2 Stk.	50 Stk.
Zwiebeln (Ringe)	4 Stk.	3 kg
Kartoffeln (in Würfel)	2–3 kl. Stk.	5 kg
Tomaten (enthäutet)	4 Stk.	4 kg
Zitronensaft	2 EL	0,5 kg
Tomatenpüree	2 EL	0,5 kg
Fleischbrühe	⅛ l	ca. 3–4 l
Petersilie, Basilikum		

eintöpfe

Pichelsteiner Eintopf

Das Fett erhitzen, die Zwiebeln und das Fleisch darin anbraten. Das Gemüse und die Kartoffeln schichtweise darauf geben, als oberste Schicht Kartoffeln legen und jede Lage mit den Gewürzen bestreuen. Mit Fleischbrühe angießen und alles zugedeckt 30 bis 45 Minuten dünsten. Mit Petersilie bestreuen und am besten im Kochtopf servieren.

(Gablenz-Kaserne/Graz)

ZUTATEN	4 PERS.	100 PERS.
Schweineschmalz	5 dag	
Schweinefleisch (in Würfel)	25 dag	
Rindfleisch (W.)	25 dag	
Hammelfleisch (in Würfel)	25 dag	
Zwiebeln (W.)	1 dag	
Karotten (Sch.)	25 dag	
Knollensellerie (in Würfel)	25 dag	
Lauch (Scheiben)	25 dag	
Kraut (gehobelt)	25 dag	
Kartoffeln (W.)	50 dag	
Salz, Pfeffer, Majoran		
Petersilie (gehackt)		
Fleischbrühe	0,75 l	

Fisch-Gemüse-Topf

Im heißen Fett die Zwiebeln glasig dünsten, das Gemüse dazugeben und 5 Minuten schmoren lassen. Mit Fischbrühe aufgießen – 10 Minuten garen. Die Tomaten und Fischfilets dazugeben – 10 Minuten ziehen lassen, nun den enthäuteten, entgräteten, zerpflückten Räucherfisch dazugeben und erwärmen. Den Eintopf gut abschmecken und mit frischen Kräutern bestreuen und servieren.

(Belgier-Kaserne/Graz)

ZUTATEN	4 PERS.	100 PERS.
Butter oder Margarine	8 dag	2 kg
Zwiebeln (geh.)	1 dag	2,5 kg
Suppengemüse (fein geschnitten)	2 Bd.	25 Bd.
Fenchel (in Würfel)	1 Kn.	25 Stk.
Kartoffeln (W.)	50 dag	12–13 kg
Zucchini (Sch.)	2 Stk.	10 kg
rote Paprikaschote (in Streifen)	1 Stk.	25 Stk.
grüne Paprikaschote (in Streifen)	1 Stk.	25 Stk.
Fischbrühe	0,5 l	12 l
Tomaten (enth.)	25 dag	6,25 kg
Rotbarschfilets	50 dag	12,5 kg
Räucherfisch	30 dag	7,5 kg
Salz, Pfeffer, Dill gehackt		
Petersilie gehackt, Estragonblätter		

Himmel und Erde

Die Kartoffeln schälen, kochen und sofort zerstampfen. Die Äpfel in Wasser mit Zucker und Zitronensaft gar dünsten. Den Speck auslassen und die Zwiebeln im Fett glasig werden lassen. Etwas vom Zwiebel u. Speck zur Garnitur übrig lassen. Kartoffeln mit den Äpfeln u. dem Speck-Zwiebel-Gemisch mit dem Schneebesen durchschlagen – mit Zucker und Salz abschmecken. Öl in der Pfanne erhitzen und die Blutwurstscheiben von beiden Seiten braten – auf den Eintopf geben, mit Speck-Zwiebel-Mischung bestreuen.

(Von der Groebenkaserne/Feldbach)

ZUTATEN	4 PERS.	100 PERS.
mehl. Kartoffeln	1 kg	25 kg
Wasser	1 l	25 l
geschälte Äpfel in Achteln	1 kg	25 kg
Wasser	0,5 l	12,5 l
Zucker	etwas	
Zitronensaft	etwas	
fetter Speck in Würfel	10 dag	1 kg
Zwiebeln (Würfel)	2 Stk.	1 kg
Blutwurst in Scheiben	50 dag	12,5 kg
Salz		
Öl		

Exotischer Geflügeltopf

Das gekochte Suppenhuhn enthäuten und in kleine Stücke schneiden – warm stellen. Brokkoli putzen, zerteilen, Erbsen, Karotten und den Lauch in der Brühe ca. 20 Min. garen lassen, herausnehmen und auch warm stellen. Inzwischen den Reis kochen. Mehl in Butter anschwitzen und mit Hühnerbrühe aufgießen – mit Weißwein und Sojasoße noch einmal aufkochen lassen. Nun das Gemüse, Fleisch, Reis und die abgetropften Mandarinen sorgfältig untermischen und abschmecken. Die Sahne und das Eigelb verquirlen und die Suppe damit legieren – nicht mehr kochen lassen. Dazu passt sehr gut ein Weißbrot oder in einer Pfanne geröstete, ungesalzene Erdnüsse.

(Fliegerhorst Nittner/Thalerhof)

ZUTATEN	4 PERS.	100 PERS.
Hühnerbrühe	0,5 l	
Suppenhuhn	1 Stk.	
Brokkoli	25 dag	
Erbsen	30 dag	
Karotten	4 kl. Stk.	
Lauch	2 Stg.	
Reis	10 dag	
Butter	5 dag	
Mehl	5 dag	
Weißwein	¼ l	
Sojasoße	2 EL	
Mandarinensp.	1 kl. Dose	
Curry	2 TL	
Safran	2 Messerspitzen	
Ingwer	½ TL	
Salz		
Schlagsahne	10 dag	
Eigelb	1	

Frühlingstopf

Das Suppenhuhn waschen, das Fleisch würfeln – mit Fleischbrühe bedecken, Gewürze, Zwiebeln, Lorbeerblatt und Nelken dazugeben und 30 bis 40 Minuten köcheln lassen. Das geputzte, zerkleinerte Gemüse zum Fleisch geben und weitere 30 bis 40 Minuten garen. Zum Schluss die Petersilie über den Eintopf geben und servieren.

(Hermann-Kaserne/Leibnitz)

ZUTATEN	4 PERS.	100 PERS.
Suppenhuhn	½ Stk.	50 Stk.
gemischtes mageres Gulaschfleisch	50 dag	13 kg
Zwiebeln (geha.)	2 Stk.	3 kg
Lorbeerblatt	1 Stk.	
Nelken	3 Stk.	
Salz, Pfeffer, Muskatnuss		
Fleischbrühe	1 l	25 l
Erbsen	25 dag	6 kg
Bohnen	25 dag	6 kg
Möhren (Sch.)	25 dag	6 kg
Blumenkohl (in Röschen zert.)	25 dag	6 kg
Brokkoli (in Röschen zert.)	25 dag	6 kg
Lauch (Streifen)	1 Stg.	25 Stg.
Petersilie (gehackt)		

Bohnen-Zucchini-Eintopf

Die Fleischknochen und das Lammfleisch mit Salz aufkochen, Zwiebel dazugeben und ca. 70 Minuten kochen.

Nun die Bohnen waschen und putzen, die Kartoffeln waschen, schälen und vierteln, die Zucchini waschen und in Würfel schneiden. Das Fleisch und die Knochen aus der Brühe nehmen. Brühe durch ein Sieb geben, Fleisch würfeln und nochmals 15 Min. aufkochen lassen, salzen und pfeffern. Kartoffeln, Bohnen u. Zucchini in den Eintopf geben – 5 Min. garen. Den würfelig geschnittenen, angerösteten Speck u. Zwiebel in den Eintopf geben, mit Bohnenkraut und Gewürzen abschmecken und anrichten.

(Landwehr-Kaserne/St. Michael i. ObStmk)

ZUTATEN	4 PERS.	100 PERS.
Lammfleisch	40 dag	10 kg
Fleischknochen (ca. 50 dag)	2 Stk.	12 kg
Wasser	1,25 l	17 l
Zwiebel (5 dag)	1 Stk.	2 kg
grüne Bohnen (Bohnschoten)	25 dag	7 kg
Kartoffeln	30 dag	8 kg
Zucchini (40 dag)	2 Stk.	10 kg
Salz		
Pfeffer		
außerdem:		
Zwiebel	1 Stk.	1 kg
Schinkenspeck	5 dag	1,3 kg
Butterschmalz	1,5 dag	3 kg
Bohnenkraut	1 Bd.	25 Bd.

eintöpfe

eintöpfe

RATATOUILLE

Das Öl erhitzen – die Paprikaschoten, die Zwiebeln und den Knoblauch hineingeben, nach ca. 3 Minuten die Zucchini, die Auberginen und Paprikastücke untermischen, durchschwenken – die Brühe mit Tomatenmark verrühren und über das Gemüse gießen – die Gurke dazugeben und alles etwa 30 Minuten garen, bis die Flüssigkeit fast ganz eingekocht ist. Das Gemüse soll weich sein, aber nicht zerfallen. Kurz vor dem Anrichten die Tomaten dazugeben und mit den frischen, gehackten Kräutern bestreuen.

Diesen Eintopf kann man als Hauptgericht mit Weißbrot oder auch als Beilage zu Gegrilltem servieren.

(Erzherzog Johann-Kaserne/Strass)

ZUTATEN	4 PERS.	100 PERS.
heiße Fleischbrühe	0,5 l	12,5 l
Olivenöl	4 EL	1 l
rote Paprikaschote	1 kl. Stk.	25 Stk.
Zwiebeln (Würfel)	2 Stk.	2 kg
Knoblauch		0,25 kg
Zucchini (à 20 dag, in Scheiben)	3 Stk.	15 kg
Auberginen (à 20 dag, in Würfel)	2 kl. Stk.	10 kg
rote Paprikaschote (in Streifen)	1 Stk.	25 Stk.
grüne Paprikaschote (in Streifen)	1 Stk.	25 Stk.
Tomatenmark	1 kl. D.	6,25 kg
Salatgurke (W.)	1 kl. Stk.	25 Stk.
Tomaten (in Achteln)	3 Stk.	7 kg
Salz, Pfeffer, Majoran Basilikum, Petersilie		

BORSCHTSCH

Die rote Bete schälen und in Würfel schneiden. Öl in die Gemüsebrühe geben, Bete, Karotten, Lauch und Sellerie dazugeben und alles 20 Minuten kochen. Das Sauerkraut oder das geschnittene Weißkraut, die Kartoffeln und die Gewürze dazugeben und alles weitere 30 Minuten garen lassen. Zum Schluss die geschälten, geschnittenen Tomaten dazugeben und mit Salz, Pfeffer, Knoblauch und Obstessig abschmecken. Vor dem Anrichten die Sahne oder Joghurt unterrühren oder getrennt zum Gericht reichen.

(Fliegerhorst Hinterstoisser/Zeltweg)

ZUTATEN	4 PERS.	100 PERS.
Rote Bete (Rüben)	50 dag	10 kg
Sonnenblumenöl	3 EL	1 l
Gemüsebrühe	1 l	25 l
Möhren (Scheiben)	2 Stk.	50 Stk.
Lauch (in Ringe)	1 Stg.	25 Stk.
Sellerieknolle (in Würfel)	½ kl. Kn.	12 Stk.
Zwiebeln (würfelig)	5 dag	1,5 kg
Weißkraut oder Sauerkraut	25 dag	6,25 kg
Kartoffeln (in Scheiben)	25 dag	6,25 kg
Tomaten (enthäutet)	4 Stk.	10 kg
Lorbeerblatt	1 Stk.	25 Stk.
Nelken, Pfeffer, Kümmel Kräutersalz		
Knoblauch		0,25 kg
Obstessig		0,25 l
Sauerrahm oder Joghurt	35 dag	ca. 5 l

strudel

Die Strudel

Die verschiedensten Strudel sind aus den österreichischen Heeresküchen nicht wegzudenken. Ob als Hauptspeise oder als Nachspeise angeboten, spielen vor allem der Topfen- und Apfelstrudel die wichtigste Rolle unter der unerschöpflichen Strudelvielfalt. Eine der Urformen des Strudels dürfte in einer Rein, in die der gefüllte Teig gelegt und in der Feuerglut ausgebacken wurde, hergestellt worden sein.

Im 19. Jahrhundert begann man die Strudel in den neu aufgekommenen Öfen mit eigenem Backrohr zuzubereiten. Das älteste Strudelrezept der Steiermark blieb aus dem Jahr 1540 erhalten. Es heißt: „Ein Struggl 3 bis 4 Zoll lang, 2 bis 3 Zoll in der Breiten, von Waizmehl oder Korn-Schwung oder Gerstenkorn und Waizmehl gemischt und Kreitheln eingefüllt. 2 Stück samt ein Stückl Selchfleisch erhält jede Person."

Die bekannte Volkskundlerin Dr. Anni Gamerith hat sich im Zuge ihrer Forschungsarbeit auch mit der Strudelzubereitung in der Südoststeiermark beschäftigt. Sie hat auch mit dem Autor dieses Kochbuches, Johann Schleich, der sich ebenfalls mit bäuerlicher Armenkost auseinander setzte, unzählige Gespräche zur Thematik „Strudel" geführt.

Dr. Gamerith schreibt:
Die gebackenen und ausgezogenen Strudel werden gern und mit allen nur möglichen Füllen bereitet. Es gibt Krautstrudel, Rübenstrudel, Erdäpfelstrudel, Breinstrudel, Grießstrudel, Reisstrudel, Apfelstrudel, Kirschenstrudel, ja, alle Arten von Obststrudel.

Der Strudelteig wird meist ohne Ei, mit Fett, am liebsten jedoch mit Öl gemacht. Nur zu besonderen Gelegenheiten kommt Ei dazu. Für den Erdäpfelstrudel werden rohe Erdäpfel unter Wasser geschält und gesalzen, dann ausgebalgt. Zwiebel, in heißem Fett angelaufen, wird über die Erdäpfel gegossen und diese Masse mit Rahm angerührt und eingefüllt. Oder man nimmt gekochte Erdäpfel, blattelt sie mit dem Gurkenhobel und behandelt sie gleich wie die rohen weiter. Die Fülle für den Krautstrudel und den Rübenstrudel wird ebenso zubereitet. Zum Breinstrudel wurde Brein in Milch gekocht und meist mit einer Obstzugabe - Frisch- oder Dörrobst - eingefüllt. Grießstrudel und Reisstrudel desgleichen.

In den Apfelstrudel wurden geschnittene Äpfel mit Topfen eingefüllt. Gab es grad keinen Topfen, weichte man eine Semmel, ein Tommerlstück oder Grieß in Milch ein und gab es dazu. Zucker gab es keinen, höchstens zu Festzeiten, Brösel wurden kaum verwendet. Die übrigen Obststrudel gleichen in der Zubereitung dem Apfelstrudel. Man füllte eben ein, was man grade hatte und was sich halbwegs dafür eignete. Strudel war und ist meist dritte Richt an schwereren Arbeitstagen, an fleischlosen Tagen oder sonntags.

Die Krone aller Strudel aber ist der „Weinbeerstrudel". Er durfte an keinem der hohen Festtage des Jahres fehlen, bei keiner Hochzeit, bei keiner Primiz oder anderen Feierlichkeiten. Zur Fülle des Weinbeerstrudels wurden Eier, Rahm, Topfen, Zucker und oft auch geweichte Semmeln zusammengerührt, auf den ausgezogenen Teig aufgestrichen, dann viel Weinbeeren oder Zibeben und Zimt aufgestreut. Für besondere Feierlichkeiten wurde auch ein feiner mürber Teig bereitet und dünn ausgewalkt. Mit gewöhnlichem Strudelteig und weniger feinen Zutaten kam er aber auch sonntags und an schwersten Arbeitstagen auf den Tisch.

LEIBNITZER KRAUTSTRUDEL

Den vorbereiteten Blätterteig auf einem bemehlten Küchentuch auswalken. Das in Streifen geschnittene Kraut und den kleinwürfelig geschnittenen Zwiebel in etwas Öl glasig anrösten und mit Salz und Kümmel würzen. Das Faschierte in etwas Öl kurz anbraten und mit den Gewürzen kräftig würzen. Den Speck in Streifen und den Schafkäse würfelig schneiden. Alles zusammenmischen und auf den Teig verteilen – einrollen und die Ränder festdrücken. Den Strudel auf ein befettetes Blech legen und mit verquirltem Eidotter bestreichen und bei 180° C ca. 45 Minuten backen. (Hermann-Kaserne/Leibnitz)

ZUTATEN	4 PERS.	100 PERS.
TEIG		
Blätterteig (siehe Teige) oder Tiefkühl-Blätterteig		
FÜLLE		
Krautkopf	1 kl. Stk.	25 Stk.
Zwiebeln	2 Stk.	1,5 kg
mageres Faschiertes	40 dag	10 kg
Hamburgerspeck	10 dag	2,5 kg
Schafkäse	15 dag	3,75 kg
Knoblauchzehen	3 Stk.	0,25 kg
Eidotter	1	25
Öl	5 EL	1 l
Salz, Pfeffer, Kümmel, Paprika		
Butter	etwas	

GEMÜSESTRUDEL MIT KRÄUTERSOSSE

Strudelteig zubereiten und rasten lassen. Das Gemüse putzen, waschen, schälen, in Streifen schneiden und kurz blanchieren – abseihen und abtrocknen.

Zwiebel in Butter goldgelb rösten, die Kartoffeln schälen, fein raspeln, die Kräuter waschen und hacken. Alle Zutaten in einer Schüssel gut vermischen und mit Gewürzen abschmecken. Nun die Fülle auf dem Strudelteig gleichmäßig verteilen und einrollen. Auf ein befettetes Blech legen, mit verquirltem Ei bestreichen und bei 190° C ca. 20 Minuten backen.

Der Gemüsestrudel wird warm mit einer Kräutersoße serviert.

(Kirchner-Kaserne/Graz)

ZUTATEN	4 PERS.	100 PERS.
TEIG		
gezogener Strudelteig (siehe Teige)		
FÜLLE		
Weißkraut	20 dag	5 kg
Broccoli	10 dag	2,5 kg
Karotten	10 dag	2,5 kg
Zucchini od. Kürbis	10 dag	2,5 kg
Karfiol	10 dag	2,5 kg
Sellerie	7 dag	1,75 kg
Fenchel	7 dag	1,75 kg
Paprikaschoten	6 dag	1,5 kg
Zwiebeln	10 dag	2,5 kg
Butter	5 dag	1,25 kg
Kartoffeln	30 dag	7,5 kg
gehackte Kräuter: Petersilie, Schnittlauch Kerbel, Melisse		
Gewürze: Salz, Pfeffer, Kümmel		

RÜBENSTRUDEL

Strudelteig zubereiten und rasten lassen. Die Rüben waschen und zu groben Rübenschnitzeln reiben, salzen und ca. 15 Minuten ziehen lassen. Das angesammelte Wasser ausdrücken, Zwiebel kleinwürfelig schneiden und in Butter anrösten, die ausgedrückten Rüben dazugeben und mitrösten. Die Eier und den Sauerrahm verrühren und zu den gerösteten Rüben geben, mit Zucker, Salz, Kümmel und Pfeffer würzen. Nun den Strudelteig ausziehen und die Masse auf ⅔ des Teiges verteilen – einrollen und auf ein befettetes Backblech legen. Den Strudel mit zerlassener Butter bestreichen und im vorgeheizten Rohr bei 175° C etwa 30 Minuten backen.

Diesen Strudel kann man auch als Beilage zu gedünstetem Rindfleisch servieren. (Von der Groebenkaserne/Feldbach)

ZUTATEN	4 PERS.	100 PERS.
TEIG		
Strudelteig gezogen (siehe Teige)		
FÜLLE		
weiße Rüben	60 dag	
Eier	2 Stk.	
Zwiebel	1 Stk.	
Butter	8 dag	
Sauerrahm	⅛ l	
Zucker	1 TL	
Salz, Pfeffer, Kümmel		

strudel

OSTSTEIRISCHER BREINSTRUDEL

Zuerst einen Strudelteig zubereiten und rasten lassen. Den Hirsebrein mit gesalzener Milch aufkochen lassen, Butter mit Eidotter schaumig rühren, Eiklar zu Schnee schlagen und alles mit Hirsebrein vermengen.

Strudelteig ausrollen und ausziehen, die Fülle auf ⅓ des Teiges verteilen, mit Dörrzwetschken oder Rosinen bestreuen – einrollen und auf ein befettetes Backblech legen. Den Strudel mit zerlassener Butter bestreichen und im vorgeheizten Rohr bei 180° C ca. 30 Minuten backen.

(Von der Groebenkaserne/Feldbach)

ZUTATEN	4 PERS.	100 PERS.
TEIG		
Strudelteig gezogen (siehe Teige)		
FÜLLE		
Hirsebrein	20 dag	5 kg
Salz	etwas	
Milch	0,5 l	12,5 l
Zucker	4 EL	0,5 kg
Butter	5 dag	1,25 kg
Eidotter	4	100
Eiklar	4	100
Rosinen oder Dörrzwetschken	6 dag	1,5 kg
Butter zum Bestreichen		

CURRY-FLEISCH-STRUDEL

Zuerst einen Strudelteig (wie im Grundrezept) zubereiten und rasten lassen. Das faschierte Fleisch in heißem Öl anbraten – Curry und die in Ringe geschnittenen Frühlingszwiebeln dazugeben – mit Salz und Pfeffer würzen und abkühlen lassen.

Den Teig ausrollen und ausziehen, die Masse darauf verteilen, mit tiefgefrorenem Mais bestreuen – einrollen und auf ein Blech legen. Den Strudel mit Ei-Wasser-Gemisch bestreichen und mit Sesam bestreuen. Im vorgeheizten Rohr bei 200° C ca. 20–30 Min. backen. Dazu reicht man grünen Salat.

(Belgier-Kaserne/Graz)

ZUTATEN	4 PERS.	100 PERS.
TEIG		
Strudelteig gezogen aus 250 g Mehl (siehe Teige)		
FÜLLE		
gemischtes Faschiertes	1 kg	10 kg
Öl	etwas	0,5 l
Frühlingszwiebeln (à 150 g)	2 Bd.	1,5 kg
Curry	4 EL	20 dag
Pfeffer, Salz		
Mais (TK 300 g)	1 P	3 kg (TK)
Sesamsaat (geschält)	3 dag	30 dag

ROTKRAUTSTRUDEL

Zuerst einen Strudelteig zubereiten und rasten lassen. Das Rotkraut putzen, waschen, in Streifen schneiden, die Zwiebel in Öl oder Butterschmalz leicht andünsten – den Essig und das Kraut dazugeben und alles ca. 20 Minuten dünsten – mit Zucker, Salz und Pfeffer würzen und abkühlen lassen. Das Faschierte in Fett durchrösten, abkühlen lassen. Pilze waschen, putzen und in Scheiben schneiden – in Fett anbraten und mit Salz und Pfeffer würzen. Den Strudelteig ausrollen und ausziehen, das Fleisch, Kraut und die Hälfte der Champignons auf den Teig verteilen – einrollen, auf ein Blech geben, mit Eigelb bestreichen und im vorgeheizten Rohr bei 200° C ca. 35 bis 40 Minuten backen.

Die restlichen Champignons mit Mehl stauben. Rinderfond und Crème fraiche vermischen, dazugeben, aufkochen lassen und gut würzen. Die Champignonsoße zum Strudel servieren.

(Von der Groebenkaserne/Feldbach)

ZUTATEN	4 PERS.	100 PERS.
TEIG		
Strudelteig gezogen (siehe Teige)		
FÜLLE		
Rotkraut	50 dag	2,5 kg
Zwiebeln	2 Stk.	1 kg
Butterschmalz	7 dag	35 dag
Rotweinessig	2–3 EL	0,5 l
Zucker, Salz, Pfeffer		
Faschiertes	70 dag	3,5 kg
Champignons	50 dag	2,5 kg
Mehl		0,5 kg
Rinderfond	400 ml	2 l
Crème fraiche od. Sauerrahm	10 dag	0,5 l

LINSENSTRUDEL MIT SELCHFLEISCH

Zuerst einen Strudelteig zubereiten und rasten lassen. Das Weißbrot in Würfel schneiden und mit Wasser übergießen und ca. 10 Minuten quellen lassen. Das in Würfel geschnittene Selchfleisch und die in Würfel geschnittenen Zwiebel im heißen Öl anrösten, Butter und Dotter schaumig rühren, mit der Zwiebel, Selchfleisch und den Linsen vermischen und kräftig würzen. Auf den ausgezogenen Strudelteig verteilen – einrollen, auf ein befettetes Blech setzen, mit zerlassener Butter bestreichen und im vorgeheizten Rohr bei 180° C ca. 35 Minuten backen.

(Fliegerhorst Hinterstoisser/Zeltweg)

ZUTATEN	4 PERS.	100 PERS.
TEIG		
Strudelteig gezogen (siehe Teige)		
FÜLLE		
Weißbrot	15 dag	3,75 kg
Wasser	⅛ l	3⅛ l
gekochtes		
Selchfleisch	20 dag	5 kg
Zwiebel	½ Stk.	1 kg
Öl	etwas	0,5 l
Butter	5 dag	1,25 kg
Eidotter	2	50
gek. Linsen	20 dag	5 kg
etwas Senf, Salz, Pfeffer		
Knoblauch, Kerbel		

STEIRISCHER KÄFERBOHNENSTRUDEL

ZUTATEN	4 PERS.	100 PERS.
TEIG		
Strudelteig gezogen (siehe Teige)		
FÜLLE		
Käferbohnen	40 dag	10 kg
Semmeln	2 Stk.	50 Stk.
Zwiebel	1 Stk.	1,5 kg
Schmalz	10 dag	2,5 kg
Salz, Pfeffer		
Majoran		
etwas Schmalz zum Backen		

Zuerst einen Strudelteig zubereiten und rasten lassen. Käferbohnen über Nacht einweichen. In frischem Salzwasser weich kochen, abseihen und grob zerdrücken – mit Salz, Pfeffer und Majoran würzen. Die Semmeln und die Zwiebel würfelig schneiden und im heißen Schmalz rösten – die Bohnen dazugeben – durchrühren und vom Herd nehmen. Die Masse auf den ausgezogenen Strudelteig verteilen, einrollen und in vier Stücke schneiden. Die Strudelstücke in eine gut mit Schmalz befettete Pfanne geben und im vorgeheizten Rohr bei 170° C etwa 30 Minuten backen. Als Beilage passt warmer Krautsalat. (Von der Groebenkaserne/Feldbach)

KRAUTSTRUDEL

In heißem Fett die Zwiebel und den in Würfel geschnittenen Speck anrösten. Kraut dünsten und gut würzen. Alles auf einen ausgezogenen Strudelteig verteilen, zusammenrollen und backen, öfters mit Öl bestreichen.

(Hadik-Kaserne/Fehring)

ZUTATEN	4 PERS.	100 PERS.
STRUDELTEIG		
Mehl	25 dag	6–7 kg
Öl	1 EL	ca. 0,25 l
Salz		
lauwarmes		
Wasser	1/8 l	ca. 3,5 l
Essig	1 Spr.	etwas
FÜLLE		
Kraut	1/2 kg	12–13 kg
Speck	10 dag	2,5 kg
Zwiebeln	10 dag	2–3 kg
Salz, Kümmel, Pfeffer		
Öl		

Strudel

Kartoffelstrudel

Kartoffeln grob reiben und in Wasser legen, auf den ausgezogenen Strudelteig streuen, kräftig würzen, geröstete Zwiebeln darüber verteilen, etwas Sauerrahm darüber, einrollen und backen. *(Von der Groebenkaserne/Feldbach)*

ZUTATEN	4 PERS.	100 PE...
TEIG		
Strudelteig gezogen (siehe Teige)		
FÜLLE		
rohe, geschälte		
Kartoffeln	1 kg	25 kg
Fett	10 dag	2–3 kg
Zwiebeln	10 dag	2 kg
Salz, Pfeffer, Rahm		

ZUTATEN	20 STK.	100 STK.
Mehl	25 dag	12,5 kg
Eigelb	2	10
Salz		
Öl		
frischer Spinat	1 kg	5 kg
Zwiebeln	10 dag	50 dag
Butter oder		
Margarine	3 dag	15 dag
Pinienkerne	10 dag	50 dag
Pfeffer		
Muskatnuss		
Schafkäse	40 dag	2 kg
Mehl zum Bearbeiten		

Spinat-Schafkäse-Strudel

Aus Mehl, 1 Eigelb, Salz und Öl einen Strudelteig bereiten, rasten lassen.

Spinat putzen, waschen und abtropfen lassen, die Zwiebeln in Würfel schneiden und leicht glasig dünsten – den Spinat dazugeben und zugedeckt ca. 10 Minuten bei schwacher Hitze dünsten. Die Pinienkerne ohne Fett goldbraun rösten und zum Spinat geben, alles gut würzen. Den Käse in Würfel schneiden. Nun den Strudelteig ausziehen und nacheinander mit Spinat und Schafkäse belegen – einrollen und auf ein Backblech legen. Restliches Eigelb mit Wasser verquirlen und den Strudel damit bestreichen. Nun den Strudel im vorgeheizten Rohr ca. 25 bis 30 Minuten bei einer Temperatur von 225 °C backen. *(Hackher-Kaserne/Gratkorn)*

ZUTATEN	4 PERS.	100 PERS.
TEIG		
glattes Mehl	30 dag	7,5 kg
Ei	1 Stk.	25 Stk.
Öl	1 Essl.	25 Essl.
Salz, Wasser		
FÜLLE		
gek. Käferbohnen	30 dag	7,5 kg
frischer zerbröckelter		
Schafkäse	10 dag	2,5 kg
Eier	3 Stk.	7,5 dag
fein geschnittener		
Hamburger	5 dag	1,25 kg
Semmelwürfel	10 dag	2,5 kg
Zwiebel		1 kg
Knoblauch		
Salz, Pfeffer, Petersilie		
Sauerrahm	⅛ l	3,25 l
Fett	etwas	

Bohnenstrudel mit Schafkäse

Zuerst einen Strudelteig zubereiten und rasten lassen. Für die Fülle Speck anrösten – Zwiebel mitrösten, Bohnen, Käse, Semmelwürfel, Speck, Zwiebel und Gewürze vermischen, Rahm und Ei verquirlen – darüber gießen und alles vorsichtig vermischen.

Nun den Strudelteig in 2 oder 3 Strudel teilen, auswalken und ausziehen, mit Öl bepinseln und die Fülle darauf verteilen – einrollen und in eine Kastenform geben (da kann der Strudel nicht aufreißen), mit Öl bestreichen und im Rohr bei 200° C ca. 30 Minuten backen.

Dazu passt sehr gut ein grüner Salat oder eine Tomatensoße aus frischen Tomaten. *(Tüpl, Seetalertalpe)*

SAUERKRAUTSTRUDEL

Aus Mehl, 1 Eigelb, Salz, Wasser und Öl einen Strudelteig zubereiten, rasten lassen. Die Zwiebeln würfeln und im Fett mit dem Sauerkraut ca. 10 Minuten dünsten. Den Teig auf einem Strudeltuch oder Geschirrtuch ausrollen und ausziehen.

Crème fraiche mit Salz, Pfeffer und Dill verrühren und zum Sauerkraut geben und gut abschmecken. Die Sauerkrautmasse auf den Teig verteilen, den angetauten Fisch würfeln oder in Streifen schneiden, auf die Masse verteilen - den Strudel aufrollen und auf ein befettetes Blech legen. Das restliche Eigelb mit etwas Wasser verquirlen und den Strudel damit bestreichen. Nun im vorgeheizten Rohr ca. 25 bis 30 Minuten bei einer Temperatur von 225 °C backen.

(Von der Groebenkaserne/Feldbach)

ZUTATEN	20 STK.	100 STK.
Mehl	25 dag	12,5 kg
Eigelb	2	10
Salz, Öl		
Zwiebeln	10 dag	50 dag
Sauerkraut (EW. 810 g)	1 Dose	5 Dosen
Crème fraiche	10 dag	50 dag
Salz, Pfeffer, Dill		
Mehl zum Bearbeiten		
Seelachsfilet (TK 300 g)	1 Pckg.	5 Pckg.

GRIESSSTRUDEL

Zuerst einen Strudelteig zubereiten und rasten lassen. Butter schaumig rühren und nach und nach Eidotter dazurühren. Weizengrieß und Sauerrahm beigeben und gut durchrühren. Eiklar mit etwas Salz zu steifem Schnee schlagen und unter die Grießmasse heben. Den Strudelteig wie üblich auswalken und ausziehen, die Masse darauf streichen – einrollen, die Teigränder gut andrücken und in 4 gleiche Stücke teilen (zerradeln). Die Stücke werden in kochendem Salzwasser 20 Minuten pochiert (in nicht mehr kochendem Wasser ziehen). Danach gut abtropfen lassen und mit heißen, in Butter gerösteten, leicht gesalzenen Semmelbröseln servieren. Der Grießstrudel kann als Beilage zu einer Hauptspeise oder als Dessert, dann jedoch mit Zuckerbröseln u. Kompott serviert werden.

(Belgier-Kaserne/Graz)

ZUTATEN	4 PERS.	100 PERS.
TEIG		
Strudelteig gezogen (siehe Teige)		
FÜLLE		
Butter	10 dag	2,5 kg
Eidotter	4	100
Eiklar	4	100
Weizengrieß	20 dag	5 kg
Sauerrahm	⅛ l	3⅛ l
Semmelbrösel	5 dag	1,25 kg
Butter zum Bröselrösten	8 dag	2 kg
Salz	etwas	

REISSTRUDEL

Zuerst bereitet man einen Strudelteig und lässt ihn rasten. Dann den Reis in gesalzener Milch auf kleiner Flamme weich kochen. Die Butter und die Eidotter schaumig rühren, das Eiklar zu einem steifen Schnee schlagen und alles unter den Reis mischen. Nun den Strudelteig ausrollen und ausziehen, die Masse auf ⅔ des Teiges verteilen - mit Zucker und Rosinen bestreuen und mit Hilfe eines Strudeltuches einrollen.

Den Strudel auf ein befettetes Backblech legen, mit zerlassener Butter bestreichen und bei 180° C ca. 30 Minuten backen. Als Beilage passt sehr gut ein Zwetschkenröster.

(Gablenzkaserne / Graz)

ZUTATEN	4 PERS.	100 PERS.
TEIG		
Strudelteig gezogen (siehe Teige)		
FÜLLE		
Langkornreis	20 dag	5 kg
Salz	etwas	etwas
Milch	0,5 l	12,5 l
Zucker	4 EL	0,5 kg
Butter	5 dag	1,25 kg
Eidotter	4	100
Eiklar	4	100
Rosinen	6 dag	1,5 kg
Butter zum Bestreichen		

strudel

Süsser Erdäpfelstrudel

Zuerst einen Strudelteig zubereiten und rasten lassen.

Butter schaumig rühren, Eidotter nach und nach einrühren, die gekochten Erdäpfel passieren und dazugeben. Mandeln, Zucker, etwas Salz und die Milch vermischen und über die Masse gießen. Zuletzt das Eiklar zu Schnee schlagen und unterheben.

Den Strudelteig auf einem Küchentuch auswalken und ausziehen – die Fülle auf ⅔ des Teiges auftragen – und einrollen. Nun den Strudel auf ein befettetes Blech legen – mit zerlassener Butter bestreichen und im vorgeheizten Rohr bei 180° C etwa 30 Minuten backen. Dazu passt sehr gut ein Rhabarbermus. (Kirchner-Kaserne/Graz)

ZUTATEN	10 PERS.	100 PERS.
TEIG		
Strudelteig gezogen aus 250 g Me... (siehe Teige)		
FÜLLE		
gek. Erdäpfel	40 dag	4 kg
Butter	8 dag	80 dag
Eidotter	3	30
Eiklar	3	30
Zucker	10 dag	1 kg
ger. Mandeln	10 dag	1 kg
Milch	2 EL	0,5 l
Salz	etwas	etwas
Butter oder Margarine zum Bestreichen		

Mohnstrudel

Germteig vorbereiten, rasten lassen. Milch erwärmen, Mohn, Zucker, Vanillezucker, Honig, Zitronenschale in die Milch einrühren und unter ständigem Rühren quellen lassen (nicht aufkochen lassen). Zur Fülle Rosinen, Rum und Zimt dazugeben und auf den ausgerollten Strudelteig die gerösteten Semmelbrösel verteilen und mit der Masse belegen. Den Strudel einrollen, auf ein befettetes Blech legen und 30 Minuten rasten lassen. Den Strudel mit zerlassener Butter bestreichen und im vorgeheizten Rohr bei 180° C ca. 60 Min. backen.
(Von der Groebenkaserne.)

ZUTATEN	10 PERS.	100 PERS.
TEIG		
Germteig (siehe Teige)		
FÜLLE		
fein gem. Mohn	40 dag	
Zucker	10 dag	
Rosinen	10 dag	
Milch	0,25 l	
Semmelbrösel	10 dag	
Honig	2 EL	
Vanillezucker	1 P.	
Zitronenschale		
Rum	0,125 l	
Zimt		
Butter oder Margarine zum Bestreichen		

Adventstrudel – Nussstrudel

Aus den Zutaten für den Mürbteig rasch einen Teig bereiten und rasten lassen. Nüsse, Zucker, Vanillezucker und Honig in etwas erwärmter Milch einrühren und unter ständigem Rühren quellen lassen, es darf aber nicht aufkochen, Gewürze und Aromen dazugeben. Strudelteig ausrollen und die in Butter gerösteten Semmelbrösel auf ⅔ des Teiges verteilen. Nun die Fülle darauf geben und den Strudel mit Hilfe eines Küchentuches einrollen und ca. 30 Minuten rasten lassen, dann auf ein befettetes Backblech setzen und im vorgeheizten Rohr bei 180° C ca. 40 Minuten backen. Portionieren und mit Schlagsahne, die man leicht zuckert und mit Nusslikör (2 EL Nusslikör) versieht, servieren. (Hermann-Kaserne/Leibnitz)

ZUTATEN	10 PERS.	100 PERS.
TEIG		
Mürbteig (siehe Teige)		
FÜLLE		
fein ger. Nüsse	30 dag	3 kg
Zucker	10 dag	1 kg
Semmelbrösel	15 dag	1,5 kg
Honig	2 EL	0,5 kg
Vanillezucker	1 P.	10 p.
Rum		0,25
Zimt		
Zitronenschale		
Butter für das Blech und zum Rösten der Semmelbrösel		1,5 kg
Milch	0,25 l	2,5 l

SCHICHTSTRUDEL

ZUTATEN	10 PERS.	100 PERS.
TEIG		
Topfenteig (siehe Teige)		
FÜLLE		
Grieß	15 dag	1,5 kg
Butter	5 dag	0,5 kg
gem. Nüsse	15 dag	1,5 kg
Zucker	7,5 dag	75 dag
GLASUR		
Wasser	3 EL	30 EL
Zucker	7,5 dag	75 dag

Aus den Zutaten für Topfenteig einen Teig bereiten – rasten lassen – und in 4 gleiche Stücke teilen.

Den Grieß in Butter hellgelb rösten – Nüsse und Zucker vermischen und in den Grieß rühren. Nun ein Backblech gut mit Butter befetten und abwechselnd jeweils eine Schicht Strudelteig und eine Schicht Füllung auflegen. Die unterste und oberste Schicht ist eine Teigschicht. Die Teigschichten zum Schluss fest zusammendrücken und im vorgeheizten Rohr bei 190° C etwa 35 Minuten backen. Inzwischen für die Glasur Wasser und Zucker kochen, bis sich Fäden ziehen, dann über den hellgelb gebackenen Strudel gießen und noch etwa 10 Minuten backen. Vor dem Servieren auskühlen lassen und eventuell mit Schlagsahne servieren. Am besten schmeckt der Schichtstrudel am nächsten Tag.

(Kaserne Leoben)

MILCHRAHMSTRUDEL

ZUTATEN	10 PERS.	100 PERS.
TEIG		
Strudelteig gezogen aus 250 g Mehl (siehe Teige) oder 4 Stück Strudelblätter		
FÜLLE		
Weißbrot	35 dag	
Milch	0,25 l	
Butter	15 dag	
Staubzucker	12 dag	
Eidotter	5	
Eiklar	3	
Vanillezucker		
Rosinen	8 dag	
Rum	0,125 l	
Sauerrahm	0,25 l	
Salz	etwas	
Zitronenschale		

Den Strudelteig zubereiten und rasten lassen. Das Weißbrot entrinden und mit Milch übergießen – 10 Minuten einweichen. Einen Abtrieb aus Butter, Zucker und Dotter bereiten, Geschmackszutaten dazugeben und das ausgedrückte Weißbrot unterheben. Die Rosinen mit Rum übergießen und mit dem Sauerrahm zur Fülle geben. Das Eiklar zu Schnee schlagen und auch vorsichtig unter die Masse heben. Den Strudelteig auf einem Küchentuch auswalken und ausziehen und die Masse auf ⅔ des Teiges auftragen. Den Strudel einrollen und auf ein befettetes Backblech legen, mit zerlassener Butter bestreichen und im Rohr bei 180° C ca. 20 Minuten backen. Mit der übrig gebliebenen Milch (von den eingeweichten und ausgedrückten Weißbrotstücken) und Vanillezucker den Strudel übergießen und weitere 20 Minuten backen. Mit Staubzucker bestreuen u. mit Vanillesoße servieren.

(Fliegerhorst Nittner/Thalerhof)

Apfel-Marillen-Strudel

Aus Mehl, 1 Eigelb, Salz, Öl und Wasser einen Strudelteig bereiten und rasten lassen. Marillen fein würfeln, Äpfel schälen, achteln und das Kerngehäuse entfernen. Die Äpfel in grobe Scheiben schneiden und mit den Marillen in ca. ⅛ l Wasser bissfest garen, mit Zimt und Zucker würzen – abkühlen lassen. Die Mandeln ohne Fett goldbraun rösten. Den Teig auf einem Tuch ausrollen und ausziehen, mit zerlassener Butter bestreichen. Die Mandeln unter die Äpfel und Marillen heben – auf den Teig verteilen und aufrollen. Den Strudel auf ein befettetes Blech legen – mit Ei bestreichen und im vorgeheizten Backrohr 25 bis 30 Minuten bei 200° C backen. Dazu passt sehr gut Vanillesoße.

(Erzherzog Johann-Kaserne / Strass)

ZUTATEN	20 PERS.	100 PERS.
Mehl	25 dag	12,5 kg
Eigelb	2	10
Salz, Öl, Wasser		
Marillen (getrocknet)	10 dag	50 dag
säuerliche Äpfel	75 dag	3,75 kg
Zucker	3 dag	15 dag
Zimt	etwas	
Mandeln (ger.)	10 dag	50 dag
Butter oder Margarine	3 dag	15 dag
Mehl zum Bearbeiten		
Eigelb	1	5

Zitronen-Frischkäse-Strudel

Aus Mehl, 1 Eigelb, etwas Salz, ⅛ l Wasser und Öl einen Strudelteig zubereiten und rasten lassen. Eiweiß und etwas Salz steif aufschlagen, 2 Eigelb mit Zucker, Zitronensaft und Zitronenschale schaumig rühren – Frischkäse und Topfen unterrühren und die Schneemasse unterheben. Den Strudelteig ausziehen, mit der Fülle bestreichen und den gehackten Pistazien bestreuen, aufrollen und auf ein befettetes Backblech legen und mit Eigelb bestreichen. Den Strudel im vorgeheizten Rohr bei 225° C ca. 25 bis 30 Minuten backen. Nun die gewaschenen, geputzten Erdbeeren mit Puderzucker pürieren und zum Strudel servieren.

(Landwehr-Kaserne/St. Michael i. ObStmk)

ZUTATEN	20 PERS.	100 PERS.
Mehl	25 dag	12,5 kg
Eigelb	4	20
Salz		
Öl		
Eiweiß	2	10
Zucker	7 dag	35 dag
Doppelrahmfrischkäse	40 dag	2 kg
Magertopfen	25 dag	12,5 kg
Zitronenschale		
Pistazien (geh.)	5 dag	25 dag
Erdbeeren	50 dag	2,5 kg
Puderzucker	5 dag	25 dag

Birnenstrudel mit Vanillesosse

Alle Zutaten zu einem geschmeidigen Teig verarbeiten und 30 Minuten rasten lassen.

Die Birnen schälen, blättrig schneiden und mit Zimt, Zitronensaft und Zucker marinieren, Brösel und Butter rösten. Den Strudelteig ausziehen, bebuttern und bis zur Hälfte mit Butterbröseln bestreuen, die Birnen gleichmäßig verteilen, Preiselbeeren und Mandelsplitter darüber und einrollen. Auf ein Blech setzen und mit verschlagenem Ei bestreichen. Bei 180° C ca. 35 Minuten backen. Etwas überkühlen lassen und mit Vanillesoße servieren.

(Fliegerhorst Hinterstoisser/Zeltweg)

ZUTATEN	10 PERS.	100 PERS.
TEIG		
glattes Mehl	25 dag	2,5 kg
Öl	1 EL	20 dag
etwas Salz und Essig		
warmes Wasser	ca. ⅛ l	ca. 1,5 l
FÜLLE		
Birnen (Gute Luise)	1,5 kg	15 kg
Zucker	nach Geschmack	
Brösel	8 dag	80 dag
Butter	8 dag	80 dag
etwas Zimt und Zitronensaft		
frische Preiselbeeren (10 dag/1 kg) oder Preiselbeerkompott (15 dag/ 1,5 kg – ohne Saft)		
Mandelsplitter	10 dag	1 kg
Ei zum Bestreichen	1 Stk.	10 Stk.
Butter zum Bestreichen	5 dag	50 Stk.

Kürbisstrudel

Kürbis schälen – Kürbisfleisch in eine Schüssel raspeln, salzen und ein wenig stehen lassen – Kürbiskerne in ein wenig Öl anschwitzen, auf ein Sieb schütten und gut abtropfen lassen – Kürbisfleisch mit Hilfe eines Tuches ausdrücken.

Zwiebel schälen und kleinwürfelig schneiden – Petersilie hacken. Butter erhitzen, Zwiebel und Petersilie zugeben und anschwitzen – Kürbis zugeben und auf kleiner Flamme bissfest dünsten. Kürbis mit Salz, Pfeffer und gemahlenem Kümmel würzen – Masse auf ein Sieb schütten und auskühlen lassen.

Eier in Dotter und Klar trennen, Butter mit Salz und Muskat cremig rühren. Topfen, Dotter, Kürbis und Kürbiskerne abwechselnd einrühren – Schnee aus Eiklar schlagen und ⅓ davon gemeinsam mit dem Sauerrahm unter die Topfenmasse heben. Den restlichen Schnee und das Mehl unter die Masse heben.

Zwei Strudelblätter überlappend auf ein befeuchtetes Tuch legen, so dass sich eine zusammenhängende Fläche ergibt (Nahtstelle mit Butter bestreichen) – Teig mit geschmolzener Butter bestreichen – drittes Strudelblatt auflegen (doppelter Teig) – Teig mit Butter bestreichen – feuerfeste Form mit Butter ausstreichen – die Hälfte der Kürbismasse auf ⅓ der Teigfläche verteilen. Strudel mit Hilfe des Tuches einrollen. Die Enden des Strudels einschlagen – den Strudel in die Form legen. Auf gleiche Weise zweiten Strudel herstellen und dicht an den ersten legen – Strudel mit Butter bestreichen und im vorgeheizten Rohr bei 180° C ca. 45 Minuten backen. (Kirchnerkaserne / Graz)

ZUTATEN	20 PERS.	100 PERS.
Strudelblätter	6 Stk.	75 Stk.
Kürbis	ca. 75 dag	10 kg
getrocknete Kürbiskerne	2 EL	
Petersilie	½ Bd.	6 Bd.
Zwiebel	1 Stk.	13 Stk.
Topfen (10 %)	25 dag	3,25 kg
Butter	10 dag	1,3 kg
Eier	4 Stk.	52 Eier
Sauerrahm	25 dag	3,25 kg
glattes Mehl	10 dag	1,3 kg
Öl, Butter		
Salz, Pfeffer		
Muskat		
Kümmel		

Apfelstrudel

Ein nach dem Grundrezept hergestellter Strudelteig wird auf einem bemehlten Tuch recht dünn in rechteckiger Form ausgezogen.

⅔ des Teiges mit zerlassener Butter beträufeln, mit in Butter gerösteten Semmelbröseln bestreuen. Darüber werden geschälte, entkernte und blättrig geschnittene Äpfel verteilt und mit Rosinen, Nüssen, Zucker und Zimt bestreut. Mit Zitronensaft beträufeln und einrollen. Auf ein befettetes Blech heben und je nach Dicke 30 bis 40 Minuten backen. Warm, mit Zucker bestreut, servieren. (Landwehr-Kaserne / St. Michael)

ZUTATEN	10 PERS.	100 PERS.
TEIG		
Strudelteig gezogen aus 350 g Mehl (siehe Teige)		
FÜLLE		
Butter	6 dag	60 dag
Semmelbrösel	6 dag	60 dag
gehackte Nüsse	5 dag	50 dag
Rosinen	5 dag	50 dag
Äpfel	2 kg	15 kg
Zimt		
Zitronensaft		
Zucker und Staubzucker		

strudel

ZUTATEN	10 PERS.	100 PERS.
TEIG		
Strudelteig gezogen aus 50 dag Mehl (siehe Teige)		
SAUERRAHM-TOPFENFÜLLE		
Eidotter	2	20
Bauern-Topfen (nicht passiert)	0,25 kg	2,5 kg
Sauerrahm	⅛ l	1,25 l
Eier	2 Stk.	20 Stk.
Butter	7 dag	70 dag
TOPFENFÜLLE SÜSS		
Topfen 40 % passiert	¼ kg	2,5 kg
Kristallzucker	8 dag	80 dag
Ei	1 Stk.	10 Stk.
Rosinen	5 dag	50 dag
Rum (½ Stamperl)	1 cl	1 dl
Salz, Zitronenschale		
APFEL-MOHNFÜLLE		
Milch	⅛ l	1,25 l
Zucker	4 dag	40 dag
Äpfel	0,5 kg	5 kg
Brösel	6 dag	60 dag
Mohn	12 dag	1,2 kg
Rum	1 cl	1 dl
Honig	2 dag	20 dag
NUSSFÜLLE		
Milch	⅛ l	1,25 l
Zucker	5 dag	50 dag
Nüsse	12 dag	1,2 kg
Brösel	6 dag	60 dag
Rum	1 cl	1 dl
Zimt, Zitronenschale		

PREKMURJE – GIBANIZA

Zuerst bereitet man einen Strudelteig aus 50 dag Mehl und lässt ihn rasten. Dann bereitet man die verschiedenen Füllen vor.

Sauerrahm-Topfenfülle

Den Bauerntopfen abbröseln und mit den Eidottern vermischen und salzen, dann den Sauerrahm mit den ganzen Eiern absprudeln und auch salzen.

Topfenfülle süß

Die Butter mit dem Zucker schaumig rühren, den Topfen und die Eier dazu und gut vermischen. Nun die eingeweichten Rosinen (in Rum) beimengen – Salz, Zitronensaft und Zitronenschale dazugeben und nochmals gut durchrühren.

Apfel-Mohnfülle

Die Milch mit Zucker, Honig und Mohn aufkochen. Die in Rum getränkten Rosinen dazugeben, Äpfel schälen, entkernen, in Würfel schneiden, dazugeben und die Masse, falls nötig, mit Bröseln festigen.

Nussfülle

Milch und Zucker aufkochen, die geriebenen Nüsse dazugeben mit Rum, Zimt und Zitronenschale abschmecken und eventuell mit Bröseln festigen.

Nun eine Backform gut befetten. Den Strudelteig dünn ausziehen und in die Form legen, die erste Schicht Fülle hineingeben, den Teig darüber legen, die nächste Schicht hinein und das wiederholt sich so oft, bis 4 oder 8 Schichten entstehen. Die Schichten sind immer mit Strudellappen getrennt. Der so vorbereitete Strudel wird zum Schluss mit einer Mischung aus Ei und Sauerrahm übergossen u. bei 180° C auf der unteren Schiene des Backrohres gebacken.

(Mickl-Kaserne/ Bad Radkersburg)

teige

teige

Backteige

Bierteig

Alle Zutaten rasch ohne viel arbeiten verrühren und stehen lassen. Vor Gebrauch 3 bis 4 Eiklar-Schnee darunter ziehen.

Beim Weinteig gleich wie beim Bierteig, jedoch unter Zugabe von Wein und Zucker.

ZUTATEN	4 PERS.
BIERTEIG	
Mehl mit Bier	25 dag
Öl	2 EL
Salz	
Eidotter	1–2
WEINTEIG	
Mehl mit Wein	25 dag
Öl	2 EL
Salz	
Zucker	5 dag

ZUTATEN	4 PERS.
Weizenvollkornmehl	25 dag
Roggenmehl (Type 1370)	25 dag
Salz	1 TL
Sauerteigextrakt	0,5 P.
Zucker	1 TL
Hefe	1 Würfel

Brotteig (Grundrezept)

Weizenvollkornmehl, Roggenmehl, Salz und Sauerteigextrakt in eine Schüssel geben – in der Mitte der Mehlmischung eine Mulde drücken, den Zucker hineingeben und die Hefe hinein-bröckeln, mit 350 ml lauwarmen Wasser übergießen. Hefe, Wasser, Zucker von der Mitte aus mit den Knethaken mit etwa einem Drittel der Mehlmischung verkneten und den Vorteig mit Klarsichtfolie abdecken und bei Zimmertemperatur ca. 30 Minuten gehen lassen. Nun das übrige Mehl unter den Vorteig kneten, mit Folie abdecken und etwa 40 Minuten gehen lassen - bis der Teig Risse zeigt. Den Teig nun auf einer bemehlten Arbeitsfläche mit der Hand kräftig durchkneten und je nach Rezept weiterverarbeiten.

ZUTATEN	4 PERS.
Wasser	0,5 l
Butter	12,5 dag
Mehl	25 dag
ganze Eier	8 Stk.
Salz	

Brandteig

Wasser mit Butter und Salz aufkochen – Mehl einkochen und so lange verarbeiten, bis sich die Masse vom Geschirr löst. Vom Feuer nehmen und Eier nach und nach einarbeiten. Für in Fett gebackene Brandteigsachen nimmt man Milch statt Wasser.

ZUTATEN	4 PERS.
Mehl	30 dag
Butter	20 dag
Staubzucker	10 dag
Dotter	2
Milch	2 EL
Weißwein	2 EL
Vanillezucker	
Salz	etwas

Mürbteig

Alle Zutaten werden rasch zu einem glatten, mittelfesten Teig verknetet. Vor dem Auswalken und der Weiterverarbeitung soll der Teig mindestens 30 Minuten im Kühlschrank ruhen.

BLÄTTERTEIG

Zuerst stellt man den Vorteig her. Die Zutaten für den Vorteig zu einem geschmeidigen Teig verkneten – eine Kugel formen und diese auf der Oberseite kreuzweise einschneiden und 30 Minuten rasten lassen. In der Zeit stellt man den Butterziegel her. Mehl und Butter werden verknetet und zu einem flachen Ziegel geformt. Nach der Rastzeit wird der Vorteig vierlappig ausgerollt – so dass er in der Mitte dicker bleibt – dorthin legt man den Butterziegel und legt die vier Lappen darüber. Mit dem Rollholz wird der Strudelteig, immer von der Mitte aus, vorsichtig nach außen in ein Rechteck gerollt. Man bedeckt den Teig dann mit einem feuchten Tuch und lässt ihn 30 Minuten rasten (im Kühlschrank). Nun etwas flach klopfen – ausrollen – dreiteilig übereinander legen (einfache Tour), 10 Minuten rasten, wieder ausrollen – vierteilig zusammenlegen, 30 Minuten rasten lassen (doppelte Tour), das Ganze noch einmal wiederholen.

ZUTATEN	4 PERS.
VORTEIG	
Mehl	50 dag
Rum oder Apfelessig	$1/16$ l
Wasser	$1/8$ l
Eidotter	1
Butter oder Margarine	5 dag
Salz	etwas
BUTTERZIEGEL	
Butter oder Margarine	50 dag
Mehl	5 dag

TOPFENTEIG

Das Mehl in eine Schüssel sieben, Margarine, Topfen, Eidotter und Salz dazugeben und alles zu einem glatten, geschmeidigen Teig verkneten.

Der Teig muss vor der Weiterverarbeitung mindestens 30 Minuten rasten.

ZUTATEN	4 PERS.
Margarine	25 dag
Topfen (20 % Fett)	25 dag
Mehl	25 dag
Eidotter	1
Salz	etwas

teige

teige

Erdäpfelteig – süss

ZUTATEN	4 PERS.
gek. Erdäpfel	25 dag
glattes Mehl	25 dag
Backpulver	etwas
Butter	10 dag
Staubzucker	10 dag
Ei	1 Stk.
Zitronenschale	

Die Erdäpfel kochen, schälen und noch heiß durch eine Erdäpfelpresse drücken. Mehl und Backpulver vermischen und mit Butter gut vermengen. Dann die Erdäpfel, Zucker, Zitronenschale und Ei dazugeben und zu einem glatten Teig verkneten. Der Erdäpfelteig muss mindestens 30 Minuten unter einem Tuch oder in Alufolie rasten. Danach wird er auf einer bemehlten Arbeitsfläche ausgerollt, mit Fülle belegt, zusammengerollt, mit verquirltem Ei bestrichen und im vorgeheizten Rohr bei 170° C 60 Minuten gebacken.

Germteig

ZUTATEN	4 PERS.
Mehl	50 dag
Milch	0,5 l
Zucker	6 dag
Eidotter	3
Butter	6 dag
Salz	1 TL
Germ	3 dag
Vanillezucker	1 TL

Zuerst ein Dampfl (Gärprobe) ansetzen. Germ zerbröckeln und in lauwarmer Milch mit etwas Mehl zu einem dickflüssigen Teig vermengen – warm zum Aufgehen (Reifen) stellen (Oberflächenrisse). Die übrigen Zutaten in warmer Milch auflösen und mit dem Dampfl unter das Mehl mischen. Dann zu einem geschmeidigen Teig verarbeiten – leicht mit Mehl bestäuben und zugedeckt an einem warmen Ort gehen lassen. Wenn sich das Volumen um ⅓ vermehrt hat, schlägt man ihn nochmals zusammen – noch einmal etwas gehen lassen und dann weiterverarbeiten.

Gezogener Strudelteig

ZUTATEN	4 PERS.
glattes Mehl	25 dag
Salz	1 TL
Eier	2 Stk.
warmes Wasser	⅛ l
Öl oder zerlassene Margarine	¹⁄₁₆ l
	5 dag

Aus allen Zutaten einen glatten, nicht zu festen Teig verkneten – eine Kugel formen und mit Öl bepinseln und 30 Minuten zugedeckt rasten lassen. Dann auf einem Strudeltuch auswalken und über den Tischrand ausziehen. Mit der beliebigen Fülle belegen und im Rohr backen.

saucen

saucen

Sauce Béchamel (Milcheinmachsauce)

Die Milch mit den Gewürzen aufkochen und etwas ziehen lassen. Mehl und Margarine leicht anschwitzen und dann mit heißer Milch aufgießen und glatt rühren.

ZUTATEN	4 PERS.	100 PERS.
Mehl	20 dag	5 kg
Margarine	15 dag	3,75 kg
Milch	1,5 l	37,5 l
Salz, Pfeffer		
Zwiebel		
Gewürznelken		

Sauce Cardinal (Cocktailsauce)

In die Mayonnaise der Reihe nach alle Zutaten einrühren und durchziehen lassen, kalt stellen.

ZUTATEN	4 PERS.	100 PERS.
Mayonnaise	6 EL	3,75 kg
Ketchup	3 EL	2 kg
Weinbrand	1 Stp.	0,25 l
Kren und Senf		

Kalte Schnittlauchsauce

Aus Dotter, Senf, Salz und Öl eine gut gewürzte Mayonnaise bereiten. Die gekochten Eier passieren, etwas Essig und viel gehackten Schnittlauch dazugeben – alles gut durchrühren und mit fein gehackten Kräutern verfeinern.

ZUTATEN	4 PERS.	100 PERS.
Dotter	1	25
Senf	1 KL	
Salz		
Öl	⅛ l	3 ⅛ l
hart gek. Eier	3 Stk.	75 Stk.
Gewürzessig		
Kräuter		
Schnittlauch		

Kräutersauce

Das Mehl in Butter hell anrösten und mit Kalbsfond aufgießen. Glatt rühren und ca. 10 Minuten bei schwacher Hitze köcheln lassen, dann passieren und mit den fein gehackten Kräutern noch 5 Minuten ziehen lassen. Zum Schluss das geschlagene Obers einrühren.

ZUTATEN	4 PERS.	100 PERS.
Ei	1 Stk.	25 Stk.
Mehl	5 dag	1,25 kg
Butter weißer	10 dag	2,5 kg
Kalbsfond	0,75 l	18,5 l
fein gehackte Kräuter	8 EL	
(Dille, Melisse, Kerbel, Petersilie, Schnittlauch)		
Obers	⅛ l	3,25 l

Beilagen

Beilagen

Stöcklkraut

Einen kleinen Krautkopf säubern, vierteln oder sechsteln (in Stücke, das heißt in „Stöckl", schneiden) und dabei den Strunk entfernen. In Salzwasser, mit Kümmel versehen, weich kochen. Herausnehmen, leicht abtropfen lassen und mit etwas Bratensaft übergießen. (Kirchner-Kaserne/Graz)

ZUTATEN	4 PERS.	100 PERS.
kleiner Weißkrautkopf	1 Stk.	15 kg
Salz		
Kümmel		
Essig	etwas	etwas

ZUTATEN	4 PERS.	100 PERS.
Heidenmehl	25 dag	6 kg
Salz	0,5 TL	
Essig	etwas	
Fett	1 EL	
Grammeln	etwas	

Hoad'ntommerl

Heidenmehl wird mit wenig Essig, wenig Fett und Grammeln in lauwarmes Wasser eingesprudelt, gesalzen und in eine ausgefettete Rein gegossen und gebacken. Anstatt des Wassers eignet sich für diesen Tommerl besonders der Gleichenberger Johannisbrunn. Das Wasser kann auch durch saure Milch oder Buttermilch ersetzt werden. (Von der Groebenkaserne / Feldbach)

ZUTATEN	4 PERS.	100 PERS.
mittelgroßer Chinakohlstriezel (ca. 0,75 kg)	1 Stk.	20 kg
Zwiebel	½ Stk.	2 kg
große Kartoffeln	4 Stk.	5 kg
Mehl	etwas	0,5 kg
Fett		
Salz, Pfeffer		
Knoblauch		
Kümmel		

Chinakohlgemüse

Kohl putzen – Blätter grobnudelig schneiden, mit kochendem Wasser abbrühen – abseihen. Dann im gesalzenen Wasser kochen, Kümmel und geschnittene, rohe Kartoffeln dazugeben. Wenn alles weich ist, eine Einbrenn aus Mehl, Fett, Zwiebel und Knoblauch bereiten, dazugeben und etwas ziehen lassen – nochmals gut abschmecken. (Von der Groebenkaserne / Feldbach)

ZUTATEN	20 STK.	100 STK.
AUSBACKTEIG		
glattes Mehl	30 dag	1,5 kg
Eier	3 Stk.	15 Stk.
Maiskeimöl	2 EL	10 EL
Salz		
lauwarmes Wasser nach Bedarf		
FÜLLE		
Faschiertes	10 dag	50 dag
gek. Hirse od. Reis	10 dag	50 dag
gem. Kürbiskerne	5 dag	25 dag
fein geschnittenes Kraut	10 dag	50 dag
Petersilie	1 EL	
Zwiebel	1 Stk.	0,5 kg
Salz, Pfeffer	etwas	
Ei zum Bestreichen		

Gefüllte Tascherln

Aus den Zutaten einen mittelfesten Nudelteig kneten und zugedeckt 1 Stunde rasten lassen.

Fülle

Zwiebel, Kraut und Petersilie im Fett hellbraun rösten und auskühlen lassen. Faschiertes mit Reis und Kürbiskernen, Salz und Pfeffer vermischen. Nun den Teig dünn ausrollen und 10 cm große Kreise ausstechen – diese mit der Masse füllen und mit verquirltem Ei die Ränder bestreichen - zusammenschlagen – gut andrücken und im heißen Frittierfett die Taschen braun ausbacken. (Gablenz-Kaserne/Graz)

Beilagen

Pilawreis

Feinstgehackte Zwiebeln werden in 2 kg Butter hellgelb geröstet, der trockene, ungewaschene Reis beigefügt und so lange geröstet, bis er ein glasiges Aussehen hat. Mit kochender Knochensuppe aufgießen, salzen, einmal kräftig aufkochen lassen und zugedeckt bei kleiner Hitze ca. 20 Minuten dünsten. Den fertigen Reis mit einer Gabel leicht auflockern, etwas frische Butter darüber flocken, noch 10 Minuten stehen lassen, noch einmal auflockern und anrichten. (Landwehr-Kaserne / St. Michael)

ZUTATEN	4 PERS.	100 PERS.
Langkornreis	40 dag	10 kg
Butter	8 dag	2 kg
Zwiebel	½ Stk.	15 Stk.
Salz		
Knochensuppe	0,4 l	10 l

ZUTATEN	4 PERS.	100 PERS.
Dinkelgrieß	0,28 kg	7 kg
Weizenmehl	0,12 kg	3 kg
Eier	2 dag	10 Stk.
Margarine	2 dag	50 dag
Öl	1 EL	5 dag
Wasser nach Bedarf		
Salz		

Spätzle

Aus Mehl, Ei, Öl und Salz mit dem Wasser rasch einen zähen Teig herstellen. Den Teig in reichlich kochendes Wasser mittels Nockerlsieb oder Hobel einkochen, aufkochen lassen – abseihen – mit kaltem Wasser abschwemmen. Die Nockerln bei Bedarf mit zerlassener Margarine und Salz aufbereiten. (Tüpl / Seetal)

Polentalaibchen

Maisgrieß in heißem Fett rösten, mit kochendem gesalzenen Wasser aufgießen, zugedeckt ausdünsten lassen. Eier und Mehl nach Bedarf dazugeben und nun Laibchen formen. Diese auf beiden Seiten in Öl anbraten. (Tüpl / Seetal)

ZUTATEN	4 PERS.	100 PERS.
Sterzmehl (Polenta)	0,20 kg	5 kg
Eier	2 Stk.	50 Stk.
Wasser	0,5 l	12 l
Öl		
Salz		
Mehl nach Bedarf		

Ausgabe der Mittagsverpflegung in St. Michael.

Beilagen

ROTKRAUT

ZUTATEN	4 PERS.	100 PERS.
Rotkraut	60 dag	15 kg
Rotwein	1 dl	2 l
Äpfel	8 dag	2 kg
Zwiebeln	2 dag	0,5 kg
Fett	3,2 dag	80 dag
Zucker	4 dag	1 kg
Salz, Pfeffer		
Kümmel		
Stärkemehl		

Rotkraut waschen, schneiden, mit Zitronensaft, Rotwein, geschnittenen Äpfeln über Nacht beizen. Zucker in Fett karamellisieren, Zwiebeln mitrösten, mit Essig ablöschen, das Kraut mit Salz, Kümmel und Rotwein weich dünsten, Äpfel oder Apfelmus, Stärkemehl und restlichen Rotwein dazugeben, verrühren und abschmecken.

(Tüpl / Seetal)

SCHWAMMERLSAUCE

ZUTATEN	4 PERS.	100 PERS.
Eierschwammerl	0,25 kg	6,25 kg
Herrenpilze	0,25 kg	6,25 kg
Mehl	2 dag	0,5 kg
Rahm	3 EL	2 l
Zwiebeln	1 Stk.	25 Stk.
Öl		
Kräuter		
Salz, Pfeffer		

Die Schwammerl waschen, putzen, blättrig schneiden und im heißen Fett anrösten – dünsten, bis sie weich sind, dann würzen, mit Mehl stauben – mit Suppe oder Wasser aufgießen und aufkochen lassen. Vor dem Anrichten gut abschmecken und mit Rahm verfeinern und mit gehackter Petersilie bestreuen und servieren.

(Tüpl / Seetal)

KÜRBISGEMÜSE

ZUTATEN	4 PERS.	100 PERS.
Kürbis, geschält, entkernt (1 kg ungeschält)	50 dag	37,5 kg
Zwiebeln	8 dag	25 Stk.
Butter	3 dag	1,5 kg
Paprikapulver edelsüß	1 EL	
Sauerrahm	1 dl	
Mehl	2 dag	
Rindsuppe	1 dl	18 l
Essig oder Zitronensaft,		
Tomatenmark		
Salz, Pfeffer		

Kürbis in Streifen schneiden und mit Salz marinieren, gehackter Zwiebel in Butter rösten – paprizieren – das ausgedrückte Kürbiskraut hinzugeben – mit ganz wenig Tomatenmark würzen – kurz dünsten, mit Mehl verrührtem Sauerrahm binden.

(Gablenzkaserne / Graz)

ROTKRAUTBROT

ZUTATEN	4 PERS.	100 PER
Rotkraut	40 dag	10 kg
Schwarzbrot	4 Sch.	100 Stk.
Mehl	10 dag	2 kg
Zwiebeln	1 Stk.	25 Stk.
Ei	1 Stk.	25 Stk.
Speiseöl		
Butter		
Gewürze:		
Salz, Pfeffer		
Zucker, Preiselbeeren		
Rotwein, Sauerrahm		

Rotkraut klein zerhacken, leicht anrösten (mit Zwiebel), auf Lippentemperatur temperieren. Ei darunter ziehen und mit Mehl leicht stauben, auf das vorgratinierte Brot streichen.

Bei 220° C fertig gratinieren.

(Erzherzog Johann-Kaserne / Strass)

Anschwitzen einer Gemüsebeilage

Kastanien-Kartoffel-Knödel

Kastanienreis mit Eiern, Mehl und Gewürzen vermengen und zu kleinen Bällchen formen.

Kartoffelknödel

Kartoffeln schälen, in Salzwasser kochen, passieren, mit Ei, Mehl und Gewürzen vermengen und zu einem glatten Teig verrühren.

Die Kastanienbällchen mit Kartoffelteig umhüllen und zu einer Kugel formen. Im siedenden Wasser zugedeckt kochen lassen, in gerösteten Nüssen und Brösel wälzen.

(Erzherzog Johann-Kaserne / Strass)

ZUTATEN	4 PERS.	100 PERS.
Kastanienreis	10 dag	2,5 kg
Ei	1 Stk.	25 Stk.
Mehl	2 dag	0,5 kg
Salz		
Muskat		
KARTOFFELKNÖDEL		
Kartoffeln	75 dag	20 kg
Ei	1 Stk.	25 Stk.
Nüsse	5 dag	1 kg
Mehl	8 dag	2 kg
Brösel	2 dag	0,5 kg
Salz, Muskat		

Kartoffel-Kürbis-Nockerln

Kartoffeln kochen und schälen, heiß oder kalt passieren, mit Butter, Eiern, Salz, Muskat und Mehl vermischen, Kartoffelteig zu eineinhalb cm dicken Rollen formen, in 3 cm lange Stücke schneiden, zu Nockerln formen, dann in die gehackten Kürbiskerne eindrehen und in der Pfanne bei ca. 160° C goldbraun herausbacken.

(Erzherzog Johann-Kaserne / Strass)

ZUTATEN	4 PERS.	100 PERS.
Kartoffeln	40 dag	10 kg
Mehl	7 dag	2 kg
Butter	0,3 dag	0,75 kg
Eier	2 Stk.	50 Stk.
geröstete Kürbiskerne		
Salz, Muskat		
Feingrieß nach Bedarf		

Türkischer Sterz

ZUTATEN	4 PERS.	100 PERS.
Wasser	0,75 l	20 l
Polentagrieß	30 dag	8 kg
Schweineschmalz	1 EL	0,5 kg
Grammelschmalz	4 geh. EL	ca. 2 kg

Das gesalzene Wasser zum Kochen bringen, das Schmalz dazugeben und den Polenta einrieseln lassen, Sterz mit einer Gabel auflockern, heißes Grammelschmalz darüber gießen. Dazu passt eine Schwammerlsuppe. Der Türkische Sterz wird auch gerne zum Frühstück gegessen, hier lässt man das Grammelschmalz weg.

(Von der Groebenkaserne/Feldbach)

Kürbiskraut

Die geschälten Kürbisse werden nudelig geschabt und eingesalzen. Hierauf macht man eine leichte Einbrenn, gibt Zwiebel, Petersiliengrün und Knoblauch, sehr fein gehackt, dazu, gießt mit Suppe ab, lässt das Ganze aufkochen und gibt die ausgedrückten Kürbisse und Tomaten dazu. Das Ganze lässt man 10 Minuten sieden und richtet es dann an. Nach Geschmack kann man auch Essig beifügen.

(Mickl-Kaserne / Bad Radkersburg)

ZUTATEN	4 PERS.	100 PERS.
Kürbis	1,5 kg	37,5 kg
Mehl	8 dag	2 kg
Fett	6 dag	1,5 kg
Zwiebeln	1 Stk.	25 Stk.
Knoblauch	2 Z.	
Salz, Pfeffer		
Rindsuppe	0,75 l	18 l
Tomaten	2 Stk.	50 Stk.

Beilagen

Beilagen

ZUTATEN	4 PERS.	100 PERS.
Wasser	1,5 l	ca. 25–30 l
Salz		
Heidenmehl	25 dag	6 kg
Fett	10 dag	2,5 kg
Grammeln	3–5 dag	ca. 1,5 kg

Hoad'nsterz (Heidensterz)

In das gesalzene, kochende Wasser das Heidenmehl auf einmal so rasch hineinschütten, dass das Ganze darinnen einen großen Knödel bildet, und 15 bis 20 Minuten kochen lassen, dann in der Mitte mit einem Kochlöffel vorsichtig ein Loch machen, damit das Wasser hindurchsiedet, noch 10 Minuten kochen und dann das überflüssige Wasser abgießen, Flüssigkeit nicht wegschütten. Nun zerreißt man den Sterzknödel mit 2 Gabeln und gibt von der Flüssigkeit wieder nach und nach so viel dazu, bis der Sterz aus kleinen Bröckchen besteht. Nach Belieben kann man mit Grammeln und Schweineschmalz abschmalzen.

Dazu serviert man Klachlsuppe, Selchsuppe oder Rindsuppe.

(Von der Groebenkaserne / Feldbach)

ZUTATEN	4 PERS.	100 PERS.
festkochende Erdäpfel	80 dag	20–25 kg
Mehl	15–20 dag	5 kg
Salz, Pfeffer		
Muskatnuss		
Ei	1 Stk.	25 Stk.
Milch oder Wasser		etwas
FÜLLE		
Grammeln (Grieben)	15 dag	3–4 kg
Zwiebel	1 Stk.	3 kg
Petersilie		
Majoran	etwas	

Südsteirische Grammelknödel

Die Kartoffeln waschen, in der Schale kochen, schälen, auskühlen lassen, dann fein reiben.

Für die Fülle die gehackte Zwiebel mit Grammeln und Gewürzen durchrösten.

Mehl, Eier, Gewürze zu den Kartoffeln geben, mit Wasser oder Milch zu einem Teig verarbeiten – dann 20 Minuten ruhen lassen. Auf bemehlter Arbeitsfläche zu einer 3 cm dicken Rolle formen, davon Scheiben abschneiden und diese leicht auseinander drücken – etwas Fülle darauf geben, zusammendrücken und Knödel formen.

In reichlich heißem Salzwasser ca. 10 bis 15 Minuten gar ziehen lassen.

(Hermann-Kaserne / Leibnitz)

Röstkartoffeln

Kartoffeln waschen, kochen und schälen, Zwiebeln in Fett leicht anlaufen lassen – die blättrig geschnittenen Kartoffeln dazugeben, durchrösten – salzen und pfeffern.

ZUTATEN	4 PERS.	100 PER.
Kartoffeln	60 dag	15 kg
Fett	6 dag	1,5 kg
Zwiebeln	10 dag	2,5 kg
Salz		

ZUTATEN	4 PERS.	100 PERS.
Kartoffeln	60 dag	15 kg
Kümmel		
Salz		

Salzkartoffeln

Die rohen Kartoffeln schälen, in kaltem Wasser mit Salz und Kümmel zustellen. Wenn sie anfangen weich zu werden, abseihen und am Herdrand verdampfen lassen.

salate

salate

KARTOFFELSALAT

Die Kartoffeln waschen, kochen und schälen und gut abkühlen lassen. Dann die Kartoffeln dünnblättrig schneiden, geschnittene Zwiebel dazugeben – mit Salz, Pfeffer und Senf würzen und mit Essig und Öl vermischen und mit Schnittlauch verfeinern. (Von der Groebenkaserne/Feldbach)

ZUTATEN	4 PERS.	100 PER.
speckige Kartoffeln	60 dag	15 kg
Zwiebel		3 kg
Essig		0,5 l
Öl		1 l
Salz, Pfeffer		
Senf		
Schnittlauch		

ZUTATEN	4 PERS.	100 PERS.
Weißkraut	80 dag	20 kg
Selchspeck	4,8 dag	1,2 kg
Zwiebeln	1,6 dag	40 dag
Zucker	1,2 dag	30 dag
Salz		
Kümmel		
Essig		

WARMER KRAUTSALAT

Das Weißkraut putzen, waschen, schneiden, salzen und mit eigener Flüssigkeit überdämpfen.

Würfelig geschnittenen Speck glasig rösten und mit dem abgeschmeckten Kraut vermischen. (Fliegerhorst Hinterstoisser/Zeltweg)

TOMATENSALAT

Von den Tomaten wird der Strunkansatz ausgeschnitten, in Scheiben schneiden, in eine Schüssel geben, die Marinade (Weinessig, Senf, Öl, Wasser, Salz) darübergießen, den fein geschnittenen Schnittlauch und Zwiebel beigeben. Durchmischen und anrichten. (Landwehr-Kaserne / St. Michael)

ZUTATEN	4 PERS.	100 PER.
Tomaten	4 Stk.	12 kg
MARINADE		
Zwiebel	1 Stk.	2 kg
Schnittlauch		
Weinessig		
Salatöl		
Salz, Pfeffer		
Senf		
Wasser		

Viel Zwiebel wird dem Tomatensalat in Leibnitz beigemengt.

HERINGSALAT MIT ÄPFEL

Die Kartoffeln kochen, schälen und würfelig schneiden. Den Heringen das Rückgrat entfernen und würfelig schneiden. Äpfel waschen, schälen, Kerngehäuse ausstechen und würfelig schneiden, Essiggurkerl würfelig schneiden, Kapern hacken, alles vermischen, mit Salz, Pfeffer und Zitronensaft würzen. Mit Sauerrahm und Mayonnaise binden und abschmecken.
(Fliegerhorst Hinterstoisser/Zeltweg)

ZUTATEN	4 PERS.	100 PERS.
Kartoffeln	20 dag	5 kg
marinierter Hering	16 dag	4 kg
Äpfel	12 dag	3 kg
Essiggurkerl	8 dag	2 kg
Sauerrahm	8 dag	2 l
Mayonnaise	8 dag	2 kg
Kapern	2 Stk.	50 Stk.
Salz, Pfeffer		
Zitronensaft		

ZUTATEN	4 PERS.	100 PERS.
Feldsalat	60 dag	3 kg
hart gek. Eier	8 Stk.	200 Stk.
Pimpernelle	1 Strauß	25 Str.
Kürbiskernöl	12 EL	0,75 l
Brombeeressig	8 EL	0,5 l
Salz		

EIER-VOGERLSALAT

Den Rapunzelsalat putzen, waschen und abtropfen lassen. Eier hart kochen und schälen, in Scheiben schneiden. Die Pimpernelle putzen, waschen und von den Stielen befreien. Alles vorsichtig in einer großen Schüssel vermischen, würzen und mit Kürbiskernöl und Brombeeressig vermischen.
(Von der Groebenkaserne / Feldbach)

KÄFERBOHNENSALAT

Die Käferbohnen über Nacht in kaltem Wasser einweichen. Am nächsten Tag in reichlich Salzwasser weich kochen und danach kalt abschwemmen. Nun die Bohnen würzen, mit Apfelessig und Kürbiskernöl abschmecken. Man kann den Salat mit geriebenem Kren, Rettich oder Kohlrabi verfeinern.
(Hadik-Kaserne/Fehring)

ZUTATEN	4 PERS.	100 PERS.
trockene Käferbohnen	20 dag	5 kg
Salz, Pfeffer		
Apfelessig		
Kürbiskernöl		
Zwiebel	etwas	
zum Verfeinern:		
Kren, Rettich oder Kohlrabi		

SCHWARZER RETTICH MIT KÜRBISKERNÖL

Zuerst den Rettich gründlich mit einer Gemüsebürste waschen, dann in feine Streifen schneiden und salzen, etwas durchziehen lassen, auf Teller auflegen und mit Steirischem Kürbiskernöl übergießen – mit Schwarzbrot servieren.

Anstelle von schwarzen Rettich kann man auch weißen Bierrettich verwenden.
(Von der Groebenkaserne/Feldbach)

ZUTATEN	4 PERS.	100 PERS.
schwarze Rettiche	4 Stk.	100 Stk.
Salz		
Kürbiskernöl		

salate

salate

LINSENSALAT MIT KRESSE

Die Linsen weich kochen, mit Salz, Pfeffer, Essig und Öl abschmecken und zum Schluss mit frischer Kresse bestreuen.
(Erzherzog Johann-Kaserne/Strass)

ZUTATEN	4 PERS.	100 PERS.
weich gekochte Linsen aus der Dose	80 dag	5 kg
Honigessig		
Steirisches Kürbiskernöl		
Pfeffer, Salz		
Kresse		

ZUTATEN	4 PERS.	100 PERS.
eingelegtes Kürbisfleisch, süßsauer	20 dag	5 kg
gebratenes Hühnerfleisch	20 dag	5 kg
Krabben aus der Dose	10 dag	2,5 kg
kleine Dose Mandarin-Orangen	1 D.	25 D.
Ananas in Stücken	2 Sch.	50 Sch.
Eisbergsalatblätter	einige	
SALATSAUCE		
Mayonnaise	15 dag	3,75 kg
Kürbiskernöl	1 EL	0,5 l
Sahne	1/8 l	ca. 3 l
Johannisbeer- oder Preiselbeerkompott	1 EL	0,5 kg
Salz, Pfeffer		

KÜRBISSALAT MIT HÜHNCHEN UND KÜRBISKERNMAYONNAISE

Das Hähnchen braten und in Streifen schneiden, das Kürbisfleisch in Würfel schneiden, die Krabben mit dem Huhn, Kürbis und den Mandarinen und Ananas vorsichtig vermischen.

Die Mayonnaise mit Kernöl, Sahne und Johannisbeergelee verrühren und mit Salz und Pfeffer abschmecken.

Eisbergsalatblätter auf einen Teller auflegen, die geschnittenen Zutaten darauf verteilen und mit der Soße übergießen, dazu getoastetes Weißbrot reichen. (Von der Groebenkaserne/Feldbach)

SOMMERSALAT

Die Tomaten waschen und in Spalten schneiden, den Paprika ebenfalls waschen und in Streifen schneiden, die Zwiebel in Ringe schneiden, die Wurst in Scheiben schneiden und dann vierteln. Alles in einer großen Schüssel vermischen und mit Salz, Pfeffer und Essig und Öl abschmecken.
(Mickl-Kaserne/Bad Radkersburg)

ZUTATEN	4 PERS.	100 PERS.
Tomaten	1 kg	25 kg
grüne Paprika	3 Stk.	15 kg
Zwiebel	1 Stk.	3 kg
Braunschweiger	20 dag	5 kg
Apfelessig (Mostessig)		
Kürbiskernöl		
Salz, Pfeffer		

Salatzubereitung in der Kaserne Feldbach

mehl- und süßspeisen

mehl- und süßspeisen

kleingebäck

RUMSCHNITTEN

Butter, Zucker und Dotter schaumig rühren, Schokolade, Nüsse und Mehl mischen und abwechselnd mit Schnee darunter heben. Auf ein Blech streichen und backen – noch heiß mit Glasur überziehen und in Schnitten schneiden oder Monde ausstechen. (Fiala-Fernbrugg Kaserne/Aigen i. E.)

ZUTATEN	4 PERS.	100 PERS.
Butter	20 dag	
Dotter	6	
Eiklar (Schnee)	6	
Zucker	16 dag	
Mehl	16 dag	
ger. Schokolade	14 dag	
geriebene Nüsse	14 dag	

ZUTATEN	4 PERS.	100 PERS.
Dotter	3	
Eiklar	3	
Zucker	25 dag	
Nüsse	25 dag	
ger. Schokolade	14 dag	
Mehl	3 EL	
Brandy	2 EL	

LAIB-BROT-BUSSERLN

Eiklar und Zucker steif aufschlagen und die übrigen Zutaten einmengen. Dann Kugeln formen und dick in Staubzucker wälzen, auf ein Blech setzen und bei 150° C backen.

(Von der Groebenkaserne/Feldbach)

BUTTERBROTE

Aus den Zutaten einen glatten Teig kneten, auf einem befetteten Blech gut zweimesserrückendick ausrollen und bei guter Hitze backen. Nach dem Backen das Ganze mit der Glasur überziehen - zum Übertrocknen der Glasur nochmals ins warme Rohr schieben und dann längliche Schnitten schneiden. Für die Glasur Dotter und Staubzucker glatt rühren. (Hackher-Kaserne/Gratkorn)

ZUTATEN	4 PERS.	100 PERS.
Mehl	10 dag	
Backpulver	1 Msp.	
Butter	12 dag	
Zucker	10 dag	
Nüsse (Haselnüsse oder Mandeln)	10 dag	
Schokolade	2 Rippen	
Dotter	1	
GLASUR		
Dotter	2	
Staubzucker	12 dag	

ZUTATEN	4 PERS.	100 PERS.
Butter	25 dag	
Staubzucker	9 dag	
Dotter	1	
Ei	1	
Salz	1 Prise	
Vanillezucker		
Zitronenschale		
geriebene Nüsse	18 dag	
Mehl	25 dag	

GESPRITZTE NUSSSTANGERLN

Aus Butter, Zucker, Dotter und Ei einen Abtrieb bereiten, die restlichen Zutaten einrühren, mit einer großen Sterntülle Stangerln spritzen und bei 210° C backen. Dann je 2 Stangerln innen mit Ribiselmarmelade zusammensetzen und ein Stückerl in Schokoladeglasur tunken. (Kirchner-Kaserne/Graz)

ZUTATEN	4 PERS.	100 PERS.
Mehl	30 dag	
Zucker	15 dag	
Butter	20 dag	
Dotter	2	
Backpulver	1/2 TL	

FEINE KEKSE

Aus den Zutaten einen Teig bereiten, etwas rasten lassen. Dann ausrollen und mit verschiedenen kleinen Keksformen Kekse ausstechen und etwa 10 Minuten bei 200° C backen. Die Kekse dann beliebig verzieren.

(Gablenz-Kaserne/Graz)

Butterstangerln

Zuerst einen Teig bereiten, einige Stunden (über Nacht) rasten lassen, dann messerrückendick auswalken, mit Glasur bestreichen, Stangerln radeln und bei 220° C backen.

Für die Glasur Eiklar und Staubzucker mixen – bis die Masse zäh ist.

(Belgier-Kaserne/Graz)

ZUTATEN	4 PERS.	100 PERS.
Mehl	30 dag	
Backpulver		
Butter	28 dag	
Dotter	1	
Wein oder Most	2 EL	
Rahm	2 EL	
Salz	etwas	
GLASUR		
Eiklar	1	
Staubzucker	12–15 dag	

Ischler Bäckerei

ZUTATEN	4 PERS.	100 PERS.
Mehl	15 dag	
Butter	10 dag	
Zucker	5 dag	
Nüsse	5 dag	
Dotter	1	
FÜLLE		
Marmelade		

Rasch aus allen Zutaten einen Teig zubereiten, etwas rasten lassen. Den Teig dann ausrollen und mit einem Keksausstecher runde Scheiben ausstechen, die Hälfte der Scheiben mit 3 Augen einstechen. Das Ganze bei guter, mittlerer Hitze backen (200° C ca. 10 Minuten), dann jeweils eine volle Scheibe und eine mit 3 Löchern mit Marmelade zusammensetzen, anzuckern.

(Fliegerhorst Nittner/Thalerhof)

Spagatkrapfen

Die Zutaten rasch zu einem Mürbteig verkneten, den man ca. 30 Minuten rasten lässt.

Danach messerrückendick auswalken. 6 x 10 cm große Rechtecke schneiden und mittels Spagatkrapfenzange im heißen Fett backen. Noch heiß in einer Zimt-Zucker-Mischung wälzen.

(Von der Groebenkaserne / Feldbach)

ZUTATEN	50 STK.	100 PERS.
glattes Mehl	1 kg	
Butter	50 dag	
Ei	1 Stk.	
Dotter	1	
Zucker	3 EL	
Sauerrahm	8 EL	
Rum	5 EL	
Zimt		
Salz		

Vanillekipferln

Alle Zutaten zu einem glatten Teig verarbeiten und kalt stellen. Dann den Teig zu einer Rolle formen und kleine Stücke abschneiden und daraus Kipferln formen. Auf ein Backblech geben und im Rohr bei mittlerer Hitze ca. 10 bis 12 Minuten backen. Die noch heißen Kipferln in Zucker-Vanille-Mischung wälzen.

(Von der Groebenkaserne/Feldbach)

ZUTATEN	4 PERS.	100 PERS.
Mehl	28 dag	
Butter	21 dag	
Ei	1 Stk.	
Nüsse	10 dag	
Zucker	7 dag	
Vanillezucker	1 P.	

mehl- und süßspeisen

mehl- und süßspeisen

Kürbiskern-Vanillekipferln

Aus den Zutaten rasch einen glatten Teig kneten und etwas rasten lassen – dann eine Rolle von ca. 2 cm Durchmesser formen und 1 cm dicke Scheiben abschneiden, daraus Kipferln formen und auf ein befettetes Blech setzen – im vorheizten Backrohr die Kipferln ca. 20 bis 25 Minuten bei 160° C backen.

Die ausgekühlten Kipferln vorsichtig im Vanille-Staubzucker-Gemisch wälzen. (Von der Groebenkaserne / Feldbach)

ZUTATEN	4 PERS.	100 PERS.
glattes Mehl	30 dag	
gem. Kürbiskerne	10 dag	
Staubzucker	7 dag	
Vanillezucker	1 P.	
Butter oder Margarine	25 dag	
zum Wälzen:		
Staubzucker	15 dag	
Vanillezucker	1 P.	

Steirer-Kipferln

Die oben genannten Zutaten zu einem mittelfesten Germteig verarbeiten und 1 Stunde oder über Nacht rasten lassen (im Kühlschrank). Nun den Teig in 2 Teile teilen und ca. 20 x 40 cm große Rechtecke auswalken.

Für die Fülle das Eiklar sehr steif schlagen, Zucker und Vanillezucker hinzufügen und über Dampf weiterschlagen - danach vom Dampf nehmen und weiterrühren, bis die Eiweißmasse wieder ausgekühlt ist.

Nun die Masse auf die beiden Teigteile gleichmäßig verstreichen, mit Kürbiskernen bestreuen und wie eine Roulade einrollen. Mit Keksausstecher Monde ausstechen – die Kipferln auf ein befettetes Backblech setzen und ca. 25 Minuten bei 160° C hellbraun backen.

(Von der Groebenkaserne / Feldbach)

ZUTATEN	30 STK.	100 PERS.
GERMTEIG		
kalter Germteig:		
glattes Mehl	20 dag	
Margarine	12,5 dag	
Trockenhefe	1 P.	
Zucker	1 TL	
Salz	etwas	
Milch	ca. 1/16 l	
Dotter	2	
FÜLLE		
Eiklar	3	
Staubzucker	15 dag	
Vanillezucker	1 P.	
grob geriebene Kürbiskerne	10 dag	

Lebkuchenhäuschen oder -kekse

Honig, Wasser, Zucker, Vanillezucker, Zitronensaft und Butter langsam erwärmen. Unter die fast erkaltete Masse Eier und Lebkuchengewürz rühren. ⅔ des mit Natron gemischten und gesiebten Mehls unterrühren und den Rest gut unterkneten. Aus Karton Schablonen zuschneiden (eigene Kreation). Den Teig ca. ½ cm dick ausrollen, die Schablonen darauf legen und ausschneiden. Aus dem restlichen Teig die Bodenplatte, Dachziegel, Tür, Zaun, Fensterflügel, Bäume und andere verschiedene Verzierungen ausschneiden – mit Dotter bestreichen und bei 170° C ca. 10 bis 12 Minuten backen.

Die Häuschenteile mit Zuckerglasur (25 dag Staubzucker, 1 Eiklar und etwas Zitronensaft) zusammensetzen und gut trocknen lassen – auf die Bodenplatte stellen und nach Belieben verzieren.

(Von der Groebenkaserne/Feldbach)

ZUTATEN	4 PERS.	100 PERS.
Honig	50 dag	
Wasser	1/8 l	
Zucker	25 dag	
Vanillezucker	1 P	
Zitronensaft		
Butter	10 dag	
Lebkuchengewürz	2–3 P.	
Natron	2 P.	
Weizenmehl	60 dag	
Roggenmehl	60 dag	

NERVENKEKSE

Aus den Zutaten einen geschmeidigen Teig kneten, etwa 5 mm dick ausrollen und Plätzchen ausstechen. Auf einem Backblech bei Mittelhitze (ca. 160° C) 20 bis 25 Minuten backen. (Hinterstoisserkaserne / Zeltweg)

ZUTATEN	4 PERS.	100 PERS.
Dinkelmehl	1,25 dag	
Butter	38 dag	
gem. Mandeln	20 dag	
Eidotter	4	
ganze Eier	2 Stk.	
Zimt	5 dag	
Muskat gemahlene	5 dag	
Gewürznelken	1,5 dag	
Salz	1/2 TL	
Wasser	etwas	

GRAMMELKEKSE

Die Grammeln fein hacken (faschieren) und mit dem Mehl und dem Zucker verbröseln. Die restlichen Zutaten darunter rühren. Den Teig 30 Minuten rasten lassen, auswalken, Kekse ausstechen und backen. Jeweils 2 Kekse mit Ribiselmarmelade zusammensetzen und mit Staubzucker bestreuen. (Hinterstoisserkaserne / Zeltweg)

ZUTATEN	4 PERS.	100 PERS.
Grammeln	25 dag	
Mehl	25 dag	
Zucker	25 dag	
Natron	0,3 dag	
Eier	2 Stk.	
Saft und Schale von 1/2 ungespritzten Zitrone		
Zimt	1 TL	

KRAMPUSSE

Aus den Zutaten einen geschmeidigen Germteig bereiten, rasten lassen. Teig in kleine Kugeln formen, gehen lassen, die Kugeln in längliche Stücke rollen und mit einem Messer die Enden zu Hörnern bzw. zu Füßen einschneiden, Kopf formen, mit Ei bestreichen, mit Rosinen verzieren und im Rohr backen.

Lebkuchenkrampusse

Teig wie Lebkuchenhäuschen.

Aus dem Teig sticht man mit speziellen Formen Krampusse aus und verziert sie mit Schokoladeglasur und einer Spritzglasur mit roter Lebensmittelfarbe. (Von der Groebenkaserne/Feldbach)

ZUTATEN	4 PERS.	100 PERS.
Germteig:		
Mehl	50 dag	
Germ	2–3 dag	
Zucker	6 dag	
Butter	5 dag	
Milch	1/4 l	
Salz	etwas	
Rosinen zum Verzieren		

mehl- und süßspeisen

mehl- und süßspeisen

germspeisen

Faschingskrapfen

Aus allen Zutaten bereitet man einen weichen, geschmeidigen Germteig und lässt ihn an einem warmen Ort langsam und gut gehen (doppelt so hoch).

Danach rollt man den Teig ca. 1 cm dick aus und sticht ihn aus. Lässt die Krapfen noch einmal gut gehen und bäckt sie schließlich im heißen Fett 3 Minuten zugedeckt, Krapfen umdrehen – und 3 Minuten offen. Krapfen mit Marmelade füllen und mit Staubzucker bestreuen.

Anstelle von Ausstechen kann man den Krapfen auch schleifen, das heißt kleine Kugeln schleifen. (Von der Groebenkaserne/Feldbach)

ZUTATEN	20 PERS.	100 PERS.
Mehl	50 dag	2,5 kg
Germ	6 dag	30 dag
Zucker	8 dag	40 dag
Butter	5 dag	25 dag
Salz	0,5 dag	
Rum	1/16 l	ca. 3/8 l
Milch	1/4 l	ca. 1 1/4 l
Dotter	4	20
Zitronenschale		
Vanillezucker		

Strauben

ZUTATEN	4 PERS.	100 PERS.
Dotter	4	100
Mehl	24 dag	6 kg
Weißwein	ca. 1/0 l	4 l
Salz		

Zutaten verarbeiten, in fingerdicke, quadratische Stücke schneiden und in der Mitte mehrfach durchtrennen.

In heißem Schmalz oder Öl herausbacken und zuletzt überzuckern.

(Fiala-Fernbrugg / Aigen i. E.)

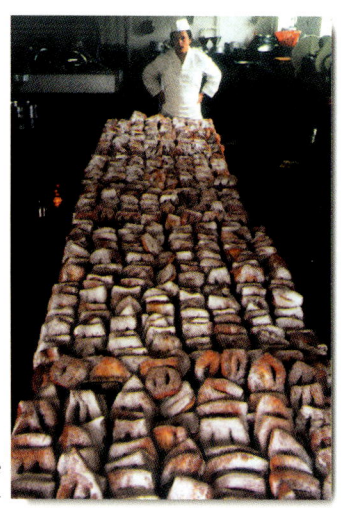

Strauben als Nachspeise in der Kaserne Feldbach.

Germstrauben mit Kernöl

ZUTATEN	20 PERS.	100 PERS.
Mehl	50 dag	
Germ	6 dag	
Zucker	8 dag	
Butter	4 dag	
Kernöl	etwas	
Rum	1/16 l	
Milch	1/4 l	
Dotter	4	
Salz		
Vanillezucker		
Zitronenschale		

Germteig bereiten, gut abkneten, gehen lassen, den Teig 2 cm dick ausrollen und Rechtecke ausradeln - in diese 1 cm dicke Streifen einradeln. Die Strauben nochmals gut aufgehen lassen und dann im Fett herausbacken. Abtropfen lassen und mit Staubzucker bestreuen.

(Von der Groebenkaserne / Feldbach)

Rahm-Nussflecken

Weißer Germteig wird ausgewalkt, die Ränder zu einem Rand aufgezogen und gebacken. Danach wird eine Rahm- oder Nussfülle darauf gestrichen.

(Von der Groebenkaserne / Feldbach)

ZUTATEN	20 PERS.	100 PERS.
Weizenmehl	50 dag	12 kg
Germ	4 dag	1 kg
Zucker	2 EL	75 dag
Milch	ca. 1/2 l	ca. 12 l
Salz	etwas	
Eier	2 Stk.	50 Stk.

Aufgehender Tommerl
„Gehender Nigl", „Widder"

Der zubereitete Germteig wird mit Powidl oder gekochtem Dörrobst, geschnittenen Äpfeln, Weintrauben mit Türkengrieß oder Zimt und Zucker mit ein wenig Fett gefüllt und, ähnlich einem Gugelhupf, gebacken.

(Von der Groebenkaserne / Feldbach)

ZUTATEN	4 PERS.	100 PERS.
Weizenmehl	50 dag	
Germ	4 dag	
Zucker	2 EL	
Milch	1/2 l	
Eier	2 Stk.	

Bauernkrapfen mit Zwetschkenpfeffer

Aus den Zutaten macht man einen Germteig, den man 1 Stunde gehen lässt. Dann formt man daraus eine ca. 8 cm dicke Rolle und schneidet 2 cm dicke Scheiben ab. Diese lässt man auf einem bemehlten Tuch aufgehen. Bevor man sie ins heiße Fett legt, zieht man sie in der Mitte dünn auseinander. Auf beiden Seiten werden sie goldgelb gebacken.

Zwetschkenpfeffer

Die Zwetschken werden über Nacht eingeweicht und mit den Gewürzen weich gekocht. Dann werden sie faschiert. Mehl wird in Butter goldgelb geröstet, mit Zwetschkenwasser aufgegossen, das Zwetschkenmus dazugegeben, einmal aufgekocht, mit Schnaps und nach Geschmack Zucker gewürzt.

Es soll ein sämiger Brei sein, in den die Krapfen getunkt werden.

(Mickl / Bad Radkersburg)

ZUTATEN	4 PERS.	100 PERS.
Mehl	50 dag	12,5 kg
Germ	3 dag	0,75 kg
Ei	1 Stk.	25 Stk.
Milch	1/4 l	6,25 l
Butter	5 dag	1,25 kg
Zucker	5 dag	1,25 kg
Salz	etwas	
Fett zum Backen		
ZWETSCHKENPFEFFER		
Dörrzwetschken	50 dag	12,5 kg
Wasser	0,5 l	12,5 l
Zimtrinde, Nelken		
Butter	1 EL	
Mehl	1 EL	
Schnaps	2 cl	
Zucker nach Geschmack		

Woazene Krapfen (Ennstal)

Aus den Zutaten einen Germteig herstellen und zugedeckt 45 Minuten gehen lassen.

Eine armstarke Rolle formen und daumendicke Scheiben schneiden – und auf einem bemehlten Tuch noch etwas gehen lassen.

Die Krapfen mit den Fingern auseinander ziehen, dass der Teig in der Mitte ganz dünn ist. Im heißen Butterschmalz herausbacken.

(Ausb. u. Erholungsheim/Bad Mitterndorf)

ZUTATEN	20 PERS.	100 PERS.
glattes Mehl	60 dag	
Germ	4 dag	
Salz	1 TL	
gestoßener Anis	1 TL	
Eier	2 Stk.	
Öl	3 EL	
Zucker	1 EL	
Butterschmalz zum Herausbacken		

mehl- und süßspeisen

mehl- und süßspeisen

ZUTATEN	10 PERS.	100 PERS.
GERMTEIG		
glattes Mehl	50 dag	5 kg
Germ	3 dag	50 dag
Zucker	6 dag	60 dag
Vanillezucker	2 dag	20 dag
Butter	12 dag	1,2 kg
Dotter	3	30
lauwarme Milch	ca. 1/4 l	2,5 l
Salz	etwas	etwas
FÜLLE		
Milch	1/8 l	1,25 l
Butter	5 dag	50 dag
Zucker	18 dag	1,8 kg
Vanillezucker	2 dag	20 dag
Rum, Zimt	etwas	
Steirische Kürbiskerne	25 dag	2,5 kg
Brösel oder Biskottenbrösel	7 dag	70 dag

Kürbiskernpotize

Man bereite einen geschmeidigen Germteig und lässt ihn ca. 30 Minuten an einem warmen Ort gehen.

Milch, Butter, Zucker und Vanillezucker zum Kochen bringen, Brösel und geriebene Kürbiskerne dazugeben – in die Milch einkochen, Zimt und Rum hinzufügen, nochmals aufkochen, vom Herd nehmen und auskühlen lassen. Den Germteig ausrollen, mit Fülle bestreichen und von beiden Seiten zur Mitte hin einrollen, in eine Königskuchenform geben, nochmals gehen lassen und dann ca. 45 Minuten bei 160° C backen. Auskühlen lassen. Mit Staubzucker bestreuen und servieren.

(Von der Groebenkaserne / Feldbach)

ZUTATEN	10 PERS.	100 PERS.
Eier	3 Stk.	75 Stk.
Backzucker	3 dag	75 dag
ger. Schale einer halben Zitrone		4 Stk.
Biskuit oder Semmelbrösel	3 dag	75 dag
glattes Mehl	4 dag	1 kg
ger. Kürbiskerne	7 dag	1,75 kg
Kristallzucker	2 EL	50 EL
Butter zum Befetten		
Mehl zum Ausstreuen der Form		
Weichselkompott	0,25 l	6 l

Kürbiskernauflauf

Dotter, Backzucker und Zitronenschale schaumig rühren. Brösel mit Mehl und geriebenen Kürbiskernen vermischen.

Die Eiklar mit Kristallzucker steif schlagen. Etwa ein Drittel des Schnees mit den Bröseln und dem Dotterabtrieb verrühren – den restlichen Eischnee vorsichtig unterheben. Die Masse in befettete, bemehlte Formen füllen und im vorgeheizten Rohr bei 180° C ca. 40 min backen.

(Erzherzog Johann-Kaserne/Strass)

Zwetschkenkuchen – Germteig

Aus den oben genannten Zutaten einen geschmeidigen Germteig herstellen – rasten lassen – ausrollen, auf ein Blech setzen und mit Semmelbröseln bestreuen – nochmals 10 Minuten rasten lassen. Nun die Zwetschken aufschneiden, den Kern entfernen, mit der blauen Seite nach unten auf den Teig legen (dicht nebeneinander). Mit Zimtzucker-Gemisch bestreuen und den Kuchen bei 180° C ca. 45 Minuten backen.

(Von der Groebenkaserne / Feldbach)

ZUTATEN	10 PERS.	100 PERS.
Mehl	50 dag	5 kg
Germ	4 dag	40 dag
Zucker	6 dag	60 dag
Salz	1 Prise	etwas
Eier	2 Stk.	20 Stk.
Milch	0,25 l	2,5 l
Butter	5 dag	50 dag
außerdem:		
Semmelbrösel	4 EL	1,2 kg
Zwetschken	2 kg	20 kg
Zucker	6 EL	1,8 kg
Zimt	1/2 TL	etwas

OBSTPIZZA

Aus Mehl, Germ, Zucker, Salz, 1 Ei, Milch und Öl einen Germteig zubereiten. Die Zwetschken waschen, vierteln und entkernen, die Birnen schälen, vierteln, entkernen und in Spalten schneiden und mit Zitronensaft beträufeln. Saure Sahne, Ei, Vanillezucker, restlichen Zucker und Zitronensaft verquirlen. Nun den Germteig ausrollen und auf ein befettetes Blech legen und mit der Gabel öfters einstechen. Die Zwetschken und die Birnen auf den Teig verteilen und mit Sahnegemisch übergießen und ca. 20 bis 30 Minuten bei 200° C backen. Die Mandeln in einer Pfanne ohne Fett goldbraun rösten. Die Weintrauben waschen, halbieren, entkernen und mit den Mandeln über die heiße Obstpizza streuen.

(Belgier-Kaserne/Graz)

ZUTATEN	10 PERS.	100 PERS.
Mehl	25 dag	2,5 kg
Germ	1/2 W.	20 dag
Zucker	3 EL	90 dag
Salz	1 Prise	
Milch	1/8 l	1,25 l
Öl (2 cl)	2 EL	ca. 0,5 l
Zwetschken	40 dag	4 kg
Birnen	50 dag	5 kg
Zitronensaft	2 EL	ca. 0,5 l
Sauerrahm	10 dag	1 kg
Ei	1 Stk.	10 Stk.
Vanillezucker		
Mandeln (gehackt)	3 dag	30 dag
grüne Trauben	10 dag	1 kg
blaue Trauben	10 dag	1 kg

ZUTATEN	4 PERS.	100 PERS.
Eier	5 Stk.	125 Stk.
Milch	3/8 l	10 l
Zucker	5 dag	1,25 kg
Vanillezucker	1 P.	
Mehl	17,5 dag	4,4 kg
Salz	etwas	etwas
außerdem:		
rote Ribiseln	25 dag	6,25 kg
Zucker	9 dag	23 dag
fein passierter Topfen	20 dag	1 kg
Vanillezucker	1 P.	
Zitronensaft		
Schlagsahne	1/8 l	3 1/8 l
Butter	5 dag	1,25 kg

PALATSCHINKEN MIT RIBISELN

Alle Zutaten zu einem Palatschinkenteig verrühren und etwas rasten lassen. Ribiseln waschen, entstielen und mit etwas Zucker bestreuen. Topfen, Gewürze und restlichen Zucker vermischen. Steif geschlagene Sahne darunter heben. Nun im Fett Palatschinken backen und mit Ribiseln füllen. Dazu die Topfen-Sahne-Mischung servieren.

(Kirchnerkaserne / Graz)

mehl- und süßspeisen

111

Dr. Oetker

Qualität ist das beste Rezept

kuchen torten rouladen

kuchen, torten, rouladen

BANANENROULADE

Butter und Staubzucker gut schaumig schlagen, Vanillepudding, der jedoch die gleiche Temperatur wie Butter und Staubzucker haben muss, vorsichtig darunter schlagen, mit Rum abschmecken und die Roulade damit bestreichen – mit Bananen füllen und einrollen. Die Roulade dann mit Schokoladenglasur überziehen.

(Mickl-Kaserne/Bad Radkersburg)

ZUTATEN	10 PERS.	100 PERS.
BISKUITMASSE		
siehe Biskuitroulade		
FÜLLE		
Butter	25 dag	3,2 kg
Staubzucker	25 dag	3,2 kg
Rum	etwas	
kalter Vanillepudding		
von 1/2 l Milch		
große Bananen	2 Stk.	50 Stk.

KAPFENSTEINER KÜRBISKERNTORTE

Dotter und Zucker schaumig rühren – Eiklar und Zucker steif aufschlagen. Die Nüsse unter die Dottermasse mischen, geriebene Kürbiskerne unter die Eiweißmasse mischen, beide Massen vorsichtig zusammenmischen – die Äpfel vorsichtig darunter heben. Brösel mit Rum befeuchten und das Mehl vorsichtig mit dem Kochlöffel einmengen.

Den Boden einer Tortenform mit Backtrennpapier auslegen, die Masse einfüllen und bei 180° C ca. 1 Stunde backen. Die ausgekühlte Torte mit Staubzucker bestreuen.

(Von der Groebenkaserne / Feldbach)

ZUTATEN	1 TORTE	100 PERS.
Eidotter	6	60
Zucker	15 dag	1,5 kg
Nüsse (Mandeln, Hasel- oder Walnüsse)	15 dag	1,5 kg
Kürbiskerne getrocknet	15 dag	1,5 kg
Eiklar	6	60
Zucker	15 dag	1,5 kg
Äpfel (geschält, entkernt, fein gewürfelt)	20 dag	2 kg
Mehl	5 dag	50 dag
Rum	2 cl (1 Stamperl)	

KÜRBISKERNTORTE

Eidotter, ⅔ vom Kristallzucker, Vanillezucker sehr schaumig schlagen.

Steirische Kürbiskerne und Brösel gut durchmischen und unter die Dottermasse heben. Eiklar mit dem restlichen Zucker sehr steif schlagen und mit dem Rum vorsichtig unter die Masse geben. Das Ganze in eine gebutterte, mit Mehl ausgestaubte Tortenform füllen und ca. 40 Minuten bei 180° C hellbraun backen.

Nach dem Auskühlen kann man die Torte mit Staubzucker bestreuen oder mit Marmelade füllen und Schokolade überziehen. Man kann auch Schlagsahne dazureichen. Diese Torte kann auch anstelle von Kürbiskernen mit Walnüssen gemacht werden. Die Torte ist sehr saftig und wird ohne Mehl zubereitet.

(Hermann-Kaserne/Leibnitz)

ZUTATEN	1 TORTE	100 PERS.
Eidotter	8	80
Kristallzucker	20 dag	2 kg
Semmelbrösel	8 dag	80 dag
gemahlene Steirische Kürbiskerne	20 dag	2 kg
Vanillezucker	2 dag	20 dag
Rum	2 EL	0,25 l
Eiklar	8	80
Butter und Mehl für die Form		

IRDNINGER MOHNTORTE

Mohn und Milch aufkochen und 30 Minuten stehen lassen. Butter, Eidotter und Zucker schaumig rühren – dann den Mohn und die Brösel dazugeben. Eiklar mit Salz sehr steif schlagen und unter die Masse heben. Mehl und Backpulver nun vorsichtig darunter mischen. Die Tortenform mit Backpapier auslegen und die Masse einfüllen – bei 180° C ca. 1¼ Stunden backen. Am Anfang das Rohr einen Spalt offen lassen.

Die ausgekühlte Torte auseinander schneiden und mit Marmelade füllen, mit Staubzucker bestreuen und mit geschlagenem Obers servieren. (Fiala-Fernbrugg / Aigen i. E.)

ZUTATEN	1 TORTE	100 PERS.
frisch gemahlener Mohn	24 dag	2,4 kg
Milch	0,5 l	5 l
Biskuit- oder Semmelbrösel	12 dag	1,2 kg
Mehl	12 dag	1,2 kg
Zucker	24 dag	2,4 kg
Butter	8 dag	80 dag
Eier (getrennt)	2 Stk.	20 Stk.
Backpulver	1 P.	
Salz	1 Prise	
Himbeermarmelade		

RHABARBERKUCHEN

Den Rhabarber putzen, waschen und die Haut abziehen – in Stücke schneiden. 10 dag Fett und 10 dag Zucker, Vanillezucker und Salz verrühren – Eier nach und nach dazugeben und schaumig rühren, dann das Mehl mit Backpulver, 5 dag Stärke und 5 dag gehackten Mandeln unter die Masse rühren und in eine Springform geben und glatt streichen – die Rhabarberstücke darauf legen und mit dem restlichen Fett, Zucker, Stärke und Mandelstreuseln verkneten. Den Streusel dann über die Rhabarber geben.

Den Kuchen dann schließlich im vorgeheizten Rohr bei 175° C etwa 60 Minuten backen. Den ausgekühlten Kuchen mit Puderzucker bestäuben.

(Von der Groebenkaserne / Feldbach)

ZUTATEN	12 STK.	100 STK.
Rhabarber	50 dag	4 kg
Butter oder Margarine	20 dag	1,6 kg
Zucker	15 dag	1,2 kg
Vanillezucker		
Salz	etwas	
Eier (Gewichtskl. 2)	2 Stk.	16 Stk.
Mehl	20 dag	1,6 kg
Backpulver		
Stärkemehl	10 dag	80 dag
Mandeln geh.	10 dag	80 dag
Fett für die Form		
Puderzucker zum Anzuckern		

STACHELBEERKUCHEN – RÜHRTEIG

Die Stachelbeeren putzen, waschen, abtropfen lassen und mit 10 dag Zucker, Vanillezucker und 2 EL Wasser aufkochen. Stachelbeeren in ein Sieb geben und abkühlen lassen.

Das Fett mit dem restlichen Zucker, Salz und der Hälfte des in Stücke gebrochenen Marzipans cremig rühren, die Eier nach und nach dazugeben und schaumig schlagen. Mehl, Backpulver und Haferflocken vermischen und unter die Masse ziehen. Den Teig in eine befettete Springform (26 cm Durchmesser) geben und glatt streichen – die Stachelbeeren darauf verteilen. Das restliche Marzipan in kleine Stücke brechen und auf die Beeren verteilen. Nun den Kuchen im vorgeheizten Rohr bei 175° C ca. 45 Minuten backen (die letzten 20 Minuten mit Papier abdecken). Nun mit Puderzucker bestreuen. (Erzherzog Johann-Kaserne/Strass)

ZUTATEN	12 STK.	100 STK.
Stachelbeeren	50 dag	4 kg
Zucker	20 dag	1,6 kg
Vanillezucker		
Butter oder Margarine	12,5 dag	1 kg
Salz	1 Prise	
Marzipan-rohmasse	20 dag	1,6 kg
Eier (Gewichtskl. 2)	2 Stk.	16 Stk.
Mehl	15 dag	1,2 kg
Backpulver	2 gestr. TL	
Haferflocken	2 EL	16 EL
Fett für die Form		
Puderzucker zum Bestreuen		

kuchen, torten, roulaDen

kuchen, torten, rouladen

ZUTATEN	15 STK.	100 STK.
blaue Weintrauben	50 dag	3 kg
grüne Weintrauben	15 dag	90 dag
Fett für die Form		
Zucker	23 dag	1,4 kg
Butter oder Margarine	25 dag	1,5 kg
Salz	1 Prise	
Eier (Gewichtskl. 3)	4 Stk.	24 Stk.
Mehl	25 dag	1,5 kg
Backpulver	2 TL	
Haferflocken	5 dag	30 dag
Saft und Schale einer Zitrone		

Weintraubenkuchen

Die Trauben waschen, entstielen, halbieren und entkernen. Den Boden einer Kastenform befetten und mit Backpapier auslegen und mit 3 dag Zucker ausstreuen. Nun die grünen und die Hälfte der blauen Weintrauben mit der Schnittfläche auf den Zucker legen. Nun aus den übrigen Zutaten einen Rührteig bereiten und die restlichen Weintrauben darunter heben. Die Masse auf die aufgelegten Weintrauben streichen und den Kuchen im vorgeheizten Backrohr bei 175° C etwa 50 bis 60 Minuten backen.

Den fertigen Kuchen 5 Minuten in der Form ruhen lassen und dann auf ein Gitter stürzen und das Backpapier vorsichtig abziehen. (Mickl-Kaserne / Bad Radkersburg)

Dienstgradtorte für Oberleutnant

ZUTATEN	20 STK.	100 STK.
Zwetschken	1,2 kg	6 kg
Mehl	40 dag	2 kg
Buchweizenmehl (aus dem Reformhaus)	10 dag	50 dag
Backpulver	2 TL	
Zucker	12 dag	60 dag
Vanillezucker	1 P.	
Eier (Gewichtskl. 3)	3 Stk.	15 Stk.
Salz	1 Prise	
Butter oder Margarine	25 dag	1,25 kg
etwas Fett für das Blech		
Pflaumenmus	10 dag	50 dag
Pistazienkerne oder Nüsse	5 dag	25 dag

Zwetschkenkuchen – Mürbteig

Zuerst die Zwetschken waschen, vierteln und entsteinen. Alle Zutaten jedoch mit nur einem Ei zu Streusel verarbeiten und davon etwa ⅓ der Streusel kalt stellen. Dann die restlichen Streusel mit den restlichen Eiern zu einem glatten Teig verarbeiten und auf ein Blech oder eine Pfanne streichen – Pflaumenmus darauf verteilen – die Zwetschken mit der Schale nach unten auf das Pflaumenmus legen und mit den vorhin weggestellten Streuseln bestreuen. Den Kuchen im vorgeheizten Rohr bei 220° C ca. 20 bis 30 Minuten backen. Den heißen Kuchen mit Pistazien oder Nüssen bestreuen. (Von der Groebenkaserne / Feldbach)

OSTERLAMM

Für das Osterlamm braucht man eine entsprechende Form, die man entweder mit Biskuitmasse oder einem Rührteig füllt und bäckt. Erst auskühlen lassen, dann mit Puderzucker bestäuben – oder mit Zuckerglasur bestreichen und mit Kokosette bestreuen. Der Fantasie sind keine Grenzen gesetzt.

Die Menge der Biskuit- oder Rührteigmasse ist von der Größe der Form abhängig. (Von der Groebenkaserne/Feldbach)

ZUTATEN	4 PERS.	100 PERS.
BISKUITMASSE		
Ei	1 Stk.	
Zucker	4 dag	
Mehl	4 dag	
Flüssigkeit	1 EL	
RÜHRTEIGMASSE		
Ei	1 Stk.	
Butter	4 dag	
Zucker	4 dag	
Mehl	4 dag	
Backpulver	etwas	

BISKUITROULADE

Eier und Kristallzucker dick schaumig schlagen – dann Geschmackszutaten dazugeben und das Mehl vorsichtig unterheben. Die Masse auf ein mit Backpapier ausgelegtes Blech streichen und bei 200° C ca. 10 Minuten backen.

Auf eine Arbeitsfläche ein Backpapier legen, das man mit Mehl bestäubt, und die Biskuitplatte darauf stürzen, vom Backpapier trennen – mit Marmelade einstreichen und mit Hilfe des Papieres aufrollen – auskühlen, anzuckern.

(Hadik-Kaserne/Fehring)

ZUTATEN	4 PERS.	100 PERS.
Eier	6 Stk.	
Kristallzucker	15 dag	
Zitronenschale		
Mehl	15 dag	
Marmelade zum Füllen		
Staubzucker zum Bestreuen		

kuchen, torten, rouladen

J.HORNIG

8020 Graz, Waagner-Biro-Str. 39-41
Tel. 0316/509-0

HORNIG KAFFEE

Ihr Zustell-Profi

Gastro·Service
Im Dienste der guten Gastronomie
attraktiv   informativ   leistungsstark

süßspeisen

süßspeisen

GEMÜSE –
VORBEREITUNG ZUM CHEMISIEREN

Die Gemüse in verschiedene kleine Formen schneiden und alle Teile auf einem kalten Teller mit ca. 3 mm Aspik überziehen. Diesen Arbeitsvorgang wiederholt man drei- bis fünfmal.

Zubereitung für Aspik:

Blattgelantine nach Verpackungsanleitung zubereiten.

ZUTATEN	4 PERS.	100 PER
Karotten	5 dag	
Zucchini	5 dag	
Paprika	5 dag	
Kohl	5 dag	
Karfiol	5 dag	
Gurken	5 dag	

(Kirchnerkaserne/Gablenzkaserne / Graz)

STEIRISCHE TOPFENTERRINE

ZUTATEN	4 PERS.	100 PERS.
Topfen	0,25 kg	6,25 kg
Zitrone		10 Stk.
Sauerrahm	0,5 l	12 l
Gelatine	9 Blatt	225 Blatt
Schlagobers	0,25 l	6 l
Karotten	15 dag	3,75 kg
Lauch	15 dag	3,75 kg
Schnittlauch		
Knoblauch		4 Zehen
Salz, Pfeffer		
Senf		
Öl		

Karotten und Lauch werden kleinwürfelig geschnitten, in leicht gesalzenem Wasser kochen, abseihen und abtropfen lassen. Schnittlauch schneiden, Gelatine in kaltem Wasser einweichen.

Zitronensaft, Sauerrahm, Schnittlauch und Gemüse in eine Schüssel geben, gut durchrühren, mit Salz, Pfeffer, zerdrücktem Knoblauch und 1 Messerspitze Senf würzen. Gelatine ausdrücken, überm Wasserdampf schmelzen und in die Topfenmasse nach und nach einrühren, geschlagenes Obers unterheben.

Eine Rehrückenform mit Öl ausstreichen und mit Frischhaltefolie auslegen. Masse einfüllen. Terrine am besten über Nacht in den Kühlschrank stellen und fest werden lassen. Die Terrine kann mit Blattsalat serviert werden.

(Gablenz-Kaserne/Graz)

ZIMTPARFAIT

ZUTATEN	4 PERS.	100 PERS.
Eier	3 Stk.	75 Stk.
Dotter	3	75 Stk.
Staubzucker	10 dag	2,5 kg
gem. Zimt	7 TL	175 TL
Orangenlikör	1/16 l	4 l
Obers	0,5 l	12,5 l

Eier, Dotter und Zucker lauwarm über Dunst aufschlagen, vom Feuer nehmen und kalt schlagen. Zimt und Orangenlikör dazugeben und das geschlagene Obers unterheben. Die Masse in eine geeignete Form füllen und 24 Std. im Tiegkühlfach frieren.

(Von der Groebenkaserne / Feldbach)

süßspeisen

BRANDTEIGKRAPFERL MIT VANILLEFÜLLE

Milch, Butter und eine Prise Salz aufkochen – Mehl einkochen und gut verrühren, bis sich die Masse vom Topf löst – Masse in eine Schüssel umfüllen – Eier einzeln nacheinander einarbeiten – Backrohr auf 200° C vorheizen – Brandteig in einen Dressiersack mit Sterntülle füllen und Tupfer von 2 cm Durchmesser auf Backblech dressieren – im Rohr ca. 20 Minuten backen – Gebäck aus dem Rohr nehmen und auskühlen lassen.

Creme

³⁄₁₆ l Milch mit Zucker und Vanillezucker aufkochen – restliche Milch mit Puddingpulver und Dotter glatt rühren – Mischung unter ständigem Rühren in die kochende Milch gießen – aufkochen und ½ Minute köcheln lassen – Creme vom Feuer nehmen – in eine Schüssel füllen – auskühlen lassen – Obers schlagen und behutsam unterheben – Krapferl quer durchschneiden und mit der Creme füllen.

(Kirchnerkaserne / Graz)

ZUTATEN	4 PERS.	100 PERS.
Milch	0,1 l	ca. 3,125 l
Butter	6 dag	1,5 kg
glattes Mehl	8 dag	2 kg
Eier	2 Stk.	50 Stk.
Salz		
CREME		
Milch	0,25 l	6,25 l
Zucker	5 dag	1,25 kg
Vanillezucker	1 P.	0,5 kg
Vanillepuddingpulver	2 dag	
Dotter	2	50
Schlagobers	1/8 l	3,125 l

TOPFENNOCKERLN

Für den Topfenteig sämtliche Zutaten rasch miteinander vermengen und kurze Zeit im Kühlschrank rasten lassen. In einem ausreichend großen Topf leicht gesalzenes Wasser zum Kochen bringen. Aus der Topfenmasse mit einem Suppenlöffel gleich große Nockerln ausstechen, ins Wasser legen und schwach wallend ca. 10 Minuten köcheln lassen.

Butter erhitzen, Semmelbrösel mit Vanillezucker und Kristallzucker in der Pfanne rösten. Topfennockerln mit einem Siebschöpfer aus dem Wasser heben, abtropfen lassen, in Butterbrösel wälzen und anrichten.

Als Beilage: ein Kompott (Holler, Schwarzbeer).

(Kirchnerkaserne / Graz)

ZUTATEN	4 PERS.	100 PERS.
Topfen (10% Fett)	25 dag	6,25 kg
Ei	1 Stk.	25 Stk.
glattes Mehl	5 dag	1,25 kg
Öl		5 EL
Salz		
Butter	12 dag	3 kg
Semmelbrösel	15 dag	3,75 kg
Vanillezucker	1 TL	0,125 kg
Kristallzucker	4 dag	1 kg

MAISTOMMERL

In ¾ Liter Wasser oder Milch wird Maisgrieß mit dem Ei und Salz versprudelt und mehrere Stunden stehen gelassen. Dann streicht man eine Pfanne mit Fett aus, streut geschnittene Äpfel, Zwetschken, Kirschen, Rhabarber, Ribiseln, Schwarzbeeren oder andere Früchte hinein, gießt den Teig darüber und lässt die Speise im Ofenrohr backen. Vor dem Anrichten streut man den Zucker darauf.

(Mickl / Bad Radkersburg)

ZUTATEN	4 PERS.	100 PERS.
Wasser oder Milch	0,75 l	18 l
Früchte	1 kg	25 kg
Maisgrieß	30 dag	7,5 kg
Fett	5 dag	1,25 kg
Zucker	5 dag	1,25 kg
Ei	1 Stk.	25 Stk.

süßspeisen

ZUTATEN	4 PERS.	100 PERS.
Marillen	4 Stk.	100 Stk.
Grand Manier	2 EL.	0,75 l
Zucker	2 dag	0,75 kg
Rotwein	2 EL.	0,75 l
Bier	0,125 l	0,75 l
Öl	0,25 l	4,5 l
Ei	1 Stk.	9 Stk.
Mehl	10 dag	1,3 kg
Kirschen	4 Stk.	100 Stk.
Maizena	1 TL	0,5 kg
Milch	0,125 l	1,5 l
Vanillepulver	2 EL.	12 dag
Weichselmark	1 TL	
Schokolade		

WÄSCHERMÄDL

Marillen entkernen und mit Grand Manier parfümieren, kühl stehen lassen, Weichselsoße zubereiten, Vanillesoße zubereiten, Backteig rühren und kurz rasten lassen, Öl erhitzen, Marillen durch Backteig ziehen und im Öl herausbacken, Vanillesoße und Weichselsoße am Teller anrichten, Marillen im Backteig dazulegen und oben eine Kirsche in die Ausbuchtung legen.

(Kirchnerkaserne / Graz)

ZUTATEN	4 PERS.	100 PERS.
Rosinen (Weinbeeren)	10 dag	2,5 kg
trockener Weißwein	0,25 l	6,25 l
altbackene Semmeln	6-8 Stk.	ca. 150 Stk.
warme Milch	0,5 l	12,5 l
Butter	6 dag	1,5 kg
Eidotter	4	100
Eiklar	4	100
Zucker	6 dag	1,5 kg
Vanillezucker	1 P.	
Salz	1 Prise	
Saft und Schale einer Zitrone		
Semmelbrösel	4-5 dag	1 kg
gemahlene Mandeln	4-5 dag	1 kg
Weißwein	0,125 l	3,125 l
Zucker	1 EL	0,5 kg

RAABTALER WEINBACKERL

Die Weinbeeren heiß überbrühen, gut abtropfen lassen, in eine Schüssel geben, den Wein dazugießen, ca. 1 Stunde unter öfterem Umrühren durchziehen lassen. Die Semmel blättrig schneiden und mit Milch übergießen. Butter schaumig rühren, nach und nach Eidotter, Zucker, Vanillezucker, Salz und Zitronenschale dazugeben, zuletzt Rosinen, Semmelbrösel und Mandeln hinzufügen und nochmals gut durchrühren.

Das Backrohr auf 170° bis 190° C vorheizen.

Eiklar und Zitronensaft schnittfest schlagen, unter die Semmelmasse heben, alles in eine befettete, mit Brösel bestreute Form füllen und etwa 30 bis 40 Minuten backen. Nach dem Backen etwas auskühlen lassen. Wein und Zucker erwärmen und über den Auflauf gießen. Sofort servieren.

(Von der Groebenkaserne / Feldbach)

ZUTATEN	4 PERS.	100 PERS.
Äpfel	4 Stk.	100 Stk.
ganze Walnüsse	4 Stk.	100 Stk.
ger. Walnüsse	12 dag	3 kg
nach Bedarf:		
Preiselbeeren		
Honig		
Staubzucker		

BRATÄPFEL

Äpfel waschen – aushöhlen, ausgestochenen Boden mit ganzer Walnuss verschließen. Geriebene Walnüsse mit Preiselbeeren vermischen und die Äpfel damit füllen. In eine Pfanne setzen und bei mittlerer Hitze backen. Mit Staubzucker und Honig servieren.

(Tüpl / Seetal)

STEIRISCHER TÜRKENTOMMERL

In die gezuckerte, leicht gesalzene Milch den Maisgrieß einlaufen lassen, einmal aufkochen, gut durchrühren und zum Ausquellen beiseite stellen. Inzwischen die Äpfel schälen, vierteln, vom Kerngehäuse befreien und grob raspeln. Mit Zitronensaft beträufeln und mit Zucker und Zimt bestreuen – gut durchmischen. In eine befettete Form die Hälfte der Grießmasse geben, mit Äpfeln belegen und den restlichen Teig abdecken. Zuletzt die Oberseite mit einer Gabel mehrmals anstechen, mit Butterflocken versehen und den Tommerl bei 170° bis 190° C im vorgeheizten Backrohr ca. 30 bis 40 Minuten backen. (Von der Groebenkaserne / Feldbach)

ZUTATEN	4 PERS.	100 PERS.
Milch	0,75 l	19 l
Zucker	2 EL	2 kg
Salz	1 Prise	
Zitronensaft	etwas	
Maisgrieß	30 dag	7,5 kg
Äpfel	50 dag	12–13 kg
Zucker	6 dag	1,5 kg
Zimt	etwas	
Butter	6 dag	1,5 kg

APFELTÖRTCHEN

Den Teig auf bemehlter Arbeitsfläche 3 mm dünn ausrollen, Kreise von ca. 10 cm Durchmesser ausstechen. Auf ein nasses Backblech legen und mit einer Gabel ein paarmal einstechen.

Die Äpfel schälen, halbieren, das Kerngehäuse entfernen, die Hälften in schmale Spalten schneiden und dachziegelartig auf die Teigkreise legen.

Rundum einen etwa 1 cm schmalen Rand freilassen. Die Äpfel mit Staubzucker und Zimt bestreuen. Die Törtchen im vorgeheizten Ofen bei 250° C 10 bis 15 Minuten backen.

Das Törtchen lauwarm anrichten, dekorieren und mit einer Kugel Nusseis in der Mitte vom Törtchen vollenden. (Mickl-Kaserne/Bad Radkersburg)

ZUTATEN	4 PERS.	100 PERS.
Blätterteig	25 dag	2–5 kg
Äpfel	4–6 Stk.	100 Stk.
Staubzucker	10 dag	2 kg
Zimt	5 dag	1 kg
Nusseis	4 Kugeln	100 K.

REISAUFLAUF

Den Reis in Milch kochen – ausdampfen und erkalten lassen. Margarine mit Staubzucker und den Aromen gut schaumig rühren, die Dotter nach und nach gut aufschlagen.

Den Reis mit dem Abtrieb vermengen – in der Zwischenzeit den restlichen Zucker und das Eiweiß zu sehr steifem Schnee schlagen und unter die Masse ziehen. In eine befettete Pfanne streichen und bei 180° bis 200° C langsam backen. Portionieren und anrichten. (Fliegerhorst Hinterstoisser/ Zeltweg)

ZUTATEN	4 PERS.	100 PERS.
Margarine	12 dag	3 kg
Reis	28 dag	7 kg
Kristallzucker	8 dag	2 kg
Staubzucker	4 dag	1 kg
Ei	1 Stk.	20 Stk.
Milch	0,5 l	ca. 12 l
Rosinen	8 dag	2 kg
Vanillezucker		
Zitronensaft		

süßspeisen

süßspeisen

ZUTATEN	4 PERS.	100 PERS.
Zucker	10 dag	2 kg
Rum	1 EL	0,25 l
Zitronensaft nach Geschmack		
Wasser		
Zimt		
Maizena		

ZIMTSPIEGEL

Rum, Wasser, Zucker, Zimt und einen Spritzer Zitronensaft zum Kochen bringen und mit Maizena zu einer cremigen Soße verarbeiten, danach abkühlen lassen.

(Erzherzog Johann-Kaserne / Straß)

TOPFENKNÖDEL MIT ZWETSCHKENRÖSTER

Zutaten der Reihe nach in einer Rührschüssel verkneten. Mit bemehlten Händen Knödel formen und in kochendes, leicht gesalzenes Wasser einlegen. Die Knödel ca. 10 Minuten kochen lassen. Die Semmelbrösel in Butter goldbraun anrösten und die Knödel darin wälzen. Mit Staubzucker bestreuen und mit Zwetschkenröster servieren.

(Landwehr-Kaserne / St. Michael)

ZUTATEN	4 PERS.	100 PERS.
Topfen	37 dag	ca. 10 kg
griffiges Mehl	15 dag	3,75 kg
Eier	2 Stk.	50 Stk.
erweichte Butter	6 dag	1,5 kg
Salz		
Vanillezucker		
zum Bestreuen:		
Semmelbrösel	10 dag	2,5 kg
Butter	8 dag	2 kg
Staubzucker	etwas	
BEILAGE		
Zwetschkenröster		

Der verantwortliche Koch der Kaserne Feldbach – Rudolf Uitz – mit frisch zubereiteten Topfenknödel

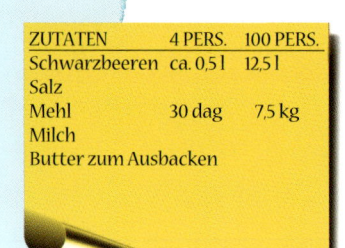

ZUTATEN	4 PERS.	100 PERS.
Schwarzbeeren	ca. 0,5 l	12,5 l
Salz		
Mehl	30 dag	7,5 kg
Milch		
Butter zum Ausbacken		

SCHWARZBEERNOCKEN

Aus obigen Zutaten einen mittelfesten Teig bereiten. In einer Pfanne lässt man Butter nicht zu heiß werden und setzt mit dem Löffel kleine Fladen hinein, die man auf beiden Seiten goldbraun herausbäckt.

Diesen Vorgang macht man immer wieder mit frischer Butter, bis der Teig verbraucht ist.

Die fertigen Nocken bestäubt man mit Staubzucker.

(Fiala-Fernbrugg / Aigen i. E.)

Kompotte und Dessertcremen

kompotte und Dessertcremen

Verschiedene Beeren mit Joghurt

Joghurt, Milch und Zucker werden gut vermischt, die gewaschenen, ganzen Beeren vorsichtig darunter mischen und in Schalen anrichten – eventuell mit ein paar Beeren garnieren.

(Von der Groebenkaserne / Feldbach)

ZUTATEN	4 PERS.	100 PER
Beeren	40 dag	10 kg
(Erdbeeren, Himbeeren, Brombeeren, Ribisel)		
Zucker	4 EL	2 kg
Joghurt	0,5 l	12,5 l
Milch	etwas	

Früchtekaltschale mit Topfen

Topfen, Milch, Rahm und Zucker werden gut verrührt und mit Obst oder zerdrückten Beeren vermischt.

(Ausb. u. Erholungsheim/Bad Mitterndorf)

ZUTATEN	4 PERS.	100 PERS.
Topfen	10 dag	2,5 kg
Rahm	4 EL	2 kg
Milch	0,25 l	6,25 kg
Zucker	4 EL	2 kg
Vanillezucker		
Beeren oder klein geschnittenes Obst	20 dag	5 kg

Apfelkompott – Birnenkompott

Das Wasser mit den Gewürzen zum Kochen bringen und zuckern. Die gewaschenen, geschälten, gespaltenen Äpfel oder Birnen in die kochende Flüssigkeit geben und weich dünsten.

(Hadik-Kaserne/Fehring)

ZUTATEN	4 PERS.	100 PER
Wasser	0,75 l	18 l
Zucker	6 dag	1,5 kg
Saft und Schale einer Zitrone		
Gewürznelken		
Zimtrinde		
Äpfel oder Birnen	60 dag	15 kg

Kirschen- oder Zwetschkenkompott

Das Wasser mit den Gewürzen zum Kochen bringen, zuckern und die ganzen Früchte einlegen. Kurz garen lassen.

(Hackher-Kaserne/Gratkorn)

ZUTATEN	4 PERS.	100 PER
Wasser	0,75 l	
Zucker	6 dag	
Kirschen oder Zwetschken	60 dag	
Gewürznelken		
Zitronenschale		

Rhabarbermus

Den Rhabarber schälen, in 2 cm lange Stücke schneiden – mit dem Saft von 2 Zitronen, Kristallzucker und ein wenig Wasser aufkochen. Zugedeckt auf kleiner Flamme 15 Minuten köcheln lassen. Im verschlossenen Topf langsam abkühlen – mit dem Pürierstab zu einem glatten Mus verrühren.

(Kirchner-Kaserne/Graz)

ZUTATEN	20 PERS.	100 PERS.
Rhabarber	70 dag	3,5 kg
Zitronen	2 Stk.	10 Stk.
Kristallzucker	20 dag	1 kg

Topfencreme mit Beeren

Topfen und Sauerrahm vermengen, leicht zuckern, Beeren waschen – darunter mischen und mit gehobelten Mandeln bestreuen. Nach Bedarf mit Schlagobers und Schokoladensoße verfeinern.

(Von der Groebenkaserne / Feldbach)

ZUTATEN	20 PERS.	100 PERS.
Topfen	50 dag	12,5 kg
Beeren	30 dag	7 kg
(Erdbeeren, Himbeeren, Heidelbeeren, Preiselbeeren)		
Sauerrahm	0,25 l	6,25 l
Mandeln	10 dag	2,5 kg
Staubzucker nach Bedarf		

SCHILCHERTRAUBENPARFAIT

Die eine Hälfte der Trauben schälen und passieren, die passierten Trauben mit Staubzucker und Schilcher vermengen, Obers aufschlagen, mit Gelatine versetzen und die passierten Trauben darunter ziehen.

Zum Schluß die geschälten, halbierten Trauben unterziehen, in eine Form füllen und halb gefrieren lassen.

Cremige Soße aus Vanille

⅔ der Milch mit Vanillezucker aufkochen, restliche Milch mit Stärke und Zucker glatt rühren, in die kochende Milch einrühren, kurz aufkochen (abziehen) und warm stellen.

(Erzherzog Johann-Kaserne / Straß)

ZUTATEN	4 PERS.	100 PERS.
Schilchertrauben	50 dag	9 kg
Staubzucker	6 dag	1,5 kg
Schilcherwein	0,125 l	3 l
Gelatineblätter	2 Stk.	30 Stk.
Obers	0,5 l	12 l
SAUCE		
Milch	0,5 l	13 l
Zucker	12 dag	3 kg
Eidotter	2 Stk.	50 Stk.
Vanillezucker		
Stärke	2,5 dag	55 dag

EXQUISITER OBSTSALAT

Die Mango und die Pfirsiche schälen und in feine Streifen schneiden. Himbeeren waschen – Staubzucker, Rum, Orangensaft in eine Schüssel geben – die Früchte dazu und alles ca. 15 Minuten marinieren lassen. Schlagsahne steif aufschlagen. Nun den Obstsalat mit der Sahne servieren.

(Kaserne Leoben)

ZUTATEN	4 PERS.	100 PERS.
Mango	1 Stk.	25 Stk.
Himbeeren	0,25 l	7 l
Pfirsiche	4 Stk.	100 Stk.
Staubzucker	10 dag	2,5 kg
brauner Rum	2 cl	0,5 l
Saft von einer Orange		25 Stk.
Schlagsahne	0,25 l	6 l

ZUTATEN	4 PERS.	100 PERS.
Birnen	4 Stk.	100 Stk.
Saft von einer Zitrone		25 Stk.
Schokolade	6 dag	1,5 kg
Staubzucker	10 dag	2,5 kg
Sahne	1/16 l	1,5 l
weißer Rum	2 cl	0,5 l
Mandelsplitter		

SCHOKOLADEBIRNEN

Birnen schälen und entkernen – mit Zitronensaft übergießen und kalt stellen. Schokolade, Staubzucker, Sahne und Rum über Wasserbad zerlassen, die Birnen damit übergießen und mit Mandelsplittern bestreuen.

(Kaserne Leoben)

STIERMILCH

Zirka 0,25 l kalte Milch mit Mehl, Dotter und Zucker (je nach Geschmack) verrühren. Dieses Gemisch in die leicht kochende Milch einrühren. Einen Schuss Rum dazu, kurz aufkochen.

Heiß in Schalen füllen, kalt stellen. Mit Zimt und Rosinen bestreuen und servieren.

(Hinterstoisserkaserne / Zeltweg)

ZUTATEN	4 PERS.	100 PERS.
Milch	1 l	25 l
Eidotter	4	100
Mehl	ca. 10 dag	2,5 kg
Zucker		
Rum		
Zimt		
Rosinen		

kompotte und Dessertcremen

NEU!

Die 4-fache Versuchung

Mit extragroßen Fruchtstücken!

Das Beste aus den Bergen.

desserta

BROT

Brot

Getreide und Getreideprodukte leisten beim Bundesheer einen wichtigen Beitrag zur gesunden und vollwertigen Ernährung. Als unser wichtigstes Grundnahrungsmittel enthalten Getreideprodukte als Energieträger Kohlehydrate in Form von Stärke, Eiweißstoffe, ganz wenig Fett, wichtigen Vitaminen der B-Gruppe sowie einen Großteil aller wichtigen Minerale – man denke hier an Eisen – und eine große Menge an Ballaststoffen.

Wenn es möglich ist, sollten Vollkornprodukte in Verwendung kommen, da in diesen die wichtigen Ballaststoffe, die bei der Verarbeitung zu Mehl teilweise verloren gehen, enthalten sind. Nicht unbedeutend ist die Kalorienhöhe, die bei Toastbrot, Baguette, Croissants und Knusperbrot zur Kalorienbombe werden. In 100 g Mehrkornbrot sind 230 Kalorien, in 100 g Knäckebrot 318 Kalorien, in 100 g Weizenmischbrot 225 Kalorien und in 100 g Roggenvollkornbrot 193 Kalorien.

Welche Bedeutung Brot in der menschlichen Ernährung hat, zeigt folgender Spruch: „Wo kein Brot ist, ist auch kein Leben". Auf Bauernöfen ist es heute noch Brauch, dass jeder Brotlaib, bevor er angeschnitten wird, mit dem Messer oder einem Finger dreimal bekreuzigt wird.

Am Euphrat und Tigris sowie in Ägypten wurde Getreide zerstampft und gemahlen und das so hergestellte Mehl mit Wasser vermischt und auf heißen Steinen gebacken. Dieses Backgut dürfte mit Honig oder Früchten vermischt worden sein. Es handelte sich um fladenförmige Brote, die erst viel später in Wecken oder Laiben hergestellt wurden. Diese Brote werden mit Hilfe von Sauerteig (Dampfl) gebacken. Vom Sauerteig berichtet bereits das Alte Testament. Die Brotherstellung erfolgte jahrhundertelang im häuslichen Bereich, bis es zur Gründung von eigenen Schwarz- und Weißbrotbäckereien kam.

Wie bedeutungsvoll Brot in der Geschichte des Militärs immer war, zeigen die „Vorschrift für die Anlage und den Betrieb von Gebirgsbäckereien" aus dem Jahr 1895 und die „Bestimmungen betreffend die Vornahme von Feldbäckerei-Übungen im Frieden".

„Um während der Operationen die größeren Truppenkörper, dann jene kleineren Abtheilungen, welche häufig detachiert werden, in den Stand zu setzen, im Nothfalle das Brot für den eigenen Bedarf auf Privatbacköfen oder Noth-Feldbacköfen selbst zu erzeugen, haben sich – aus den verschiedenen Assentjahrgängen - im Grundbuchstande zu befinden, und zwar: bei jedem Bataillon (Infanterie, Jäger, Festungs-Artillerie) mindestens 16, bei jeder Batterie der Feld-Artillerie (reitende Batterien ausgenommen), dann bei jeder Infanterie- und Artillerie-Munitionscolonne und bei jeder technischen Compagnie mindestens 2 Bäcker oder in der Broterzeugung ausgebildete Soldaten.

Für die Leitung der Broterzeugung und die schwierigen Manipulationen sollen darunter wenigstens bei jedem Bataillon 2, bei jedem Divisions- und Corps-Artillerie-Regimente, dann bei der Gebirgsbatterie-Division 4 Bäckerprofessionisten vorhanden sein.

Für die Ausbildung der Bäckerprofessionisten genügt es, wenn dieselben auf etwa eine Woche commandiert werden, weil es sich bei ihnen vornehmlich darum handelt, die Eigenthümlichkeit der Erzeugung des Militärbrotes behufs seinerzeitiger Leitung des Bäckereibetriebes zu erlernen."

„Die Gebirgsbäckereien treten ausnahmsweise, und zwar dort in Verwendung, wo Feldbäckereien nicht zur Ausstellung gelangen können.

Es ist deshalb zu berücksichtigen, dass das Brot bald nach der Erzeugung zur Ausgabe gelangt.

Aus diesem Grunde wird in den Gebirgsbacköfen, bei Benützung von Backformen, vornehmlich Brot aus Weizenmehl in Kuchenform erzeugt.

Ist Weizenmehl in hinreichender Menge nicht vorhanden, und muss zur Broterzeugung Weizen- und Roggenmehl gemischt oder bloß Roggenmehl verwendet werden, so haben die Gebirgsbäckereien in der Regel Schnittbrot in Weckenform zu erzeugen.

Der Stand und die Unterordnung der mit tragbaren, eisernen Gebirgsbacköfen, System Peyer, M. 1878, ausgerüsteten Gebirgsbäckereien sind in den organischen Bestimmungen für die k. und k. Militär-Verpflegs-Anstalten enthalten."

Johann Schleich

Das Bundesheer bietet den Soldaten die verschiedensten Brotsorten an.

BROT

DINKELFLADEN

Dinkelmehl, Salz und Germ in Wasser zu einem Teig verrühren und dünn auf ein Backblech aufdrücken. Darauf kommen geröstete Kürbiskerne.
Alles zusammen 10 Minuten bei 200° C backen.

(Von der Groebenkaserne / Feldbach)

ZUTATEN
Dinkelvollmehl	1 kg
Salz	1 EL
Wasser	1 l
Germ	5 dag
Kürbiskerne	15 dag

ZUTATEN
Mehl	50 dag
Salz	1 Prise
Wasser	ca. 0,25 l
Trockenhefe	1 P.
Kernöl	
Rahm oder Honig	

BROTFLECKEN

Der Brotteig wird mit der Handfläche dünn zu einem 15 x 15 cm großen Fleck ausgeschlagen und im Backrohr, gleich wie ein Brotwecken, gebacken. Während des Backvorganges ist mehrmals auf den Flecken zu schlagen, da sonst zu große Blasen entstehen. Nach dem Backvorgang kann der „Brotflecken" mit Kernöl, Rahm oder Honig bestrichen werden.

(Von der Groebenkaserne / Feldbach)

TOPFENVOLLKORNWECKEN

Milch, Salz, Germ und Topfen verrühren, 10 Minuten gehen lassen. Die übrigen Zutaten dazugeben und gut kneten. Teig 20 Minuten rasten lassen. Den Teig in eine Kastenform, die man vorher gut befettet, geben und noch einmal 40 Minuten gehen lassen. Nun im vorgeheizten Rohr bei 190° C ca. 15 Minuten backen, dann auf 160° C zurückschalten und weitere 30 Minuten backen.

(Von der Groebenkaserne / Feldbach)

ZUTATEN 12 STK.
Milch	0,5 l
Salz	
Germ	4 dag
Topfen	0,25 kg
Rosinen oder gemischte klein geschnittene Trockenfrüchte	10 dag
Eier	4 Stk.
Weizenschrot	0,75 kg
Honig	20 dag

Brot und Obst werden zum Frühstück am Tüpl Seetal angeboten

GRAHAMWECKERLN

Mit den Zutaten einen Germteig herstellen. Nach dem ersten Aufgehen, kleine Weckerln formen und auf ein befettetes Blech setzen und nochmals gehen lassen, mit Ei bestreichen und mit Haferflocken bestreuen. Bei 220° bis 230° C ca. 25 bis 30 Minuten backen.

(Von der Groebenkaserne / Feldbach)

ZUTATEN	10 STK.
Weizenvollmehl	45 dag
Haferflocken	5 dag
Salz	1 TL
Germ	3 dag
Mineralwasser	ca. 0,4 l

KRÄUTERVOLLKORNBROT

ZUTATEN	
Weizenvollmehl	60 dag
Frischgerm (42 g)	1 P.
Salz	2 TL
geh. Kräuter	2 EL
(Schnittlauch, Petersilie Thymian, Dille)	
Brotgewürz	1/2 P.
lauwarme Milch	0,5–0,75 l

Aus den Zutaten einen geschmeidigen Teig bereiten, den man zugedeckt an einem warmen Ort gehen lässt (bis zur doppelten Höhe). Nun in eine befettete Kastenform legen, nochmals gehen lassen und mit der Gabel mehrmals einstechen. Mit Milch bepinseln und 10 Minuten bei 250° C und 60 Minuten bei 180° C backen. Damit die Kruste nicht hart wird, ein Gefäß mit Wasser ins Rohr stellen.

(Von der Groebenkaserne / Feldbach)

RAHMSTRIEZEL MIT KÜRBISKERNEN

ZUTATEN	
GERMTEIG	
glattes Mehl	50 dag
Germ	3 dag
Zucker	5 dag
Schlagobers	0,25 l
Milch	0,125 l
Vanillezucker	1 P.
Salz	1 TL
ZUM BESTREICHEN:	
Eiklar	1
Feinkristallzucker	2 EL
karamellisierte Steirische Kürbiskerne	10 dag

Aus den oben genannten Zutaten einen geschmeidigen Germteig zubereiten, den man an einem warmen Ort zugedeckt 30 Minuten aufgehen lässt. Nun den Germteig noch einmal durchkneten und in 20 g schwere Stücke teilen, daraus kleine Striezel flechten. Eiklar und Zucker verquirlen und die Striezel damit bestreichen – mit grob gehackten, karamellisierten Steirischen Kürbiskernen bestreuen. Nochmals 30 Minuten gehen lassen und im vorgeheizten Rohr bei 180° C ca. 35 Minuten hellbraun backen.

Karamelisieren von Kürbiskernen

Grundregel: 1 Teil Kürbiskerne, 1 Teil Zucker

Zucker in einer Pfanne schmelzen und leicht bräunen, die Kürbiskerne dazugeben, von der Kochstelle nehmen und unter ständigem Rühren gut vermischen, auskühlen lassen und dann mahlen oder hacken.

(Von der Groebenkaserne / Feldbach)

Brot

ZUTATEN

Roggenmehl	1 kg
Dinkelmehl	25 dag
Sauerteig oder	10 dag
Sauerteigextrakt	1 P.
Steirische Kürbiskerne	10 dag
Kümmel	1 EL
Leinsamen (gemahlen)	1 EL
Salz	2 EL
heißes Wasser	1/8 l
Kürbiskerne zum Bestreuen	

ROGGENKÜRBISKERNBROT

Die beiden Mehlsorten mit Kümmel und Leinsamen vermischen, heißes Wasser in die Vertiefung des Mehlgemisches schütten, etwas abkühlen lassen, Sauerteig und Trockenhefe einrühren und die Masse ca. 2 Stunden zugedeckt stehen lassen. Dann mit warmem Wasser, Salz und hackten Steirischen Kürbiskernen zu einem festen Brotteig verkneten. Weitere 60 Minuten gehen lassen. Nun einen hohen, runden Laib formen, mehrmals mit der Gabel einstechen – damit verhindert man das Reißen der Oberfläche. Den Laib auf ein befettetes Backblech legen, die Oberfläche mit etwas Milch bepinseln und schließlich im vorgeheizten Backrohr bei 200° C ca. 1 Stunde braun backen.

(Kirchner-Kaserne/Graz)

HASELNUSSBROT

10 dag Nüsse in eine Pfanne ohne Fett unter Wenden goldbraun rösten. Nun Weizenmehl, Roggenmehl, Zucker, gemahlene Nüsse, Hefe und Salz mischen. 0,5 l warmes Wasser zum Mehl geben und alles verkneten. Saure Sahne dazugeben und alles zu einem glatten Teig verkneten – an einem warmen Ort zugedeckt gehen lassen, bis sich der Teig verdoppelt hat. Die restlichen Haselnüsse im Fett 5 Minuten braten, dann unter den Teig kneten. Den Teig nun zu einem Laib formen, auf ein befettetes Blech legen, mit Roggenmehl bestäuben und nochmals zugedeckt 15 Minuten gehen lassen. Das Brot rhombenförmig einritzen und im vorgeheizten Backofen bei 200° C ca. 45 bis 50 Minuten backen und danach noch 10 Minuten im ausgeschalteten Backofen lassen.

(Belgier-Kaserne/Graz)

ZUTATEN

Haselnüsse	30 dag
Weizenmehl	75 dag
Roggenmehl	25 dag
Zucker	1 EL
Trockenhefe	2 P.
Salz	
saure Sahne (à 15 dag)	2 Becher
Butter	3 dag
Fett	
Roggenmehl zum Bearbeiten	

ZUTATEN

Weizenvollkornmehl	25 dag
Roggenmehl (Type 1370)	25 dag
Salz	1 TL
Sauerteigextrakt	1 P.
Zucker	1 TL
Hefe	1 Würfel
Melasse oder Zuckercouleur	1 EL
Weizenkörner	10 dag
Mehl zum Bearbeiten	

DUNKLES VOLLKORNBROT

Aus Weizenvollkornmehl, Roggenmehl, Salz, Sauerteigextrakt, Zucker, Hefe, Melasse und 350 ml Wasser einen Brotteig zubereiten. Während der Teig ruht, den Weizen in 150 ml kochendes Salzwasser geben – aufkochen und bei mittlerer Hitze zugedeckt ca. 25 Minuten quellen lassen. Den Weizen kalt abschrecken und abtropfen lassen. Auf einer bemehlten Arbeitsfläche den gegangenen Teig durchkneten und ¾ des Weizens unterkneten. Nun den Teig zu einem ca. 30 cm langen Laib formen – die Oberseite in die restlichen Weizenkörner drücken, den Laib nachformen und mit den Körnern nach oben auf ein Blech legen. Noch einmal 5 Minuten gehen lassen. Das Brot im vorgeheizten Backofen bei 200° C ca. 30 bis 35 Minuten backen.

(Von der Groebenkaserne / Feldbach)

ZUTATEN

Weizenvollkorn-mehl	25 dag
Roggenmehl (Type 1370)	25 dag
Sauerteigextrakt	1/2 P.
Zucker	1 TL
Salz	1 TL
Hefe	1 Würfel
Sonnenblumen-kerne	13 dag
Korianderkörner	2 EL
grüner Pfeffer (aus dem Glas)	1 EL

GEWÜRZBROT

Pfeffer und Koriander fein zerstoßen, dann mit 10 dag Sonnenblumenkernen und mit den beiden Mehlsorten mischen.

Aus der Mehlmischung, Salz, Sauerteigextrakt, Zucker, Hefe und 350 ml Wasser einen Brotteig zubereiten (siehe Zubereitung Brotteig). Einen flachen Korb oder eine flache Schüssel (26 cm Durchmesser) mit Mehl bestäuben und die restlichen Sonnenblumenkerne auf den Boden streuen. Den aufgegangenen Teig auf einer Arbeitsfläche kräftig durchkneten, in den Korb legen und zugedeckt 50 Minuten gehen lassen. Den Teig nun vorsichtig auf ein befettetes Backblech stürzen und im vorgeheizten Backofen bei 200° C ca. 50 bis 60 Min. backen. (Landwehr-Kaserne/St. Michael i. ObStmk)

Die gesunde Jause für den Soldaten besteht aus Vollkornbrot, Milch und Äpfel.

ROGGENBROT MIT HAFERFLOCKEN

Die Roggenkörner in ⅛ l Wasser geben, aufkochen und zugedeckt 15 Minuten quellen lassen. Die Mehlsorten und die Gewürze mischen, die Hefe hineinbröckeln und mit 100 ml lauwarmen Wasser zu einem Vorteig verrühren. Zugedeckt an einem warmen Ort 15 Minuten gehen lassen. Den Sauerteig, etwa 300 ml lauwarmes Wasser, die Roggenkörner und Salz dazugeben und alles zu einem glatten Teig verkneten und ca. 30 Minuten zugedeckt gehen lassen. Den Teig zu einer 30 cm langen Rolle formen und in Haferflocken wälzen. In eine befettete Kastenform legen und zugedeckt 10 Min. gehen lassen. Nun das Brot im vorgeheizten Backofen bei 225° C ca. 50 bis 55 Min. backen. (Erzherzog Johann-Kaserne/Strass)

ZUTATEN

Roggenkörner	5 dag
Roggenvollkorn-mehl	30 dag
Weizenvollkorn-mehl	35 dag
Kümmel (gemahlen)	1 gestrichener TL
Koriander (gemahlen)	1 gestrichener TL
Hefe (4 dag)	1 Würfel
Natursauerteig (15 dag)	1 P.
Salz	1 TL
kernige Haferflocken	5 dag
Fett für die Form	

Brot

ZUTATEN	3 BROTE
Mehl	37,5 dag
frische Germ	3 dag
Salz	1 Prise
Zucker	1 Prise
neutrales Öl	100 ml
Olivenöl	2–3 EL
Majoran (getrocknet)	2 EL
Mehl zum Bearbeiten	

FLADENBROT

Die Germ in das Mehl bröckeln, Zucker dazugeben und mit 150 ml lauwarmem Wasser verrühren, Öl, Salz und Majoran dazugeben und zu einem glatten Teig verkneten. Den Teig zugedeckt an einem warmen Ort gehen lassen (ca. 30 Minuten). Nun den Teig auf einer Arbeitsfläche zu einer Rolle formen und in 3 gleiche Stücke teilen. Jedes Stück zu einem ca. 1 cm dicken Oval ausrollen und auf ein befettetes Backblech legen und noch einmal 5 Minuten gehen lassen. Mit den Fingern Vertiefungen in den Teig drücken, dann Olivenöl hinein-träufeln. Nun die Fladenbrote im vorgeheizten Backofen bei 220° C ca. 20 bis 25 Minuten backen.

(Von der Groebenkaserne / Feldbach)

ZWIEBELBRÖTCHEN

Die Germ in das Mehl einbröckeln, Zucker, Öl, Salz und Röstzwiebeln dazugeben – mit ca. 150 ml lauwarmem Wasser zu einem glatten Teig verkneten und an einem warmen Ort ca. 30 Minuten rasten (gehen) lassen. Den Teig auf einer bemehlten Arbeitsfläche zu einer 40 cm langen Rolle formen und in 8 gleich große Stücke teilen. Aus jedem Stück ein rundes Brötchen formen und die außen liegenden Zwiebeln in den Teig drücken. Die Brötchen auf ein befettetes Backblech legen und kreuzweise einritzen, noch einmal 5 Minuten gehen lassen. Nun mit Eigelb und 1 EL Wasser, das man verquirlt, bestreichen und im vorgeheizten Backrohr bei 200° C ca. 25 bis 30 Minuten backen.

(Von der Groebenkaserne / Feldbach)

ZUTATEN	8 STK.
Mehl	37,5 dag
frische Germ	3 dag
Zucker	1 Prise
Öl	100 ml
Salz	1–2 Messerspitzen
Röstzwiebeln (fertig gekauft)	7,5 dag
Eigelb	1
Mehl zum Bearbeiten	

ZUTATEN	12 STK.
Rosinen	15 dag
Mehl	37,5 dag
Trockenhefe	1,5 P.
Zucker	9 dag
lauwarme Milch	0,125 l
flüssige Butter	5 dag
Ei (Gewichtskl. 3)	1 Stk.
Eigelb	1
Schlagsahne	0,125 l
Crème fraiche	10 dag
Vanillezucker	
Puderzucker zum Bestäuben	

ROSINENBRÖTCHEN

Die Rosinen waschen und mit ⅛ l kochendem Wasser übergießen. Mehl, Germ und 7,5 dag Zucker vermischen, Milch, Fett und ganze Eier dazugeben, alles zu einem glatten Teig verarbeiten und zugedeckt an einem warmen Ort ca. 30 Minuten gehen lassen. Die eingeweichten Rosinen in den Teig mischen und daraus 12 kleine Brötchen formen. Die Brötchen auf ein befettetes Blech setzen und noch einmal 15 Minuten gehen lassen. Dann mit Eigelb-Wasser-Gemisch bestreichen und im vorgeheizten Rohr bei 200° C ca. 20 bis 30 Minuten backen – auskühlen lassen.

Man kann die Brötchen auch füllen, indem man die Sahne steif aufschlägt, Crème fraiche, Zucker und Vanillezucker dazugibt und alles zusammen noch einmal steif aufschlägt. Die Brötchen halbieren und mit der Vanillesahne füllen und mit Puderzucker bestreuen.

(Von der Groebenkaserne / Feldbach)

KRÄUTERBROT

Aus Vollkornmehl, Roggenmehl, Thymian, 1 TL Salz, Sauerteigextrakt, Zucker und Hefe einen Brotteig zubereiten (siehe Grundrezept Brotteig). Während der Teig ruht, die Hirse in 175 ml kochendes Salzwasser geben, aufkochen und zugedeckt bei mittlerer Hitze 10 Minuten quellen lassen - auskühlen lassen. Nun den Teig auf eine bemehlte Arbeitsfläche geben und mit ¾ der Hirse verkneten. Den Teig zu einer Rolle formen und in eine befettete Kastenform legen. Das Brot mit Milch bestreichen und mit der restlichen Hirse bestreuen. Die Oberfläche des Brotes kreuzweise einritzen und zugedeckt 50 Minuten gehen lassen. Das Brot im vorgeheizten Rohr bei 200° C ca. 40 bis 50 Minuten backen. (Kirchner-Kaserne/Graz)

ZUTATEN

Weizenvollkornmehl	25 dag
Roggenmehl (Type 1370)	25 dag
Thymian (getrocknet)	2 EL
Salz	
Sauerteigextrakt	1/2 P
Zucker	1 TL
Hefe (1 Würfel)	4 dag
Hirse	10 dag
Milch	1-2 EL
Mehl und Fett zum Bearbeiten	

VIERKORN-BROT

20 dag Getreideflocken in ⅛ l kochendes Wasser geben, aufkochen lassen, vom Herd nehmen und quellen lassen. Das Roggenmehl und den Roggenschrot vermischen, in der Mitte eine Mulde machen und die Hefe, den Ahornsirup und ⅛ l lauwarmes Wasser und etwas Mehl vom Muldenrand zu einem Vorteig verrühren. An einem warmen Ort ca. 30 Minuten gehen lassen.

Den Sauerteig mit ¼ l Wasser, den gequollenen Flocken, Sesam und Salz zum Vorteig geben und alles zusammen zu einem glatten Teig verkneten. Den Teig mit Mehl bestäuben und an einem warmen Ort zugedeckt 3 Stunden gehen lassen – bis sich das Volumen verdoppelt hat. Den Teig auf einer bemehlten Arbeitsfläche durchkneten und zu einer Kugel (Laib) formen. Nun die restlichen Getreideflocken auf ein Backblech streuen und die Teigkugel darauf noch einmal 3 Stunden gehen lassen. Vor dem Backen den Teig mit Wasser bestreichen und mit Mehl bestäuben. Im vorgeheizten Rohr bei 225° C ca. 50 bis 60 Min. backen. (Von der Groebenkaserne / Feldbach)

ZUTATEN

Vierkorn-Flocken (Hafer, Gerste, Weizen, Roggen)	23 dag
Roggenmehl (Type 1370)	35 dag
Roggenschrot (Type 1800)	35 dag
Hefe (1 Würfel)	4 dag
Ahornsirup	1 EL
Sauerteig (150 g)	1 P.
Sesamsaat	5 dag
Kräutersalz	1,5 EL
Mehl zum Bearbeiten	

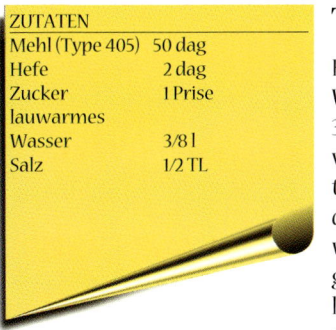

TOASTBROT

Etwa 5 EL Mehl, die zerbröckelte Germ, Zucker und ⅜ l Wasser in eine Schüssel geben, an einem warmen Ort ca. 30 Min. gehen lassen. Das restliche Mehl mit dem Salz vermischen und zum Vorteig geben. Alles zu einem festen Teig verkneten. Zu einer Kugel formen und zugedeckt 30 Min. gehen lassen. Den Teig nochmals durchwalken und zu einem länglichen Laib formen, in eine gebutterte Kastenform legen, nochmals ca. 60 Min. gehen lassen, dann die Oberfläche der Länge nach einschneiden, damit das Brot schön aufbrechen kann u. im Rohr bei 200° C ca. 40 bis 50 Minuten backen. (Belgier-Kaserne/Graz)

ZUTATEN

Mehl (Type 405)	50 dag
Hefe	2 dag
Zucker	1 Prise
lauwarmes Wasser	3/8 l
Salz	1/2 TL

Brot

ZUTATEN	6–8 POTIONEN
Roggenmehl (Type 1370)	25 dag
Weizenmehl (Type 1050)	15 dag
Trockenhefe	1,5 P.
gem. Koriander	2 EL
Salz	
Olivenöl	8 EL
Mehl zum Bearbeiten	
Korianderkörner	2 EL

KORIANDER-FLADENBROT

Das Roggen- und Weizenmehl, Hefe, gemahlenen Koriander und Salz gut vermischen und mit 0,25 l lauwarmem Wasser und 4 EL Öl zu einem glatten Teig verkneten. Den Teig mit etwas Mehl bestäuben und an einem warmen Ort 20 Minuten gehen lassen. Nun den Teig noch einmal durchkneten und in 3 Teile teilen. Auf einer Arbeitsfläche 30 cm lange Ovale ausrollen. Die Fladen auf ein befettetes Backblech legen und zugedeckt 20 Minuten gehen lassen.

Die Korianderkörner zerstoßen, die Fladen diagonal einritzen, mit dem restlichen Öl beträufeln und mit Korianderkörnern bestreuen. Die Fladen im vorgeheizten Rohr bei 200° C ca. 20–30 Min. backen. (Von der Groebenkaserne / Feldbach)

OSTERBROT

Mehl vorwärmen, Obers und Eidotter versprudeln. Die Germ in lauwarmer Milch und einer Prise Salz am Ofen ein wenig aufgehen lassen. Dann alles zusammen mit dem Mehl und der zerlassenen Butter gut verarbeiten, dass der Teig weich und glänzend wird und sich vom Kochlöffel löst. Den Teig noch einmal gehen lassen und dann zu einem Laib oder Wecken formen, auf ein befettetes Backblech legen – noch einmal gehen lassen und mit verquirltem Ei bestreichen und goldbraun backen. (Von der Groebenkaserne / Feldbach)

ZUTATEN	
Mehl	80 dag
Eidotter	4
Obers	0,25 l
Butter	10 dag
Germ	4 dag
Milch	
Salz	1 Prise
Ei zum Bestreichen	

ZUTATEN	
Mehl	0,5 kg
Germ	2 dag
Milch	ca. 0,25 l
Fett	5 dag
Zucker	5 dag
Salz	

ALLERHEILIGENSTRIEZEL

Aus den Zutaten einen festen Germteig bereiten, gehen lassen, dann 4 oder 6 gleich große Laibchen formen, nochmals gehen lassen. Nun aus den Laibchen gleichmäßige Rollen formen und an den Enden spitz zusammenlaufen lassen. Striezel flechten, wieder gehen lassen, dann mit Ei bestreichen, mit Hagelzucker bestreuen und bei mittlerer Hitze backen. (Von der Groebenkaserne / Feldbach)

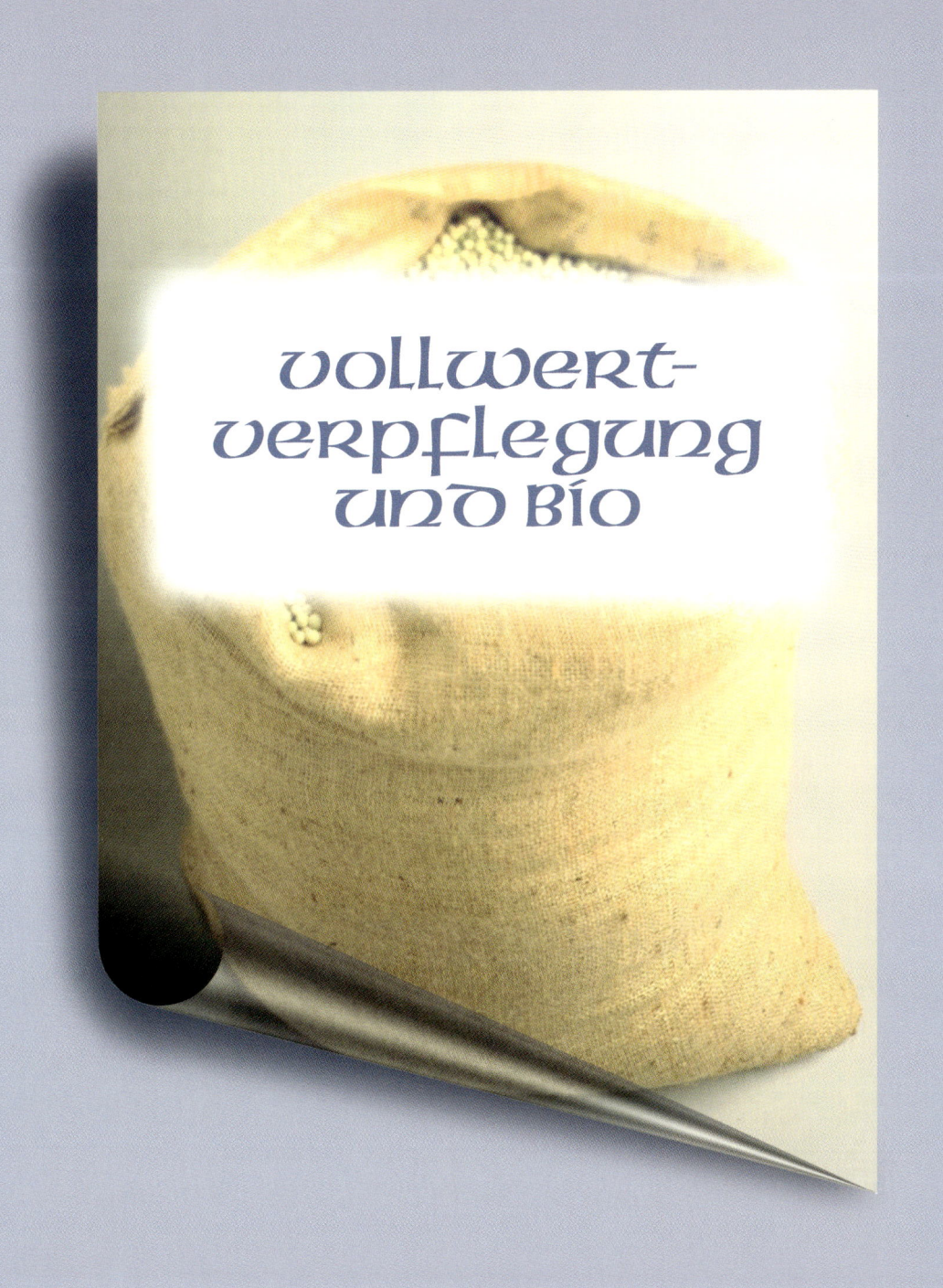

Vollwertverpflegung und Bio

Vollwertkost – Biokost

Der menschliche Organismus ist auf die Zufuhr von Energie und bestimmten Substanzen angewiesen. Daher soll die Nahrung den Bedarf von allen Stoffen abdecken, die vom Körper benötigt werden. Für eine gesunde Ernährung ist notwendig, dass man Obst als Vitaminträger, Fleisch als Eiweißspender, Brot als Kohlehydratelieferant und Gemüse als Mineralstoffspender erkennt. Beim Bundesheer ist man bemüht, dass die neuesten Erkenntnisse für eine gesunde Ernährung in die tägliche Verpflegung einfließen und auch verwirklicht werden. Falsche Ernährung über längere Zeit mit zu viel Fett, tierischem Eiweiß, zuviel Zucker, Salz und Kalorien sowie überhöhte Mengen von Ballaststoffen und Mineralstoffen führen zu diversen Erkrankungen, fördern Herzinfarkt und verkürzen das Lebensalter. Dazu kommen Ermüdungserscheinungen und eine verminderte Einsatzfreudigkeit.

Die Nahrung soll so natürlich wie nur irgendwie möglich sein, dann entspricht sie den Voraussetzungen für die Bezeichnung Vollwert. Gemüse und Milchprodukte sollen nur wenig behandelt auf den Tisch kommen, genauso wie alle Vollkornprodukte, Obst, Erdäpfel und Hülsenfrüchte. Gering sollen die Mengen an Fleisch, Eiern und Fisch sein. Empfehlenswert wäre, die Hälfte der Nahrungsmenge in Form unerhitzter Rohkost zu essen. Optimal wäre für die Vollwertkost, wenn die dafür verwendeten Produkte aus einem „biologisch-organischen" Anbau kämen. Einen völlig schadstofffreien Anbau gibt es trotz kontrollierter ökologischer Anbaumethoden nicht, da die Böden, Wasser und Luft mit Schadstoffen belastet sind. Bei diesen biologischen Anbaumethoden kann angenommen werden, dass Getreide, Obst und Gemüse, welche nicht mit Schädlingsbekämpfungsmitteln in Berührung kommen und mit wenig oder ohne Düngemitteleinsatz gedeihen, weniger Rückstände dieser Mittel enthalten.

Merkblatt für die richtige Ernährung von Soldaten.

✗ Vielseitig und in ausreichender Menge
✗ Wenig Fett (25 bis 35 % der täglichen Kalorien, ca. 70 g)
✗ Weniger Salz - mehr Gewürzkräuter
✗ Weniger Süßspeisen
✗ Weniger tierisches Eiweiß (0,8 g Eiweiß pro kg Körpergewicht)
✗ Viel Gemüse, Kartoffeln und Obst
✗ Viel Vollwertprodukte
✗ Reichlich trinken (2 bis 3 Liter pro Tag)
✗ Mehrere kleine Mahlzeiten am Tag

Johann Schleich

Deftiger Krautkuchen (Naturküche)

Aus den oben genannten Zutaten einen geschmeidigen Germteig bereiten und zugedeckt ca. 30 Minuten an einem warmen Ort rasten lassen.

Für den Belag das Kraut putzen und in feine Streifen schneiden, den Schinken in Würfel schneiden und im heißen Öl anbraten, die gehackten Zwiebeln, Salz und Kümmel dazugeben und alles bei geringer Hitze fast weich dünsten und mit den Gewürzen abschmecken. Nun den Germteig ausrollen und auf ein Blech geben und die Krautmasse darauf gleichmäßig verteilen. Sauerrahm und Eier gut verrühren und über das Kraut gießen, verstreichen und schließlich bei 200° C ca. 30 Min. knusprig backen. Heiß in Stücke schneiden und servieren.

(Hermann-Kaserne/Leibnitz)

ZUTATEN	4 PERS.	100 PERS.
GERMTEIG		
Weizenvollkornmehl	25 dag	6,25 kg
Germ	2,5 dag	0,75 kg
Salz	1 Prise	
Honig	1 TL	etwas
lauwarmes Wasser	0,125 l	3,125 l
Ei	1 Stk.	25 Stk.
Butter	7 dag	1,75 kg
FÜLLE		
Weißkraut	1 kg	25 kg
roher Schinken	15 dag	3,75 kg
Öl	3-4 EL	0,75 l
Zwiebeln	2 Stk.	1,5 kg
Knoblauch, Kümmel		
Salz, Pfeffer		
Majoran, Thymian		
Sauerrahm	2 EL	1 l
Eier	4 Stk.	100 Stk.

Semmelknödel mit Gemüse

Milch mit Fett erhitzen und über die geschnittenen Brötchenwürfel gießen, 10 Minuten ziehen lassen, dann die restlichen Zutaten dazumischen und Knödel formen, in leicht gesalzenem, kochendem Wasser ca. 20 Minuten ziehen lassen. Nun das Gemüse putzen, waschen und in Stücke schneiden, im heißen Öl andünsten, Wasser und Crème fraiche dazugeben, würzen und ca. 15 Minuten dünsten. Das Gemüse zu den Knödeln servieren und mit Haselnüssen bestreuen.

(Fliegerhorst Hinterstoisser/Zeltweg)

ZUTATEN	4 PERS.	100 PERS.
Roggenbrötchen (à 40 g)	6 Stk.	10 kg
Milch	0,125 l	3,125 l
Butter oder Margarine	5 dag	1,25 kg
Eier	3 Stk.	75 Stk.
Leinsamen	3 EL	ca. 1,5 kg
Salz, Pfeffer		
Muskat, Petersilie		
GEMÜSE		
kleine Möhren	12,5 dag	3,125 kg
Brokkoli	12,5 dag	3,125 kg
Zwiebeln	12,5 dag	3,125 kg
Öl	2 dag	0,5 l
Wasser	0,125 l	3,125 l
Crème fraiche (150 g)	1 Becher	3,75 kg
geh. Haselnüsse	5 dag	1,25 kg

Kartoffel-Gemüse-Puffer

Kartoffeln und Möhren waschen und schälen, Zwiebeln schälen, diese Zutaten grob reiben und miteinander vermengen. Die Flüssigkeit etwas ausdrücken. Mit den Eiern und dem Weizenschrot verrühren, würzen und aus dem Teig mit einem Eßlöffel kleine Mengen abstechen, in eine Pfanne mit Butterschmalz geben und etwas flach drücken, bei mittlerer Hitze beide Seiten knusprig braten und sofort servieren. Dazu reicht man am besten Blattsalate.

(Von der Groebenkaserne / Feldbach)

ZUTATEN	4 PERS.	100 PERS.
Kartoffeln	50 dag	12,5 kg
Möhren	25 dag	6,25 kg
Zwiebeln	25 dag	6,25 kg
Eier	2 Stk.	50 Stk.
feiner Weizenschrot	10 dag	2,5 kg
Salz		
Pfeffer		
Butterschmalz		
Hefestreuwürze		

Vollwertverpflegung und Bio

Gebackene Polentaschnitten

ZUTATEN	4 PERS.	100 PERS.
Salzwasser	1 l	25 l
Maisgrieß	35 dag	8,75 kg
Kräuterbutter zerlassene	4 dag	1 kg
Kräuterbutter zum Braten	7,5 dag	ca. 2 kg

Den Maisgrieß in kochendes Salzwasser einrieseln lassen, die Kräuterbutter dazugeben, ca. 15 Minuten unter ständigem Rühren schwach kochen. Danach den Maisgrießbrei etwa 3 cm dick auf eine mit Wasser befeuchtete Arbeitsfläche streichen und auskühlen lassen. Die Masse in rautenförmige Stücke schneiden und in der zerlassenen Kräuterbutter beide Seiten anbraten. Die Polentaschnitten heiß mit einer gemischten Salatplatte mit Joghurtdressing servieren.

(Von der Groebenkaserne / Feldbach)

Käsespätzle aus Vollkornteig

Die Teigzutaten vermischen und so lange schlagen, bis er Blasen wirft. Aus dem Teig Nudelstreifen schneiden und im Salzwasser kochen, danach abschrecken. Nun im Fett die gewaschenen, geschnittenen Frühlingszwiebeln goldgelb dünsten, die Spätzle dazugeben, durchschwenken, Käse darunter ziehen und alles noch einmal erwärmen und mit Sonnenblumenkernen bestreuen. Dazu passt sehr gut grüner Salat.

(Kirchner-Kaserne/Graz)

ZUTATEN	4 PERS.	100 PERS
SPÄTZLETEIG		
Vollkornweizenmehl	30 dag	7,5 kg
Eier	3 Stk.	75 Stk.
Wasser	150 ml	ca. 3-4 l
Salz		
Safran		
Öl	etwas	etwas
Frühlingszwiebeln	30 dag	7,5 kg
Butter	3 dag	75 dag
ger. Emmentaler	15 dag	3,75 kg
Sonnenblumenkerne		0,5 kg

Gemüseauflauf mit Roggenschrotkruste

ZUTATEN	4 PERS.	100 PERS.
Fleischtomaten	60 dag	
Staudensellerie	30 dag	
Paprika	50 dag	
Frühlingszwiebeln	15 dag	
Öl	5 dag	
Salz, Pfeffer		
Knoblauch		
Honig	etwas	
ZUTATEN FÜR DIE KRUSTE:		
Crème fraiche	15 dag	
Schlagsahne	15 dag	
ger. Edamer	5 dag	
Roggenschrot	20 dag	

Zuerst die Zutaten für die Kruste vermischen und ca. 30 Minuten quellen lassen. Dann das Gemüse putzen und in Stücke schneiden. Die Staudselleriestücke im heißen Fett 10 Minuten dünsten, das restliche Gemüse dazugeben und nochmals 10 Minuten weitergaren. Das Gemüse in eine Pfanne geben, die Schrotmischung darüber verteilen und bei 200° C ca. 20 Minuten überbacken.

(Tüpl/Seetaleralpe)

JOGHURTAUFLAUF MIT MAISMEHL

Maismehl, Backpulver, Joghurt, Sahne, Eigelb und Butter verrühren, Honig, Zitronensaft, Vanillezucker und grob gehackte Kürbiskerne (einige ganz lassen zur Garnierung) darunter mischen, das geschlagene Eiweiß darunter heben, in eine Auflaufform geben, mit den ganzen Kürbiskernen verzieren und im Backofen bei 200° C ca. 45 Minuten backen. Dazu passen sehr gut frische Erdbeeren.

(Von der Groebenkaserne / Feldbach)

ZUTATEN	4 PERS.	100 PERS.
Maismehl	25 dag	6,25 kg
eventuell Backpulver	1 TL	
Vollmilchjoghurt	50 dag	12,5 kg
Sahne	3 EL	0,75 l
Eigelb	3	
Butter	4 dag	1 kg
Rosinen	10 dag	2,5 kg
Honig	3 EL	1 kg
Saft einer Zitrone		
Vanillezucker		
geschälte Kürbiskerne	5 dag	1,25 kg
Eiweiß	3	75

ÜBERBACKENE ZUCCHINI

Zucchini waschen, halbieren und aushöhlen, ca. 15 Minuten im Öl schmoren lassen. Die Champignons waschen, in Scheiben schneiden, mit gehackten Walnüssen, der Hälfte Käse und den Gewürzen vermischen. Die Zucchini in eine befettete Pfanne setzen und mit der Fülle füllen. Im Backrohr bei 200° C ca. 20 Minuten backen. Nach etwa 15 Minuten mit dem restlichen Käse bestreuen. Als Beilage reicht man Vollkorn-Baguette.

(Erzherzog Johann-Kaserne / Straß)

ZUTATEN	4 PERS.	100 PERS.
Zucchini (à 150 g)	6 Stk.	
Öl	2 EL	
Thymian		
Salz, Pfeffer		
Petersilie		
Champignons	25 dag	
geh. Walnüsse	5 EL	
geriebener Käse	10 dag	

VOLLKORNPALATSCHINKEN MIT APFELRINGEN

Die Körnermischung über Nacht in Wasser einweichen, abtropfen lassen. Im heißen Wasser ca. 10 Minuten kochen, dann 20 Minuten quellen lassen.

Teigzutaten verrühren und 15 Minuten quellen lassen. Die Äpfel waschen, entkernen und in Scheiben schneiden. In einer Pfanne Palatschinken backen und vor dem Wenden mit Apfelscheiben belegen (pro Seite 3 Minuten). Danach die Apfelringe mit Preiselbeeren füllen und mit den Körnern bestreuen. Nach Belieben mit Minze verzieren.

(Von der Groebenkaserne / Feldbach)

ZUTATEN	4 PERS.	100 PERS.
Sechskorn-Mischung	5 dag	1,25 kg
Wasser	100 ml	2,5 l
FÜR DEN TEIG		
Eier	4 Stk.	100 Stk.
Weizenvollkornmehl	10 dag	2,5 kg
Salz	1 Prise	
Milch	0,25 l	6,25 l
Honig	1 EL	0,5 kg
APFELRINGE		
rote Äpfel (ca. 400 g)	4 Stk.	100 Stk.
Butter	4 dag	1 kg
Preiselbeeren	4 TL	2 kg

GRÜNKERNLAIBCHEN

Zuerst die Semmeln einweichen und ausdrücken. Die Zwiebeln rösten, die Petersilie dazugeben und mitrösten.

Den Grünkerngrieß in die Suppe einkochen, bis er sich vom Topf löst. Nach dem Abkühlen die übrigen Zutaten dazugeben und alles zu einem geschmeidigen Teig kneten, mit den Gewürzen abschmecken und dann Laibchen formen. In heißem Fett goldbraun braten und mit Salat oder Gemüse servieren. Man kann die Laibchen auch ohne Fleisch zubereiten.

(Fiala-Fernbrugg / Aigen i. E.)

ZUTATEN	4 PERS.	100 PERS.
Grünkerngrieß bzw. Grünkernschrot	12,5 dag	3,125 kg
Semmel	1 Stk.	25 Stk.
Suppe	0,5 l	12,5 l
Ei	1 Stk.	25 Stk.
Zwiebeln	5 dag	1,5 kg
Fett	etwas	
Petersilie		
faschiertes Fleisch (15 dag/3,75 kg) oder klein gewürfeltes Selchfleisch (10 dag/2,5 kg)		
Muskat		
Salz, Pfeffer		
Fett zum Braten		

Vollwertverpflegung und Bio

Bundesheerköche im Jahr 1933

würzen mit heilpflanzen

würzen mit heilpflanzen

mit heilpflanzen würzen

Dass für jede Krankheit ein Kräutl gewachsen ist, gehört zu den altbekannten Weisheiten des Volkes. Beim Kochen mit Gewürzpflanzen werden die Speisen nicht nur besonders schmackhaft, sondern die meisten Gewürzpflanzen sind auch Heilpflanzen. Somit bedeutet das Kochen mit Heilpflanzen nicht nur mehr Abwechslung bei den Speisen, sondern es ist ein einfacher Weg eine gesundheitsfördernde Kost zuzubereiten. Außerdem können der Koch oder die Köchin mit dem Einsatz von Gewürzkräutern weit kreativer arbeiten, als dies mit Salz und Pfeffer alleine möglich ist. Phantasievoll zu würzen hat nichts mit der Verwendung von sündteuren Gewürzkräutern zu tun, sondern hängt nur vom Einfallsreichtum des Koches ab. Heimische Gewürzkräuter zu bekommen ist längst kein Problem mehr. Aber auch sämtliche exotischen Kräuter sind heutzutage ohne größere Probleme erhältlich. Vorbei ist auch die Zeit, in der Kräuter mit Gold aufzuwiegen gewesen sind. Sieht man vom Safran ab, ist fast jedes „Kräutl" zu einem günstigen Preis zu beziehen. So gesehen, hat der alte Spruch „Pfeffer und Salz, Gott erhalt's" teilweise ausgedient.

Zu den stärksten Inhaltsstoffen der Heilpflanzen gehören Kohlenhydrate. Mit Ausnahme bei den Hülsenfrüchten beträgt der Protein- und Eiweißanteil weniger als 2 %. Fette sind noch in weitaus geringeren Anteilen vorhanden. Vitamine werden in Heilpflanzen dem Körper zugeführt. In Früchten und Beeren ist der Anteil an Vitamin C sehr hoch. Außerdem findet man in Heilpflanzen viele B-Vitamine und das Vitamin E. Wichtig ist auch der Anteil an Mineralstoffen, Enzymen, Pflanzenhormonen, ätherischen Ölen, organischen Säuren, Gerbstoffen und Bitterstoffen.

Es bestehen die verschiedensten Möglichkeiten Heilpflanzen zu konservieren. Dazu gehören das Trocknen, Einfrieren, Einsalzen, Einlegen in Essig oder Öl und das Einkochen.

Heilkräuter werden jedoch nicht nur zum Würzen von Speisen in den Bundesheerküchen eingesetzt, sondern immer mehr werden verschiedene Kräutertees und Früchtetees zubereitet. Diese werden den Soldaten sowohl in heißer Form als auch kalt angeboten.   Johann Schleich

Frische Suppenkräuter liegen bereit.

Brauchtums-verpflegung

Brauchtumsspeisen
IN DER KASERNE FELDBACH

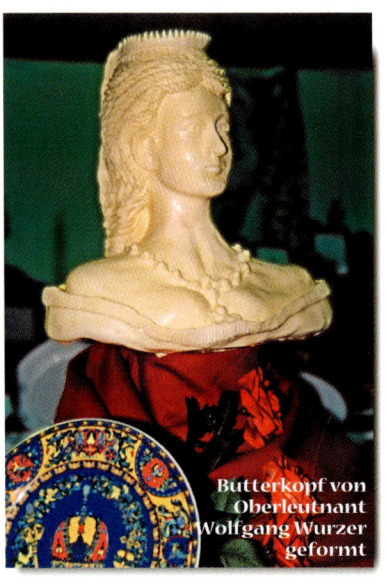

Sitte und Brauch im Jahreslauf findet beim Bundesheer auch bei den typischen Brauchtumsspeisen ihren Niederschlag.

Anhand der Küche des Artillerieregimentes 1 in Feldbach soll hier aufgezeigt werden, wie ideenreich und den Jahreszeiten sowie Festtagen und gesellschaftlichen Ereignissen angepasst in den steirischen Kasernen gekocht wird. Nicht nur „die Liebe geht durch den Magen" heißt es in einem alten Sprichwort, sondern auch die „Motivation von Soldaten geht durch den Magen" könnte man sagen. Aus diesem Grund ist die interne Abteilung des Militärkommandos Steiermark bemüht, dass nicht nur die Verpflegung für Soldaten auf höchstem Niveau zubereitet wird, sondern auch die Gestaltung der Speisesäle und der Speisetische gastfreundlich erfolgt.

Butterkopf von Oberleutnant Wolfgang Wurzer geformt

Am **Neujahrstag** wird eine Klachelsuppe (Schweinehaxln und Schweineschweife) mit Heidensterz, eine Art Glücksessen, serviert. Auch ein dekorierter Schweinskopf kommt auf den Tisch.

Nach dem **Eisschiessen** (Knödelschießen), bei gesellschaftlichen Ereignissen, gibt es die sogenannte Knödeljause mit Schweinebraten und Semmelknödeln, wobei die Knödel für die Sieger mit harten Eiern und jene für die Verlierer mit Kartoffeln gefüllt werden.

Der **Faschingsdienstag** steht ganz im Zeichen der mit Marillenmarmelade gefüllten Faschingskrapfen. Als Hauptspeise wird ein schärfer gewürzter Eintopf zubereitet. Überhaupt werden zur Faschingszeit mehrmals als Dessert Faschingskrapfen angeboten.

Faschingskrapfen für die Soldaten in der Kaserne Feldbach. Koch Josef Kleinschuster bereitete die Krapfen nach einem alten Hausrezept zu

Heringssalat mit Weißbrotschnitten, die Zubereitung ist dem jeweiligen Koch überlassen, wird am **Aschermittwoch** am Abend serviert. Zu Mittag gibt es ein gebackenes Fischfilet, das auch Natur mit einer Kräuterkruste zubereitet werden kann.

Am **Josefstag** (19. März), dem steirischen Landesfeiertag, wird ein typisches Steirermenü zubereitet: Flecksuppe, Mostbraten mit Erdäpfel und als Dessert Strauben. Zum Trinken gibt es Apfelsaft.

Während der gesamten **FASTENZEIT** soll auch beim Bundesheer auf die Möglichkeit des Heilfastens aufmerksam gemacht werden. Im Laufe des Jahres sammeln sich im Körper durch falsche Ernährung und ungesunde Lebensweise Schadstoffe an, die durch Heilfasten entfernt werden können. Dabei werden überschüssige Fette abgebaut, Gifte ausgeschwemmt und das Gewebe entwässert, wodurch das Herz entlastet, der Kreislauf gestärkt und die Abwehrkräfte aktiviert werden. Die wissenschaftlich anerkannteste gesündeste Jause wäre zum Beispiel ein Glas Milch, ein Stück Vollkornbrot und ein Apfel.

Obwohl der **GRÜNDONNERSTAG** mit der Farbe grün nichts zu tun hat, bereiten die Köche an diesem Tag als Mittagsmenü Spinat mit Spiegelei (Eierspeis) und Röstkartoffeln zu. In der Steiermark wird am Gründonnerstag kein Fleisch gegessen.

Selbstverständlich fleischlos und weniger üppig ist die Verpflegung am **KARFREITAG**. In der Truppenküche der Kaserne Feldbach wird eine klare Erdäpfelsuppe, eine kleine Forelle im Backteig und als Beilage Butterkartoffeln serviert. Das Abendessen besteht aus einem Grießschmarren mit Apfelkompott.

Vom **KARSAMSTAG** weg werden die Tische der Speisesäle mit Ostersträußchen und Forsythienzweigen und darauf hängenden, bunt bemalten Ostereiern geschmückt. Daneben stehen Osterlämmer aus Biskuitteig, die mit Zuckerglasur verziert sind. Auf den Mittagstisch kommt geweihtes Selchfleisch mit geriebenem Kren, hart gekochten Eiern und Osterbrot.

Am **OSTERSONNTAG** kommen gegrillte Schaffleischstücke mit kurz angedünstetem Stöckelkraut auf den Tisch. Auf dem Tisch stehen kleine, geflochtene Strohkörbchen mit bunt gefärbten Eiern.

PFINGSTEN steht ganz im Zeichen des Frühlingserwachens. Nach einer Geflügelcremesuppe wird eine Gemüseplatte mit verschiedenem Frischgemüse und einer Joghurtsoße serviert. Als Nachspeise gibt es ein Kirschenkompott.

Am **ERNTEDANKSONNTAG** wird ein Schweinebrüstel, im Heuwasser gekocht, mit Chinakohlgemüse, Karotten-, Sellerie- und Lauchstreifen serviert. Als Nachspeise gibt es einen Zwetschkenfleck und als Getränk Pfirsichnektar.

Zu **ALLERHEILIGEN** gibt es den traditionellen Allerheiligenstriezel.

Gebratene Gänse gibt es am **MARTINITAG** (11. November). Gefüllt wird die Gans mit Semmeln und Gänseinnereien. Als Beilage gibt es Rotkraut mit Edelkastanien. Zu trinken gibt es Mineralwasser, wobei in Feldbach Gleichenberger Johannisbrunnen gewählt wird.

Für den **KRAMPUSTAG** (Nikolaus) werden für jeden Soldaten Lebkuchen- und Germteigkrampusse gebacken.

Die Krampusse werden aus Teig geformt

Brauchtumsverpflegung

Am **Heiligen Abend** essen alle in der Kaserne anwesenden Soldaten gemeinsam Leberknödelsuppe, gebackenen Karpfen mit Salzkartoffeln, und zum Nachtisch gibt es einen Mehlspeisenteller mit Weihnachtsbäckerei. Alle Tische werden mit selbstgebackenen Lebkuchenhäuschen geschmückt.

Lebzelthäuschen für das Weihnachtsfestessen in der Kaserne Feldbach

Der **Jahreswechsel** wird mit einer Fleisch-Wurstaufschnitt-Platte mit Gemüsegarnierung und Weißbrotschnitten gefeiert. Dazu gibt es kleine hausgemachte Mehlspeisenkostbarkeiten.

Soldaten bereiten in der Von der Groebenkaserne für Silvester ein Kaltes Buffet mit einer Butternixe vom damaligen Zugsführer Wolfgang Wurzer.

Die notwendigen Rezepte für die Zubereitung der Brauchtumsspeisen sind unter den jeweiligen Hauptabschnitten in diesem Kochbuch zu finden.

geburtsstunde des feldkochens

die feldkochgeräte

kochen im feld

Die Geburtsstunde des Feldkochwesens

Über das Feldkochwesen im 19. Jahrhundert und am Beginn des 20. Jahrhunderts gibt es nur wenige Publikationen. In diesem Aufsatz soll die Entwicklung des militärischen Verpflegswesens in diesem Zeitabschnitt behandelt werden.

Ein erster Meilenstein war das „Normal-Kochbuch zur Bereitung der Mannschaftskost in Garnisonen und im Felde nebst Anhang betreffend die verschiedenen Zubereitungsarten warmer Getränke und sonstiger Genußmittel", 1880 in Wien erschienen.

In diesem militärischen Kochbuch wird bereits den verschiedenen Rahmenbedingungen der Kostzubereitung Rechnung getragen: Der erste Abschnitt ist dem Kochen in Kasernen gewidmet, der zweite Abschnitt behandelt die weitaus schwierigere Zubereitung von Kost im Felde. Hier erfahren wir, wie unter einfachsten Bedingungen Fleisch konserviert werden kann. Unser besonderes Interesse verdient der Abschnitt „Feldkochgeschirr" (S. 61 f):

> „Vorläufig stehen für das Kochen im Felde nur die tragbaren Kochgeschirre à 2 und à 5 Mann zur Verfügung; wenn aber die Möglichkeit sich darbieten sollte, in größeren Kochgeschirren, deren Systemisierung beabsichtigt wird, die Menage bereiten zu lassen, so wird dies sowohl mit Rücksicht auf die Güte der Speisen, als wegen des geringen Bedarfes an Köchen empfehlenswert sein.
>
> Bei den tragbaren Kochgeschirren dient der Kessel vorwiegend zum Kochen des Fleisches und der Suppe, der Deckel als Kasserol verschiedenen Zwecken, wobei unter Umständen auch noch die Eßschale sammt Deckel aushelfen muß.
>
> Der Infanterie-Kochkessel für 2 Mann faßt 2.8, der Decke (!) 0.9, die Eßschale 1, deren Deck (!) 1/3 l Flüssigkeit; der Kavallerie-Kochkessel und die Eßschale sammt Deckel hat den gleichen, der Kesseldeckel 1.1 l Fassungsraum.
>
> Das Kochgeschirr für 5 Mann hält 6.7, der Deckel 1.8 (!) Flüssigkeit.
>
> Für die Zubereitung der Offiziers-Menagekost im Felde sind die Offiziers-Feldküchen à 12 Personen systemisirt."

Angesichts dieser Bedingungen wird die Kost wohl öfter ohne ausgebildete Feldköche bereitet worden sein; man denkt unwillkürlich an die römische Armee, in der jeder Soldat seine Verpflegungsration selbständig zubereiten musste. Geschmack und Qualität der Speise hingen somit vom persönlichen Geschick des einzelnen Soldaten ab. Mittlerweile lebte man aber in der Zeit von Louis Pasteur, des Pioniers auf dem Gebiet der Lebensmittelhygiene; einer Zeit also, die den Zusammenhang zwischen allzu „feldmäßiger" Verpflegszubereitung und Krankheiten kannte. Und die Erkenntnis, dass aus „einfachen" Krankheiten unter den beengten Bedingungen eines Heerlagers ausgewachsene Seuchen werden konnten, war bereits so alt wie der Krieg selbst. Man stand also vor der Notwendigkeit, allen im Felde befindlichen Soldaten eine möglichst hygienisch zubereitete, hochwertige und einheitliche Kost zur Verfügung zu stellen. Somit mussten die ausgebildeten Feldköche Hilfsmittel erhalten, eine optimale Anzahl von Portionen unter günstigen Bedingungen herzustellen. Dr. Josef Kühn, der damalige Präsident des Ersten

Wiener Volksküchen-Vereines forderte bereits 1897 die Anschaffung von „Dampfküchenwagen" für das Heer. Aber erst 10 Jahre später erfolgte die Erprobung eines solchen Feldküchenwagens, mit welchem eine ausreichende Menge an Kost für bis zu 250 Mann (Kompaniestärke!) mit gleicher Qualität bereitgestellt werden konnte. Kühn berichtet in seinem 1907 erschienen Werk mit dem Titel: „Zur Frage der Feldküchenwagen" auf Seite 1° von einer Schrift „Zur Frage der Marschküchen" des k. u. k. Militär-Unterintendanten Eduard Pöschek, aus der zitiert wird:

„Gute, reichliche Ernährung stellt eine prophylaktische Maßregel ersten Ranges dar, lang dauernde, schlechte und notdürftige Ernährung dagegen begünstigt das Entstehen und Umsichgreifen aller Krankheiten, namentlich verheerender, ansteckender Krankheiten.

Drehküche mit Holzlade für Tee, Zucker, Salz und Gewürze

Große physische Anstrengungen, schlecht gekochte, unzureichende und zu wechselnden Zeiten verabfolgte Nahrung sind daher im Krieg von jeher die Ursachen größerer Verluste gewesen, als sie die blutigsten Schlachten mit sich brachten."

Der Hinterwagen einer Drehküche mit komplatter Ausstattung

Man erkannte also bereits in diesen frühen Jahren unseres Jahrhunderts, dass eine ausreichende Ernährung der kämpfenden Männer wichtig für die Moral und die Gesundheit war und daher sogar kriegsentscheidend sein konnte, weil eine gut genährte Truppe eine größere Marschleistung schaffte und die Männer Krankheiten besser widerstanden. Dadurch musste man weniger Opfer beklagen. Außerdem ist angeführt, dass mehr Fleischanteil bei der zubereiteten Nahrung angestrebt wurde, da man dadurch einen Vorrat an Eiweiß schuf, welches ein erhöhtes Kräftegefühl gab. Das mehr an Fett – durch den höheren Fleischkonsum bedingt –

Geburtsstunde des Feldkochens

Geburtsstunde des Feldkochens

war wichtig für die mechanische Arbeitsleistung und darüber hinaus wärmebildend. Schon aus diesem kurzen Auszug kann man erkennen, dass man sich bereits in der Monarchie Gedanken über die „richtige" Ernährung machte. Dies kann zwar nicht mit der heutigen Wissenschaft verglichen werden, das Grundprinzip ist dennoch bis heute gleich geblieben.

Der Erfolg der Feldküche war jedenfalls nicht mehr aufzuhalten: 1909 erfolgte eine Ausschreibung der *„Bedingnisse für die Lieferung von rund 2000 Fahrküchen im Wege der österreichischen und der ungarischen Privatindustrie".* Auf insgesamt 32 Seiten wurden hier die geforderten technischen Spezifikationen der gewünschten Küchen dargelegt – ein recht modern anmutendes Verfahren. Im Großen und Ganzen entsprach die Grundidee bereits der uns bekannten Feldküche M58, wenn man von der doppelwandigen Ausführung mit der Glyzerinkühlung absieht: Das Druckkochprinzip war von Beginn an Bestandteil des Systems. Doch die einwandfreie Kost konnte nur in der unmittelbaren Nähe der Feldküche konsumiert werden, was besonders im 1. Weltkrieg eine bittere Erfahrung darstellte: Wie sollten die Hochgebirgstruppen an der Isonzofront, die in Regionen kämpften, in denen man Feldküchen nicht betreiben konnte, ordentlich versorgt werden? Abhilfe schafften hier die isolierten Kochkisten, welche in Gestalt und Ausführung den heute in Gebrauch stehenden sehr ähnlich waren. In der „Kochkistenvorschrift" aus dem Jahr 1916 begegnen uns diese Verpflegung für je 25 Mann fassenden Behältnisse erstmals, auch waren sie bereits nach dem Papin'schen Prinzip gebaut. Erst unsere Generation erlebt wieder einen Quantensprung im Feldkochwesen: modernste Isolierkisten aus Kunststoff, die für nahezu alle Brennstoffe geeignete neue Feldküche, die gerade Zug um Zug angeschafft wird oder gar die den neuesten Hygienestandards Genüge leistende Containerküche – dies alles sind revolutionäre Neuerungen auf einem Sektor, in dem sich das bisherige Gerät gute 100 Jahre bewährt hat – auch und gerade in den bitteren Zeiten zweier Weltkriege. So gilt auch beim Feldkochgerät das Motto: Nur wer weiß, wo er herkommt, weiß, wohin er gehen will.

Kochen im Wald mit einer der ersten Fahrküchen

Komplette Kochkiste

Zum Abschluss soll daran erinnert werden, dass die Soldaten – gerade bei Übungen – mit dem genannten Gerät immer real kochen müssen und nie mit Übungsannahmen spielen, wie es in anderen Bereichen gang und gäbe ist. Der Erfolg oder Misserfolg liegt nicht in den Händen von Gefechtsschiedsrichtern (bzw. ist er nicht von deren Laune abhängig), denn die Lage ist stets real und die Fehler können die Gesundheit ganzer Bataillone gefährden. Der hohe Standard, den die österreichischen Feldköche (allen voran die Steirer) bisher gehalten haben, sei uns Ehre und Ansporn zugleich.

Wolfgang Wurzer, Olt
Kdt. Lehr- und Versuchsküche an der Heeresversorgungsschule;
Küchenmeister; Mitglied beim VKÖ)

Die Feldkochgeräte

Lager mit Feldkochherden.

Der Feldkochherd M58

Mit dem Feldkochherd M58 (FKH M58) kann sowohl im Freien wie in einem geschlossenen Raum gekocht werden. Er ist geeignet zur Aufnahme von 4 Kochkisten M58 oder einer Bratpfanne.

Zum Transport über kurze Strecken genügen 6 Mann. Der Feldkochherd M58 wiegt 340 kg, ist 1,5 m lang, 0,6 m breit, mit aufgestelltem Kamin 2,3 m hoch. Rohrstutzendurchmesser 150 mm. Das Kufengestell ist abnehmbar.

Zubehör:

1 Bratpfanne, groß, mit Deckel   1 Aschenscherer
1 Küchengerätesatz A + B   1 Geschirrsatz
16 Kochkisten   10 Essenträger
20 Wasserkanister

Bedienungsanleitung:

TRANSPORT:
Schornstein fixieren, je nach Kfz-Art Kufen abnehmen (z. B. Puch Haflinger), Herd befestigen.

Aufstellung:

IM FREIEN: waagrecht, Windrichtung berücksichtigen;

IM HAUS: oberes Stück des Rauchabzugrohres (mit Regendach) abnehmen, mit Knie durch Fensteröffnung

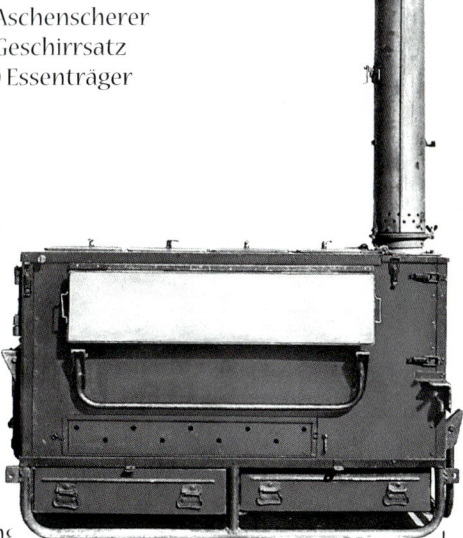

Kamin anschließen.

Betrieb:

Brennstoffe wie Feldküche M58. Beide Wasserschiffe befüllen, da größte Hitze immer beim Kamin! Je nach Speisenzusammensetzung Kochkisteneinsätze oder Bratpfanne verwenden. Feuerregulierung erfolgt durch Zugluftregler und Drosselklappe im Rauchabzugrohr.

Kochkiste:

Siedepunkt soll in ca. 1 Stunde erreicht werden, bei jedem weiteren Satz in ca. 30 Minuten. Mit offenem Deckel kochen! Garkochen erfolgt in der Kochkiste, daher Kochkiste verschließen und in Isolierkiste stellen, schließen.

Bratpfanne:

Bratpfanne von oben einsetzen, Kochraum mit Kochraumdeckrahmen abschließen, die Kesselöffnungsdeckel einhängen oder Kochraumdeckrahmen hochklappen.

Kochleistung:

In 3 Stunden ca. 180 bis 200 Portionen Eintopf oder 120 Portionen Mehrtopf bei einmaliger Beschickung.

Reinigung:

Wie Feldküche M58.

Bezeichnung der Teile des Feldkochherdes zur nachstehenden Grafik:

1. Vorbereitungstisch
2. Hänger
3. Hohlräume für Kochgeräte seitlich
4. Hohlräume für Kochgeräte rückwärts
5. Rohrgriff
6. Kufengestell
7. Transportösen
8. Feuertüre
9. Feuerraum
10. Rost
11. Herdplatte
12. Schnellkocheinsatzplatten
13. Rauchschacht
14. Rauchabzugrohr, umklappbar
15. Kippflansch
16. Drosselklappe
17. Riegel für Kochraumrahmen
18. Regendach
19. Aschentüre
20. Aschenraum
21. Bratrohrtüre
22. Koch- und Bratraum
23. NORM-Kochkisteneinsatz
24. Bratpfanne
25. Kochraumdeckrahmen
26. Spannverschlüsse
27. Kesselöffnungsdeckel
28. Wasserschiffe
29. Wasserschifftüre
30. Spannverschlüsse zu 29
31. Wasserschiff-Auslaufhahn
32. Aschenscherer
33. Rauchabzugrohr, oberes Stück
34. Luftregelschieber

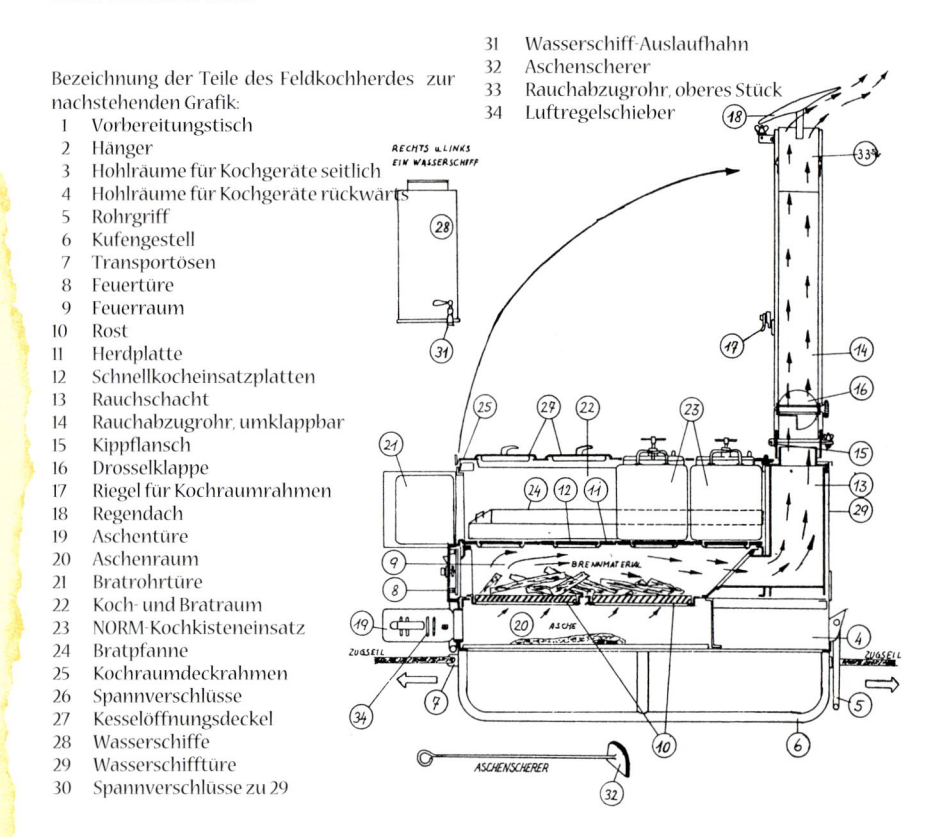

Die Feldküche M58

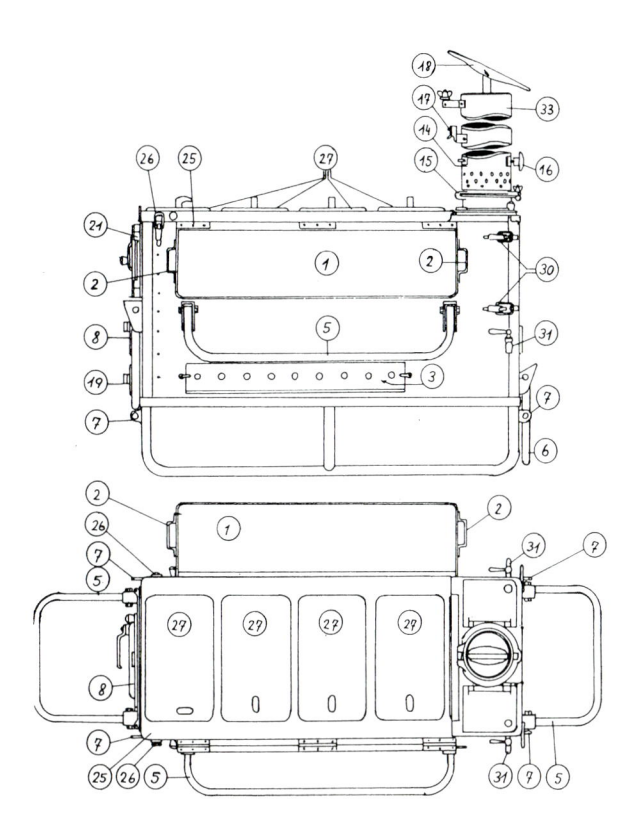

Die Feldküche M58 (FKü M58) ist eine Anhängerfeldküche mit 2 Kochkesseln (Doppelwandkessel mit Glyzerinbadmantel), 1 Kaffeekessel, 1 Bratpfanne und 1 Wasserschiff. Sie ist 1,6 m breit, 3,6 m lang, mit aufgestelltem Kamin 2,7 m hoch und ist mit einer Auflaufbremse und 2 Feststellbremsen ausgestattet.

Zubehör:

1 Korbeinsatz
1 Abdeckplane
1 Packtasche mit Putzzeug
1 Küchengerätesatz A + B
1 Geschirrsatz
8 Kochkisten
12 Essenträger M61
20 Wasserkanister
ferner 1 Reserverad und
die Kfz-Papiere.

Bedienungsanleitung:

TRANSPORT: Prüfe: Reifen, Bremsen, Stützschwenkrolle, Beleuchtung (beachte Spannung des Zug-Kfz), Befestigung des Schornsteines, Abdeckplane muss Beleuchtung freigeben.

Deckel und Feuerungsöffnung schließen.

Aufstellung:

Feldküche waagrecht stellen, Bremsen anziehen, Stützschwenkrolle und Stützen ausfahren, Räder bei längerem Betrieb abnehmen und Feldküche aufbocken, Windrichtung berücksichtigen und Glyzerinstand überprüfen.

Betrieb:

Brennstoffe:
    Anheizen: Holz   Heizen: Braun- oder Steinkohle, Holzkohle, Holz.
Verboten ist die Verwendung von Anthrazit oder Koks.
Feldküche vor Beginn des Kochens reinigen. Glyzerinstand überprüfen, eventuell nachfüllen. Ventile überprüfen. Die Kessel und die Bratpfanne werden direkt, das Wasserschiff durch die Abwärme der Kessel beheizt. Das heißt, dass diese Kessel immer mit Kochgut bzw. mit Wasser vor dem Anheizen befüllt werden müssen. Vor Entleerung der Kessel ist zu achten, dass das Feuer bereits erloschen ist. Eine Nichtbefolgung dieser Anordnung würde eine Beschädigung der Kessel zur Folge haben. Es wird mit offenen Deckeln gekocht (Ausnahme: z. B. Reis).

Kochkessel:

Mindestens zur Hälfte bis höchstens 4 cm unter dem Rand befüllen. Anheizzeit bis Siedetemperatur 75 Minuten; sie ist unbedingt einzuhalten, dann nur mehr wenig nachlegen. ½ Stunde nach Beginn des Kochens nicht mehr nachlegen (bei Speisen mit kurzer Kochdauer – z. B. Gemüse – knapp vor dem Kochen nicht mehr nachlegen), Luftschuber schließen. Glyzerinverbrauch 1 kg auf 50 Heizstunden, Füllmenge 12,5 l.

Kaffeekessel:

Befüllen wie Kochkessel. Anheizzeit 1 Stunde. Tee oder Kaffee nicht lose einschütten, sondern mit Sieb oder Leinenbeutel einhängen. Bei Speisenzubereitung Umrühren erforderlich.

Bratpfanne:

Boden muss bedeckt sein, nicht zu stark beheizen.

Wasserschiff:

Auf jeden Fall befüllen – indirekt beheizt.

Kochleistung:

In 4 Stunden 400 Portionen Eintopf oder 150 Portionen Mehrtopf.

REINIGUNG:
Kessel:

Mit heißem Wasser unter Zusatz von Reinigungsmitteln.
Säubern der Ventile und Ablaufhähne, achten auf Dichtungen.

Brennräume:

Verboten ist das Löschen des Feuers (Glut) mit Wasser und das Auswaschen der Aschenräume und Roste – Reinigung mit Bürste.
Teer und Ruß mit Kesselbürste von Kesselwand entfernen.

Schornstein:
Umlegen, innen reinigen.

Fahrgestell:
Absprühen und Fetten der Federung nach 1500 km ist durch den Kdo zu veranlassen.

Glyzerin:
Bei waagrechter Stellung Glyzerinstand überprüfen, nachfüllen, bis die obere Einkerbung am Kontrollstand erreicht wird.

Verantwortlichkeit und Wartung der Feldküche M58:
Für die Zeit, an der die Feldküche M58 am Fahrzeug angehängt ist, trägt der Fahrer des Fahrzeuges die Verantwortung. Mit dem Abhängen der Feldküche M58 vom Fahrzeug übernimmt der Koch die Verantwortung und somit auch die Wartung.
Im Fahrtenbuch, welches beim Fahrzeug mitgeführt wird, ist ersichtlich, wie viele Kilometer gefahren wurden und wann ein Abschmieren der Feldküche M58 zu erfolgen hat.
Der Feldkoch hat für eine ständig sauber gereinigte Feldküche zu sorgen.

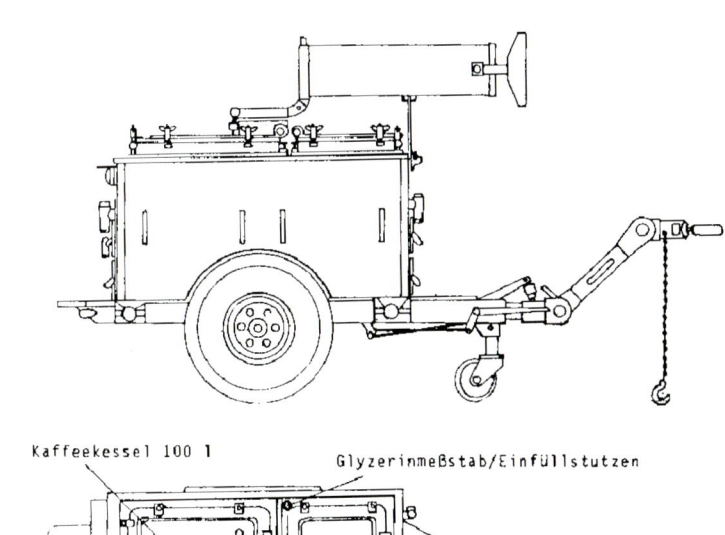

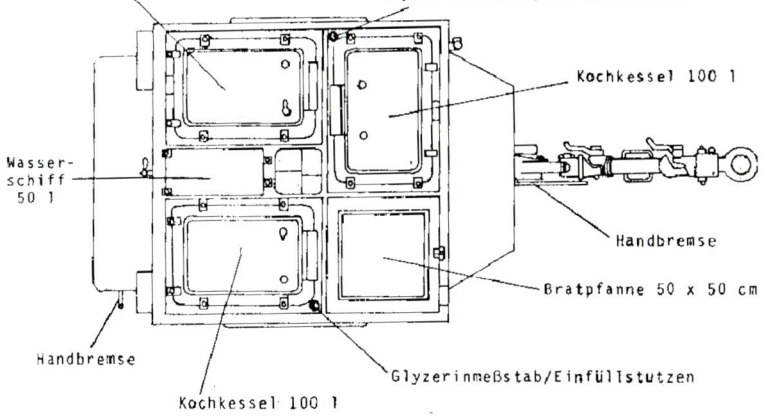

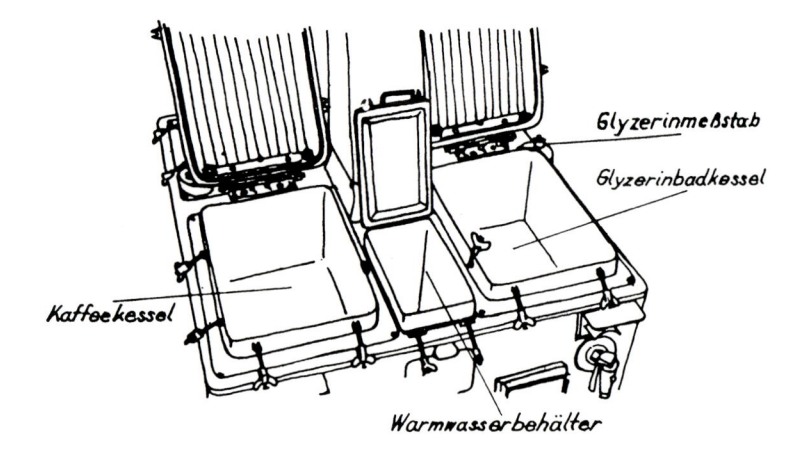

feldkochgeräte

Glyzerinmeßstab
Glyzerinbadkessel
Kaffeekessel
Warmwasserbehälter

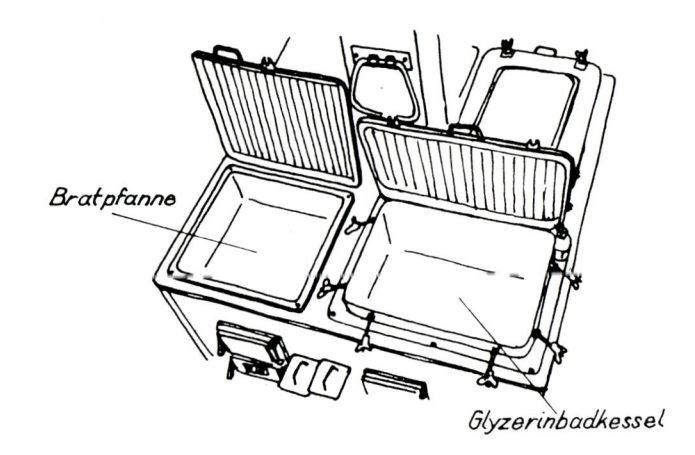

Bratpfanne
Glyzerinbadkessel

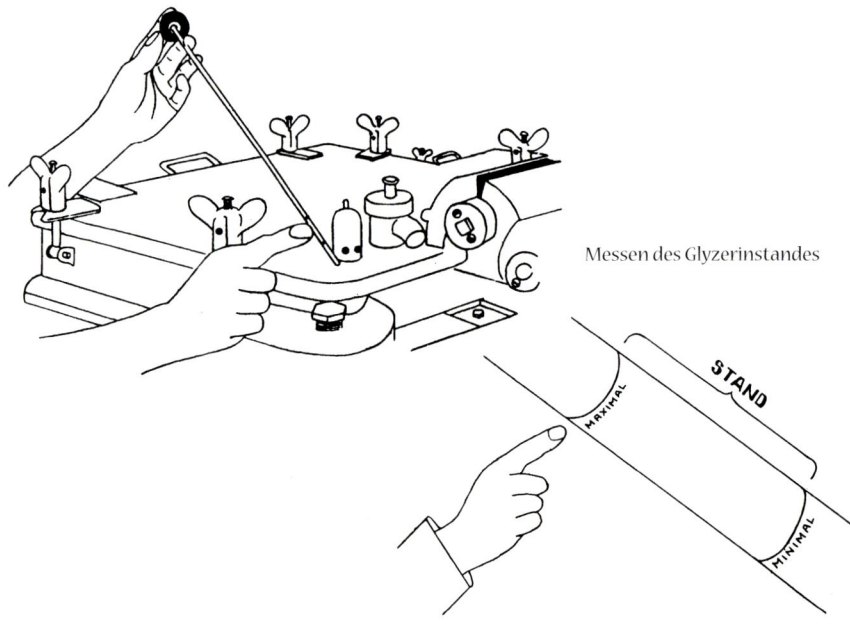

Messen des Glyzerinstandes

STAND
MAXIMAL
MINIMAL

Die neue Generation
der Feldküchen

Die neuen Feldküchen standen
im albanischen Flüchtlingslager
Shkodra im Einsatz.

feldkochgeräte

DER GESCHIRRSATZ

Für den Kochbetrieb im Felde sind auch Töpfe, Pfannen und Kasserollen notwendig. Dieser Geschirrsatz ist zehnteilig.

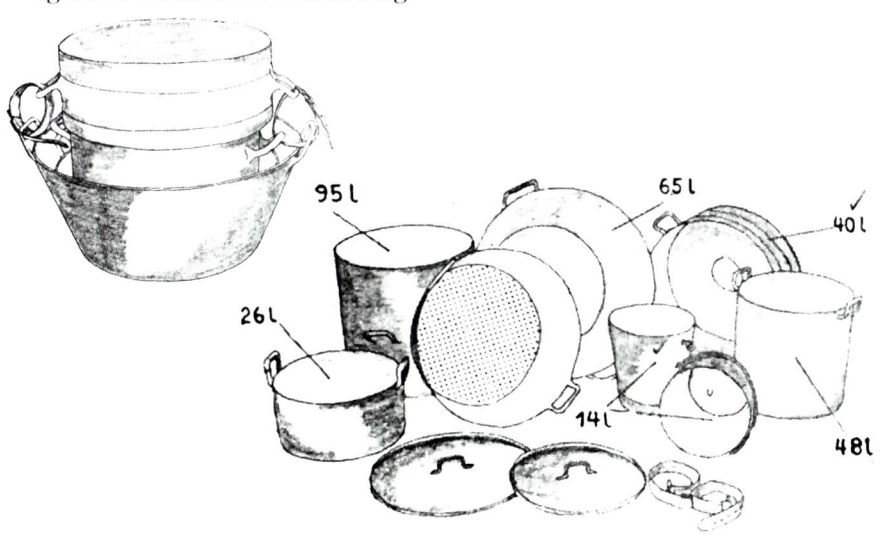

161

feldkochgeräte

Lager mit Feldküchengeräten

DER KÜCHENGERÄTESATZ A UND B

Die Küchengerätesätze A und B sind in großen Gerätekisten geordnet untergebracht. Hier findet der Feldkoch alle Geräte, die er für die Zubereitung der Speisen im Felde benötigt.

Der Gerätesatz A beinhaltet:

IM DECKEL:

1 Küchenmesser 6 Zoll
1 Küchenmesser 7 Zoll
1 Küchenmesser 8 Zoll
1 Fleischerstichmesser 12 cm
1 Fleischerstichmesser 15 cm
1 Fleischerstichmesser 18 cm
1 Kombizange 18 cm
1 Hammer 600 g
1 Beißzange 20 cm
1 Stemmeisen
1 Schraubenzieher
1 Tranchiermesser 10 Zoll
1 Tranchiermesser 8 Zoll
1 Brot-Wurstmesser, Wellenschliff 11 Zoll
1 Fleischgabel 16 cm
1 Fleischgabel 21 cm
1 Streicher 22 cm

IN DER KISTE:

6 Gewürzdosen, Alu, 10 cm
1 Zuckerstreuer, 9 cm
2 Plastiktrichter
1 Universalmaß, 1 l
1 Kesselrute, 90 cm
1 Kesselschöpfer, 20 cm, 2 l
1 Schöpfer, 16 cm, 2 l
2 Schöpfer, 14 cm, 1/2 l
1 Schöpfer, 11 cm, 1/3 l
1 Schöpfer, 9 cm, 1/3 l
1 Schäumer, 12 cm
1 Backschaufel, 15 cm
1 Kartoffelstampfer, 58 cm
1 Siebschöpfer, 20 cm
1 Schnellsprudler, 38 cm lang
2 Kochlöffel, 80 cm lang
1 Kochlöffel, 65 cm lang
1 Kochlöffel, 48 cm lang
1 Teekugel, 16 cm
1 Drahtsieb, 26 cm
1 Schneerute, 46 cm lang
1 Kesselfleischgabel, 42 cm lang
1 Holzhacke, 1,2 kg
1 Küchenbeil, Stubai 8
1 Gurkenhobel, 15 cm breit
1 Gemüsehobel, 35 cm breit
1 Krenreißer, 26 cm lang
1 Knochensäge, 40 cm lang
4 Fleischhaken
2 Holzkistchen mit
4 Gemüseputzmessern
4 Kartoffelschäler
1 Kellnerkorkenzieher
1 Dosenöffner-Zangensieger
1 Dosenöffner-Mefa
4 Löffel
4 Gabeln
4 Messer
4 Kaffeelöffel

162

Der Gerätesatz B beinhaltet:

1 Schwedenbügelsäge am Deckel
1 Fleischmulde
1 Weitling, 50 cm Durchmesser, 25 Liter
1 Küchenschüssel, 45 cm Durchmesser
1 Küchenschüssel, 40 cm Durchmesser
1 Küchenschüssel, 34 cm Durchmesser
1 Küchenschüssel, 32 cm Durchmesser
1 Küchenschüssel, 28 cm Durchmesser
1 Wasserschlauch, 10 m
1 Plastikplane, 2,50 x 1,25 m
4 Suppenteller
4 Fleischteller
4 Kaffeeschalen
4 Kompottschüsseln
1 Schneidebrett, 38 x 19 cm
1 Schneidebrett, 43 x 22 cm
1 Tischwaage, 20 kg
1 Werkzeugkasten
1 Feile
1 Raspel
1 Rundzange, 16 cm
1 Spitzbohrer, 12 cm
3 Knotenbohrer, 4, 5, 6
1 Blitzrohrzange
1 Rollmaß, 2 m
1 Kistenöffner
1 Meißel, flach
1 Zwinge, 12 cm
diverse Nägel und Schrauben
1 Elwas-Hobel
1 Universal-Küchenmaschine mit 3 Messern und 1 Reibscheibe
1 Fleischklopfer, 6 cm Durchmesser
1 Wiegenmesser, zweischneidig

1 Schmalzstecher
1 Hackmesser, 180 mm
1 Küchenschaufel, 40 cm
1 Küchenschaufel, 35 cm
1 Küchenschaufel, 30 cm

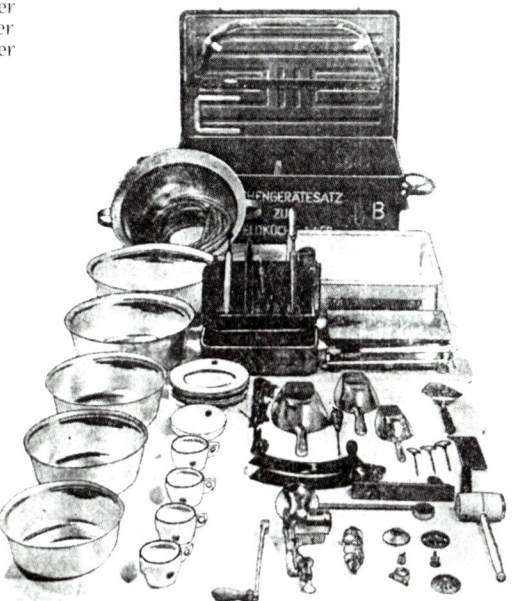

WASSERKANISTER.

Die aus Kunststoff gefertigten Wasserkanister dienen zur Wasserversorgung an Plätzen, wo kein Trinkwasser zur Verfügung steht. Die Kanister sind feldgrau und mit einem W in einem weißen Kreis gekennzeichnet. Ein Kanister fasst 20 Liter Wasser.

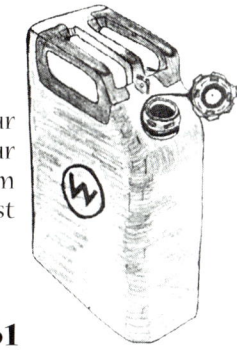

ESSENTRÄGER M61

Dabei handelt es sich um ein Transportgefäß mit Warmhaltecharakter, das mit einem Traggerüst auf dem Rücken eines Soldaten transportiert werden kann. Es kommt im Gelände, wo kein Fahrzeug fahren kann, zur Anwendung.

feldkochgeräte

feldkochgeräte

Die Kochkiste M58

Dieses Feldkochgerät wird für den Transport von warmen und kalten Speisen verwendet. Die Warmhaltezeit kann mit 12 Stunden angegeben werden. Die Kochkiste besteht aus dem Kochkisteneinsatz (5,8 kg Eigengewicht), der Isolierkiste (Metall; 17,7 kg Eigengewicht) und dem Zubehör.

Zubehör:
1 Schöpfer 0,25 l
1 Fleischmesser, 240 mm Klingenlänge
1 Fleischgabel, 80 mm Zinkenlänge

Isolierkiste:
Darf nicht mit direkter Flamme in Berührung kommen – Isoliermaterial würde zerstört werden.

Kochkisteneinsatz:
Beim Kochen Deckel öffnen!
Fassungsvermögen 25 Liter
Ventil: Überdruckventil
Kochkisteneinsätze sind nach dem Dampfdruckprinzip gebaut. Ab Erreichen des Siedepunktes wird daher der Kochvorgang ohne weitere Wärmezufuhr fortgesetzt. Anwendbar z. B. bei Reis, Kartoffeln etc. Speisen nicht zu lange in Kochkiste belassen.

Transport von Speisen:
IM WINTER: Isolierkiste und Kochkiste vor Befüllen mit heißem Wasser füllen
IM SOMMER: z. B. zum Transport von Fleisch – kaltes Wasser oder Eis zur Kühlung verwenden.

Reinigung
Innen und außen mit Reinigungsmittel, Ventil zerlegen, säubern. Bei Lagerung Deckel offen lassen.

Feuerbock

Aufstellung:
Der Feuerbock besteht aus einem Metallrahmen mit vier Metallfüßen. Die Rahmengröße ist an die Kochkistengröße angepasst. Zwischen den vier Metallfüßen wird die Feuerstelle errichtet. Der Windrichtung angepasst, werden die Metallfüße an zwei Seiten mit Ziegeln, Lehm oder Steinen, ähnlich einem Herd, vermauert. Somit wird die vom Feuer ausgehende Hitze gebündelt und auf die darüber stehende Kochkiste geleitet.

Betrieb:
Beheizt wird mit vorhandenem brennbaren Material wie Holz, Gras, Kohle usw. Das Kochgut in der Kochkiste muss ständig verrührt werden, da die Gefahr des Verbrennens der unteren Kochgutschichte sehr groß ist.

Kochleistung:
Für eine Kochkiste 80 Personen.

kochen im feld

RINDSGULASCH AUS DER GULASCHKANONE

Für den Kochvorgang wird die Feldküche (= Gulaschkanone) verwendet. Die technische Inbetriebnahme wird im Anhang dieses Buches beschrieben.

Das Gulaschfleisch würfelig schneiden und die geschnittenen Zwiebeln in der zur Feldküche gehörigen Bratpfanne rösten. Die gerösteten Zwiebeln werden gemeinsam mit den Fleischstücken in den Kochkessel (Glyzerinkessel) mit Wasser zugestellt und ca. 3 Stunden gekocht. Zu gegebener Zeit wird gewürzt und mit Mehl abgebunden.

ZUTATEN	4 PERS.	100 PERS.
Gulaschfleisch vom Rind	40 dag	10 kg
Zwiebeln	40 dag	10 kg
Öl	6 dag	1,5 kg
Paprika	1 EL	0,5 kg
Salz		
Pfeffer		
Majoran		
Knoblauch		
Lorbeerblätter		
Mehl	1 dag	0,5 kg
Tomatenmark	2 dag	1 kg

FELDBACHER ARTILLERISTENEINTOPF AUS DEM FELDKOCHHERD

Für den Kochvorgang wird der Feldkochherd M 58 verwendet.

Rindfleisch kochen und Schweinefleisch braten, danach beides und Erdäpfel kleinwürfelig schneiden, das gesamte Kochgut mit der vorhandenen Rindsuppe in Kochkisten zustellen und kurz aufkochen, dann mit Gewürzen speziell abschmecken und mit einer lichten Einbrenn abbinden.

Die technische Inbetriebnahme des Feldkochherdes sowie der Kochvorgang wird im Anhang dieses Buches beschrieben.

ZUTATEN	4 PERS.	100 PERS.
Rote Indianerbohnen	10 dag	2,5 kg
Rindfleisch vom Hals	20 dag	5 kg
Schweineschulter	20 dag	5 kg
Champignons	10 dag	2,5 kg
Erdäpfel	20 dag	5 kg
Salz		
Pfeffer		
Zwiebeln	2 Stk.	ca. 2 kg
Knoblauch		
Majoran		
Bohnenkraut		
Liebstöckel		

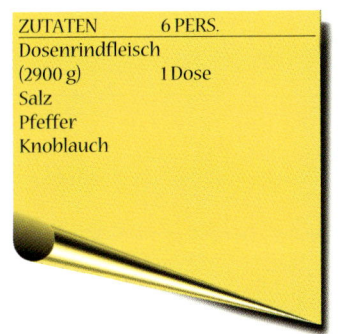

ZUTATEN	6 PERS.
Dosenrindfleisch (2900 g)	1 Dose
Salz	
Pfeffer	
Knoblauch	

RINDFLEISCH IM EIGENEM SAFT VOM FEUERBOCK

Das bereits gekochte Rindfleisch im eigenen Saft in eine Kochkiste geben, Wasser dazu, würzen und auf dem Feuerbock auf offenem Feuer kurz aufkochen.

kochen im feld

Gut getarnte Küche. Unter dem Zelt sind alle Küchengeräte für das Feld untergebracht.

GRILLEN ÜBER EINEM GLUTHAUFEN

Stehen keine technischen Kochgeräte zur Verfügung, so besteht die Möglichkeit ein offenes Holzfeuer zu errichten, indem nach dem Niederbrennen ein Gluthaufen bestehen bleibt. Über diesen können Fleisch- oder Wurststücke, auf einem Holzstock aufgespießt, gegrillt werden. Vereinzelt werden auch Kartoffeln in Aluminiumfolie oder auch ohne Folie gebraten. Dem Einfallsreichtum der einzelnen Personen, die auf diese Weise Essbares zubereiten, sind keine Grenzen gesetzt. Sogar Obst, vorwiegend Äpfel, werden über diesem Glutbett zubereitet.

Kochen mit Feldküche und Feldkochherd bei einem Manöver

nährwerttabelle aus der militär-wirtschafts-vorschrift verpflegung

nährwerttabelle

Art	Bezeichnung	pro Portion g	Anmerkung	KJ ca.	kcal ca.
FLEISCH- UND FLEISCHWAREN					
Rind	im Ganzen (Keule)	150	Kochen, Dünsten	929	222
	portioniert (Keule)	160	Dünsten	991	237
	Kleingerichte (Hals)	3x50	Dünsten	948	227
	Filet	160	Braten, Dünsten	777	186
	Roastbeef	180	Braten, Dünsten	1311	313
	Zunge	150	Kochen, geselcht, gepökelt	1313	314
	Beinfleisch	100	Suppe/Eintopf	1206	288
	Knochen	50	Suppe (Knochen-)	68	16
	Rindfleisch	50	Suppe (Rind-)	603	144
Schwein	im Ganzen (Bauch)	180	Kochen, Dünsten, Braten	3075	734
	Karree ohne Knochen	140	Braten, Dünsten	1131	270
	Schlögel ohne Knochen	140	Braten, Dünsten	914	218
	Schulter ohne Knochen	150	Braten, Dünsten	1702	407
	Kotelett mit Knochen	180	Braten, Dünsten, port.	1131	270
	Schnitzel natur	150	Braten, Dünsten, port.	980	234
	Schopfbraten paniert	130	Backen, port.	1943	464
	Kleingerichte	4x40	Gulasch	1815	434
	Schulter	150	Ragout/Eintopf	1702	407
	Bauchfleisch	150	Ragout/Eintopf	2562	612
	Stelze ohne Knochen	150	Ragout/Eintopf	1978	473
	Zunge	150	Kochen	1426	341
	Kopf, Füße mit Knochen	100	Suppe	565	134
Kalb	im Ganzen o. Knochen	140	Kochen	569	136
	Brust mit Knochen	180	Braten, Dünsten	833	199
	Schlögel ohne Knochen	140	Braten, Dünsten	580	139
	Karree ohne Knochen	150	Braten, Dünsten	703	168
	Karree mit Knochen	180	Braten, Dünsten	610	146
	Schlögel ohne Knochen	120	Backen, port.	497	119
	Schlögel natur	150	Braten, Dünsten	609	146
	Kleingerichte	4x40	Dünsten	888	212
	Zunge	150	Kochen	804	192
Wurstwaren	Augsburger	160	Gebraten	1795	429
	Knackwurst	120	Nachtmahl, kalt, warm	1346	322
	Bratwurst	140	warm	1635	391
	Frankfurter	120	Nachtmahl, warm	1331	318
	Krakauer	120	Nachtmahl, kalt	663	158
	Blutwurst	120	warm	1678	401
	Extrawurst	80	Wurstsalat	898	214
	Pariser	120	Nachtmahl, kalt	1125	269

nährwerttabelle

eiß g	Fett g	Kohlen-hydrate g	Calcium mg	Eisen mg	Vitamin B1 mg	Vitamin C mg	Cholesterin mg
,5	10,7	0	20	3,9	0,15	0	180
3,6	11,4	0	21	4,2	0,16	0	192
,2	9,3	0	18	4,8	0,15	0	105
),7	7	0	5	3,8	0,16	2	112
,1	18,4	0	22	4,5	0,18	0	216
,4	23,9	0,6	15	4,5	0,15	0	162
3,1	21,9	0	9	2,6	0,1	0	70
1	0,5	2	0	0	0	0	0
,1	11	0	5	1,3	0,05	0	35
,2	65,7	1,3	2	0	0	0	126
,6	18,2	0	15	2,5	1,12	0	98
,1	11,3	0	3	3,2	1,12	0	98
,5	33,8	0	14	2,7	1,35	0	105
,6	18,2	0	15	2,5	1,12	0	98
,2	12,2	0	3	3,5	1,2	0	105
,9	39,7	0	12	3	0,91	0	111
,2	36	0	14	2,9	1,44	0	112
,5	33,8	0	14	2,7	1,35	0	105
1	54,8	1,1	1	0	0	0	105
,2	38,1	0	17	2,3	0,45	0	105
,7	27,5	0,8	14	4,9	0,75	6	210
,5	11	0	0	0	0	0	0
,9	2,2	0	18	3,2	0,14	0	126
,5	7,2	0	17	4,5	0,15	2	158
9	2,5	0	21	4,2	0,28	1	126
,7	4,7	0	20	3,2	0,15	0	105
,4	4	0	17	2,7	0,13	0	91
,8	2,2	0	18	3,6	0,24	1	108
,1	2,4	0	20	3,5	0,15	0	135
,6	7,7	0	18	4,8	0,16	2	168
,7	9,3	1,4	14	4,5	0,15	0	210
7	39	2,4	22	2,7	0,32	0	136
,7	29,3	1,8	17	2	0,24	0	102
,9	21,6	0	7	1,4	0,42	0	140
,8	28,3	1,2	16	2,9	0,12	0	102
3	7	1	18	1,8	0,36	0	102
,4	36	4,8	8	7,7	0,12	0	102
,5	19,5	1,2	11	1,4	0,16	0	68
,1	23,6	1	17	2	0,24	0	102

nährwerttabelle

Art	Bezeichnung	pro Portion g	Anmerkung	KJ ca.	kcal ca.
FLEISCH- UND FLEISCHWAREN					
	Leberkäse	160	warm	2050	490
	Leberkäse	120	Nachtmahl, kalt	1537	367
	Jagdwurst	120	Nachtmahl, kalt	2517	601
	Corned Beef	120	Nachtmahl, kalt	764	182
	Braunschweiger	140	Nachtmahl, kalt	1993	476
	Wiener	120	Nachtmahl, kalt	1718	410
	Leberstreichwurst	20	Frühstück	268	64
	Presswurst	150	Nachtmahl, kalt	2241	530
BROT- UND BACKWAREN					
	Schwarzbrot (Bauernbrot)	500	Tagesportion	4710	1125
	Mischbrot (Weizen)	500	Tagesportion	4857	1160
	Roggenvollkornbrot	40	1 Scheibe	345	82
	Weizenvollkornbrot	80	2 Scheiben	697	166
	Semmel (Weissbrot)	80	Frühstück, 2 Stück	881	210
	Semmel (Weissbrot)	40	Knödel (ca 110g)	440	105
	Semmel (Weissbrot)	12	Faschiertes á 160g (Laibchen)	132	32
	Semmel (Weissbrot)	20	Semmelkren	220	53
	Semmel (Weissbrot)	80	Schmarren	881	210
	Semmel (Weissbrot)	20	Suppeneinlage, geröstet	220	53
	Wachauer (Roggen)	80	Beilage (Gulasch)	754	180
	Semmelbrösel	20	Panier, Fleisch, Fisch	292	70
	Semmelbrösel	15	Butter und Brösel	219	52
	Semmelbrösel	20	Bröselnudel	292	70
	Semmelbrösel	6	Faschiertes	88	21
	Salzstangerl	42	1 Stück	462	110
	Zwieback	100	Diät, eifrei	1591	380
	Milchgebäck	80	Frühstück	1182	282
	Mehlspeisen	70	Dessert		
		120-150	Hauptspeise		
NÄHRMITTEL					
	Mehl Type 1050 (glatt oder griffig) Weizen	10	Suppe 1/4 L	138	33
		10	Soße 1/8 L	138	33
		20	Suppeneinlage, Fritatten	276	66
		100	Nockerln, Beilage	1382	330
		20	eingebr. Gemüse 1/3 L	276	66
		20	Panier	276	66
		12	Semmelknödel	166	40

nährwerttabelle

eiß	Fett g	Kohlen-hydrate g	Calcium mg	Eisen mg	Vitamin B1 mg	Vitamin C mg	Cholesterin mg
,4	39,8	2,6	6	3,2	0,16	0	136
,5	29,9	1,9	5	2,4	0,12	0	102
,7	55,3	0	42	2,5	0,24	0	102
	7,2		40	0	0	0	84
,4	42,7	2,5	18	2,2	0,28	0	119
,5	33,8	0	17	2	0,24	0	102
,8	5,9	0	8	1,1	0,24	0	31
,2	48,2	0	0	0	0	0	0
,5	7	230	115	11,5	1	0	0
,5	7,5	235	85	8,5	0,5	0	0
	0,6	16,4	17	1,2	0,08	3	0
	1,2	32,8	50	1,6	0,16	0	0
	1,5	41	22	1	0,08	0	0
,5	0,8	20,5	11	0,5	0,04	0	0
	0,2	6,1	3	0,1	0,01	0	0
,8	0,4	10,2	5	0,2	0,02	0	0
	1,5	41	22	1	0,08	0	0
,8	0,4	10,2	5	0,2	0,02	0	0
,5	1,1	36,8	18	1,8	0,16	0	0
,5	0,2	14,4	0	0	0	0	0
	0,2	10,8	0	0	0	0	0
,5	0,2	14,4	0	0	0	0	0
,8	0,1	4,3	0	0	0	0	0
	0,8	21,5	11	0,5	0,04	0	0
	4	76	40	1,5	0	0	0
	10,4	34,4	0	0	0	0	135
,2	0,2	6,7	2	0,3	0,04	0	0
,2	0,2	6,7	2	0,3	0,04	0	0
,3	0,4	13,4	4	0,6	0,08	0	0
,6	1,8	67	18	2,8	0,4	0	0
,3	0,4	13,4	4	0,6	0,08	0	0
,3	0,4	13,4	4	0,6	0,08	0	0
,2	0,2	8	2	0,3	0,05	0	0

nährwerttabelle

Art	Bezeichnung	pro Portion g	Anmerkung	KJ ca.	kcal ca.
NÄHRMITTEL					
		20	Kartoffelteig	276	66
	Mehl Type 480 Weizen	20	Strudelteig	284	68
		15	Biskuit	213	51
		50	Germteig-Nachspeise	710	17
		100	Germteig-Hauptspeise	1419	33
		30	Schmarren-Nachspeise	426	10
		60	Schmarren-Hauptspeise	852	20
		30	Palatschinken	426	10
	Stärke	12,5	Pudding 1/8 L	181	43
	Teigwaren, Eierteigwaren	10	Suppennudeln	145	35
	Sternchen, Buchstaben	20	Suppeneinlage	290	79
	Teigwaren, eifrei	50	Beilage	758	18
	Spiralen usw.	60	Beilage	909	21
	Spiralen usw.	100	Hauptspeise	1516	36
	Spiralen usw.	40	Gröstel etc.	606	14
	Vollkornnudeln	50	Beilage	718	17
	Reis, poliert	80	Reisspeise	1162	27
	Reis, poliert	50	Beilage	726	17
	Reis, poliert	60	Süßspeise	872	20
	Reis, poliert	20	Suppeneinlage	291	69
FETTE					
	Öl	3	Salatöl	113	27
	Öl	6	Salatöl	226	54
	Öl	30	Braten in Pfanne	1129	27
	Öl	10	Braten im Rohr	376	90
	Öl	80	Backen im Fett (25%=20g)	752	18
	Öl	40	Mayonnaise	1506	36
MILCHPRODUKTE					
	Trinkmilch	0,25 L	3,5%	785	18
	Vollmilch (3,6%) (125g Milchpulver auf 1 L Wasser)	0,5 L	Kakao, 1/2 L	1570	37
		0,3 L	Milchkaffee, 1/2 L	942	22
		0,02 L	Panier	63	1
		0,05 L	Germteig-Nachspeise	157	3
		0,1 L	Germteig-Hauptspeise	315	7
		0,15 L	Reisauflauf	472	11
		0,2 L	Milchreis, Grießschm.	630	15

eiß	Fett g	Kohlen-hydrate g	Calcium mg	Eisen mg	Vitamin B1 mg	Vitamin C mg	Cholesterin mg
3	0,4	13,4	4	0,6	0,08	0	0
2	0,2	14,3	3	0,2	0,02	0	0
6	0,2	10,7	2	0,2	0,02	0	0
5	0,6	35,7	8	0,6	0,05	0	0
,9	1,1	71,3	16	1,1	0,1	0	0
3	0,3	21,4	5	0,3	0,03	0	0
5	0,7	42,8	10	0,7	0,06	0	0
3	0,3	21,4	5	0,3	0,03	0	0
1	0	10,7	0	0,1	0	0	0
3	0,3	6,7	3	0,2	0,02	0	9
6	0,6	13,4	6	0,4	0,04	0	18
3	0,6	37,6	11	0,8	0,05	0	0
5	0,7	45,1	13	0,9	0,06	0	0
5	1,2	75,2	22	1,5	0,1	0	0
	0,5	30,1	9	0,6	0,04	0	0
5	1,5	32	13	1,9	0,15	0	0
6	0,5	62,7	5	0,5	0,08	0	0
5	0,3	39,2	3	0,3	0,05	0	0
2	0,4	47	4	0,4	0,06	0	0
4	0,1	15,7	1	0,1	0,02	0	0
	3	0	0	0	0	0	0
	6	0	0	0	0	0	0
	29,9	0	0	0	0	0	0
	10	0	0	0	0	0	0
	20	0	0	0	0	0	0
	39,9	0	0	0	0	0	0
3	9	12	300	0,3	0	3	33
,5	18	24	600	0,5	0	5	65
,9	10,8	14,4	360	0,3	0	3	39
7	0,7	1	24	0	0	0	3
7	1,8	2,4	60	0,1	0	1	7
5	3,5	5	120	0	0	2	15
2	5,3	7,4	180	0	0	3	23
	7	10	240	0	0	4	30

nährwerttabelle

nährwerttabelle

Art	Bezeichnung	pro Portion g	Anmerkung	KJ ca.	kcal ca.
MILCHPRODUKTE					
		0,05 L	Kartoffelpüree	157	38
		0,04 L	Semmelknödel	126	30
		0,06 L	Mohn-, Nussfülle	188	45
	Magermilch	0,1 L	Verwendung, wie Vollmilch	147	35
	Schlagobers 36% mind.	0,02 l	Gebund. Suppe 1/4 L	299	71
		0,05 L	Oberskren	747	17
		0,03 L	Dessert, geschlagen	448	107
	Sauerrahm 15% mind.	0,02 L	Püree, Suppe 1/4 L	140	33
		0,02 L	Soßen, 1/8 L	140	33
		0,02 L	Gemüse, Kartoffel	140	33
	Joghurt 3,6%	0,25 L		680	163
	Joghurt 1%	0,25 L		450	108
	Topfen mager	100	Nudeln, etc	314	75
	Topfen 20%	120	Aufstrich	517	124
	Topfen 40%	50	Mehlspeise, Fülle	318	76
	Edamer	30	Frühstück 30% F.i.Tr= Fett in Trockensubstanz	332	79
	Emmentaler	10	Reibkäse 45% F.i.Tr	167	40
	Tilsiter	120	Nachtmahl 45% F.i.Tr	1703	407
	Butterkäse	100	Kaltkost 50% F.i.Tr	1373	328
	Schmelzkäse	30	Frühstück	431	103
EIWEISSPRODUKTE					
	Eier	150	Eierspeise	992	237
	1 Ei=á 60g - 10g Schale =50g	100	Nockerln, Knödel	662	158
	1 L Ei.............24 Stück	20	Panier	132	32
	1 L Dotter......60 Stück	25	Biskuit	165	40
	1 L Eiweiß.....40 Stück	25	Germteig, Palatschinken	165	40
	8 Eier binden 1L	5	Grießnockerl	33	8
	Flüssigkeit	10	Leberknödel, Leberreis	66	16
		15	Reisauflauf	99	24
		20	Schmarren	132	32
		10	Faschiertes	66	16
		10	Semmelknödel	66	16
	1 Eigelb flüssig	16,5		244	58
	1 Eiklar flüssig	33	Schnee	66	16
FISCHE					
	Fische	100	Dorsch natur	306	73
	ohne Gräten	140	Karpfen gebacken	674	161

nährwerttabelle

eiß	Fett g	Kohlen-hydrate g	Calcium mg	Eisen mg	Vitamin B1 mg	Vitamin C mg	Cholesterin mg
7	1,8	2,4	60	0,1	0	1	7
3	1,4	1,9	48	0	0	0	5
	2,2	2,9	72	0,1	0	1	8
4	0,1	5	120	0,1	0	1	1
5	7,2	0,6	18	0	0	0	21
2	18	1,5	45	0,1	0	1	53
7	10,8	0,9	27	0	0	0	32
6	3	0,6	20	0	0	0	10
6	3	0,6	20	0	0	0	10
6	3	0,6	20	0	0	0	10
3	8,8	10	300	0,3	0	3	33
5	2,5	10,3	300	0,3	0	3	10
,5	0,2	4,1	90	0,3	0	0	1
3	5,3	4,3	108	0,4	0	0	19
9	5,2	1,6	40	0,2	0	0	16
2	4,8	0	270	0,2	0,03	0	11
9	3	0	120	0,1	0	0	7
,9	30,5	0	900	0,6	0,12	0	71
,4	26,5	0	700	0,6	0,1	0	62
5	8,9	1,3	120	0,3	0	0	21
,2	16,5	1,1	81	3,5	0,15	0	705
,8	11	0,7	54	2,3	0,12	0	470
6	2,2	0,1	11	0,5	0,02	0	94
2	2,8	0,2	14	0,6	0,03	0	118
2	2,8	0,2	14	0,6	0,03	0	118
6	0,6	0	3	0,1	0,01	0	24
3	1,1	0,1	5	0,2	0,01	0	47
9	1,7	0,1	8	0,3	0,02	0	71
6	2,2	0,1	11	0,5	0,02	0	94
3	1,1	0,1	5	0,2	0,01	0	47
3	1,1	0,1	5	0,2	0,01	0	47
7	5,3	0	23	1,2	0,05	0	272
6	0,1	0,2	4	0,1	0	0	0
,4	0,4	0	24	0,4	0,1	2	50
,2	6,7	0	73	1,5	0,14	1	70

nährwerttabelle

Art	Bezeichnung	pro Portion g	Anmerkung	KJ ca.	kcal ca.
FISCHE					
	mit Gräten, ohne Kopf	250	Makrele (200g)	1859	444
	Hering mariniert	100	Russen, Matjes	879	210
KONSERVEN (FELDVORRAT)					
	Gemüse	200	Beilage, Portion		
	Sauerkraut abgetropft	150	Beilage	100	24
	Rote Rüben	150	Portion	157	38
	Essiggurkerl	80	1 Stück 6/9	71	17
		30	Einlage 9/12	26	6
	Dosenbrot	160	Feldvorrat	1680	400
	Brotaufstrich, Fleischschmalz	83	Feldvorrat	2673	638
	Brotaufstrich, Jagdwurst	83	Feldvorrat	1190	283
	Rindfleisch im eig. Saft	70	Eintopf	683	163
	Fischkonserven	100	Sardinen	1264	302
GEMÜSE					
	Karotten	180	Beilage	309	74
	Karotten	60	Eintopf bei 4 Sorten	103	25
	Karotten, Dose	30	Suppeneilage	51	12
	Erbsen frisch	180	Beilage	520	124
	Erbsen tiefgekühlt	60	Eintopf bei 4 Sorten	173	41
	Erbsen, Dose	30	Suppeneinlage	70	17
	Fisolen	180	Beilage, Salat	264	63
	Fisolen	60	Eintopf bei 4 Sorten	88	21
	Fisolen, Dose	30	Suppeneinlage	29	7
	Kraut (Weisskraut)	180	Beilage, Salat	166	40
	Kraut (Weisskraut)	60	Eintopf bei 4 Sorten	55	13
	Kraut (Weisskraut)	30	Suppeneinlage	28	7
	Kohl	200	Hauptspeise	276	66
	Lauch	150	Beilage	151	36
	Kohlrabi	180	Beilage	188	45
	Kohlrabi	60	Eintopf bei 4 Sorten	63	15
	Kohlrabi	30	Suppeneinlage	31	8
	Sellerie	180	Beilage, Salat	166	40
	Sellerie	60	Eintopf bei 4 Sorten	55	13
	Sellerie	30	Suppeneinlage	28	7
	Kürbis	350	Hauptspeise	366	88
	Kürbis	250	Beilage	262	63
	Karfiol	180	Beilage, Salat	173	41

nährwerttabelle

eiß	Fett g	Kohlen-hydrate g	Calcium mg	Eisen mg	Vitamin B1 mg	Vitamin C mg	Cholesterin mg
4	31	0	10	2,4	0,2	0	44
5	16	0	38	0	0,1	0	60
3	0,5	2,7	72	0,9	0	30	0
7	0,2	7,5	33	0,8	0	9	0
8	0,1	3	24	1,3	0	1,6	0
	0	0	9	0,49	0	0,6	0
5	1,5	75	0	0	0	0	0
7	68	0	0	0	0	0	85
6	24,7	0	0	0	0	0	85
5	4,2	0	25	1,1	0	0	63
6	24,4	0	354	3,5	0	0	120
	0	15,7	67	1,3	0	0	0
7	0	5,2	22	0,4	0	0	0
3	0	2,6	11	0,2	0	0	0
,4	0,7	19,1	27	3,4	0,54	45	0
5	0,2	6,4	9	1,1	0,18	15	0
1	0,1	2,8	6	0,5	0,03	3	0
3	0,4	10,8	101	1,4	0,18	34	0
4	0,1	3,6	34	0,5	0,06	11	0
4	0	1,3	10	0,4	0,03	1	0
3	0,4	6,8	88	0,7	0	85	0
8	0,1	2,3	29	0,2	0	28	0
4	0,1	1,1	15	0,1	0	14	0
6	1,8	2,4	460	3,8	0,2	210	0
7	0,6	5,1	180	3	0,15	38	0
6	0,2	7,4	122	1,6	0,18	119	0
2	0,1	2,5	41	0,5	0,06	40	0
5	0	1,2	20	0,3	0,03	20	0
	0,5	5,6	99	0,9	0,18	18	0
	0,2	1,9	33	0,3	0,06	6	0
5	0,1	0,9	17	0,2	0,03	3	0
5	0,4	17,5	77	2,8	0	32	0
5	0,3	12,5	55	2	0	23	0
3	0,5	4,9	40	2	0,18	124	0

177

nährwerttabelle

Art	Bezeichnung	pro Portion g	Anmerkung	KJ ca.	kcal ca.
GEMÜSE					
	Karfiol	60	Eintopf bei 4 Sorten	58	14
	Karfiol	30	Suppeneinlage	29	7
	Kohlsprossen	180	Beilage	286	68
	Spinat roh	200	Beilage	151	36
	Spinat tiefgekühlt	150	Beilage	75	18
	Gurke	200	Beilage	109	26
	Gurke	150	Salat	82	20
	Paradeiser	200	Salat	142	34
	Paradeiser	75	Soße braun	53	13
	Paradeiser	150	Soße weiss	107	26
	Paradeiser	100	Suppe	71	17
	Pilze, Champignons fri.	60	Garnitur	38	9
	Pilze, Champignons fri.	150	Soße	94	23
	Champignons	20	Suppeneinlage	10	2
	Kopfsalat	100	Salat ca 1/2 Stück	42	10
	Kochsalat	250	Beilage	105	25
	Paprika	150	Salat	126	30
	Kartoffel	250	Beilage, Salat, speckig, ohne Schale	743	178
	Kartoffel	150	Beilage, Püree, mehlig, ohne Schale	446	107
	Kartoffel	150	Teig mehlig	446	107
	Kartoffel	150	Pommes frites	1678	394
	Kartoffel	120	Eintopf	357	85
	Kartoffel	40	Suppeneinlage	119	28
	Kartoffel	100	Gröstel etc	297	71
	Petersilwurzel	100	Suppe	130	31
	Tiefkühlgemüse	150	Beilage, Salat		
	Tiefkühlgemüse	50	Eintopf bei 4 Sorten		
	Tiefkühlgemüse	20	Suppeneinlage		
	Trockengemüse				
	Dehydro	15-20	Beilage, Salat		
	Dehydro	2	Suppeneinlage		
	Bohnen weiss	100	Hauptspeise	1231	294
		70	Beilage, Salat	862	20
		50	Suppe	615	14
	Bohnen weiss, Dose	100	Beilage	691	16
	Erbsen	90	Püree	1308	31
		50	Suppe	726	17

nährwerttabelle

eiß g	Fett g	Kohlen-hydrate g	Calcium mg	Eisen mg	Vitamin B1 mg	Vitamin C mg	Cholesterin mg
,4	0,2	1,6	13	0,7	0,06	41	0
,7	0,1	0,8	7	0,3	0,03	21	0
,8	0,5	6,8	65	2,7	0,18	184	0
5	0,6	2,4	252	8,2	0,2	102	0
,5	0,5	0,2	180	3,2	0,15	44	0
,2	0,4	4,4	30	1	0	16	0
,9	0,3	3,3	23	0,8	0	12	0
2	0,4	5,8	26	1	0,2	48	0
,8	0,2	2,2	10	0,4	0,08	18	0
,5	0,3	4,4	20	0,8	0,15	36	0
1	0,2	2,9	13	0,5	0,1	24	0
,6	0,2	0,2	6	0,7	0,06	2	0
,1	0,5	0,5	15	1,7	0,15	6	0
,4	0,1	0,1	4	0,1	0	0	0
,3	0,2	0,9	37	1	0,1	10	0
,3	0,5	2,3	93	2,5	0,25	25	0
,8	0,5	4,7	15	1,1	0,15	210	0
5	0,3	38,5	23	2,5	0,25	55	0
3	0,2	23,1	14	1,5	0,15	33	0
3	0,2	23,1	14	1,5	0,15	33	0
,3	21,7	43,8	15	1,5	0,16	33	0
,4	0,1	18,5	11	1,2	0,12	26	0
,8	0	6,2	4	0,4	0,04	9	0
2	0,1	15,4	9	1,6	0,1	22	0
,9	0,5	3,6	190	3,2	0,1	41	0
2	1,6	47,8	105	6,1	0,6	2	0
5,4	1,1	33,5	74	4,3	0,42	1	0
1	0,8	23,9	53	3,1	0,3	1	0
,1	0,8	29	53	3	0,2	1	0
),7	1,3	54,6	46	4,7	0,72	1	0
,5	0,7	30,4	26	2,6	0,4	1	0

nährwerttabelle

Art	Bezeichnung	pro Portion g	Anmerkung	KJ ca.	kcal ca.
GEMÜSE					
	Linsen	100	Hauptspeise	1298	310
		70	Beilage, Salat	909	217
		50	Suppe	649	155
	Sojabohnen	100	Hauptspeise	1897	453
OBST					
Kernobst	Apfel	150	Nachspeise	314	75
	Apfel	100	Fülle	209	50
	Apfel	200	für Mus		
	Apfel	150	Mus ungezuckert		
	Birnen	150	Nachspeise	289	69
	Birnen	80	Fülle, Birnen gedämpft	154	37
	Birnen	300	für Kompott	578	138
	Birnen	150	Dose	477	114
Steinobst	Kirschen	180	Nachspeise	445	106
	Marillen	160	Fülle, Knödel	315	75
	Marillen	160	Hauptspeise	315	75
	Pfirsich	120	Nachspeise	347	83
	Zwetschken	80	Fülle, Knödel, Nachspeise	171	41
	Zwetschken	80	Kompott, Röster	171	41
	Zwetschken	170	Dose	363	87
	Zwetschken	150	Nachspeise	446	107
Beerenobst	Erdbeeren	150	Kompott	207	50
	Preiselbeeren	130	Kompott	163	39
	Ribisel	150	Nachspeise	239	57
	Weintrauben	160	Fülle, Strudel	489	117
	Weintrauben	80		245	58
Schalenobst	Haselnüsse	100		2839	678
	Mandeln	100	Fülle	2604	622
	Walnüsse	100		2906	694
Dörrobst	Zwetschken	45	Kompott	445	106
Südfrüchte	Ananas	120	Dose, Nachspeise	447	114
SPEISEZUTATEN					
	Zucker	30	Kaffee	501	120
	Zucker	35	Tee	585	140
	Zucker	40	Kakao	668	160
	Zucker	20	Süßspeisen	334	80
	Zucker	7	Germteig, Nachspeise	117	28
	Zucker	14	Germteig, Hauptspeise	234	56

nährwerttabelle

weiß g	Fett g	Kohlen-hydrate g	Calcium mg	Eisen mg	Vitamin B1 mg	Vitamin C mg	Cholesterin mg
3,5	1,4	50,8	74	6,9	0,4	0	0
6,5	1	35,6	52	4,8	0,28	0	0
1,8	0,7	25,4	37	3,5	0,2	0	0
6,8	23,5	23,5	260	8,6	1	0	0
0,3	0,9	16,4	11	0,5	0	18	0
0,2	0,6	10,9	7	0,3	0	12	0
0,4	1,2	21,8	14	0,6	0	24	0
0,3	0,3	28,8	6	0,6	0	17	0
0,9	0,6	15	14	0,5	0	8	0
0,5	0,3	8	7	0,2	0	4	0
1,8	1,2	30	27	0,9	0	15	0
0,5	0,3	27,5	9	0,5	0	3	0
2	0,7	22,9	36	0,7	0	27	0
1,6	0,3	16,5	27	1	0	16	0
1,6	0,3	16,5	27	1	0	16	0
0,5	0,1	19,8	5	0,4	0	5	0
0,5	0,1	9,5	11	0,3	0,08	4	0
0,5	0,1	9,5	11	0,3	0,08	4	0
1	0,2	20,2	24	0,7	0,17	9	0
0,8	0,2	25,2	15	1,7	0	3	0
1,2	0,8	9,4	36	1,5	0	9	0
0,9	0,8	7	18	0,7	0	16	0
1,7	0,3	11,9	44	1,4	0	54	0
1,1	0,5	27	24	0,8	0,16	6	0
0,6	0,2	13,5	12	0,4	0,08	3	0
4,1	61,6	10,6	225	3,8	0,4	2	0
8,3	54	9,3	252	4,1	0,2	0	0
4,4	62,5	12,1	87	2,5	0,3	3	0
1	0,3	24,9	18	1	0,09	2	0
0,5	0,2	27,6	14	0,4	0,12	8	0
0	0	29,9	0	0,1	0	0	0
0	0	34,9	0	0,1	0	0	0
0	0	39,9	0	0,1	0	0	0
0	0	20	0	0	0	0	0
0	0	7	0	0	0	0	0
0	0	14	0	0	0	0	0

nährwerttabelle

Art	Bezeichnung	pro Portion g	Anmerkung	KJ ca.	kcal ca.
SPEISEZUTATEN					
	Zucker	30	Kompott	501	120
	Zucker	3	Salatmarinade	50	12
	Zucker	2	Anzuckern, Staubz.	33	8
	Zucker	10	Mohn-, Nussfülle	167	40
	Zucker	12	Biskuit	200	48
	Essig	6,5	Salatmarinade 7/5%	10	2
	Essig	1	Essenz 80%	10	2
	Zwiebel	5	Suppe, Reis	7	2
	Zwiebel	10	Soßen, Gemüse	14	3
	Zwiebel	50	Fleischgerichte	69	17
	Zwiebel	150	Gulasch	207	50
	Zwiebel	300	Gulasch	414	99
	Zwiebel	20	Salat	28	6
	Zwiebel	60	Röstzwiebel	83	20
	Zwiebel	25	Röstkartoffel	35	8
	Zwiebel geröstet	20	Fertigprodukt	339	81
	Wurzelwerk (Karotten,	30	Suppe klar-gleichen	94	22
	Petersilienwurzel, Lauch	40	Soße braun - Teilen	126	30
	Sellerie, Zwiebel)	150	Beilage, Garnitur	472	112
		35	Rindsbraten	110	26
		40	Wildbraten	126	30
		15	Schwein, gedünstet	47	11
	Majoran	0,5	Gulasch, Gemüse	0	0
		0,3	Fleischgericht, Fasch.	0	0
		0,1	Suppen	0	0
	Zimt, ganz	0,5	Kompott	0	0
	Zimt gemahlen	0,2	Nudeln, Auflauf	0	0
		0,5	Mehlspeise	0	0
	Gewürznelken ganz	0,2	Kompott	0	0
		0,3	Bechamel	0	0
		0,1	Kalb eingemacht, Reis	0	0
	Petersilie	0,5	Suppe, Beilage	1	0
		3	Gewürz	8	2
	Schnittlauch	0,5	Suppe, Salat	1	0
	Germ/Hefe	25	Germteig, 1/2 Kg Mehl	100	24
GENUSSMITTEL					
	Tee	1,5	1/2 L	0	0
	Kakao	7,5	1/2 L	85	20
	Kakao		1/4 L Magermilch	475	113

nährwerttabelle

eiß g	Fett g	Kohlen-hydrate g	Calcium mg	Eisen mg	Vitamin B1 mg	Vitamin C mg	Cholesterin mg
0	0	29,9	0	0,1	0	0	0
0	0	3	0	0	0	0	0
0	0	2	0	0	0	0	0
0	0	10	0	0	0	0	0
0	0	12	0	0	0	0	0
0	0	0	0	0	0	0	0
0	0	0	0	0	0	0	0
,1	0	0	1	0	0	1	0
,1	0	0,3	3	0,1	1	1	0
,7	0,2	0,6	14	0,3	1	5	0
2	0,5	3,1	41	0,8	5	15	0
,9	0,9	9,3	81	1,5	15	30	0
,2	0	18,6	6	0,2	30	2	0
,8	0,2	1,2	16	0,3	2	6	0
,3	0,1	3,7	7	0,1	6	3	0
2	1,8	1,6	0	0	3	0	0
0	0	13,4	0	0	0	0	0
0	0	0	0	0	0	0	0
0	0	0	0	0	0	0	0
0	0	0	0	0	0	0	0
0	0	0	0	0	0	0	0
61	0	0	0	0	0	0	0
0	0	0	0	0	0	0	0
0	0	0	0	0	0	0	0
0	0	0	0	0	0	0	0
0	0	0	0	0	0	0	0
0	0	0	0	0	0	0	0
0	0	0	0	0	0	0	0
0	0	0	0	0	0	0	0
0	0	0	0	0	0	0	0
0	0	0	0	0	0	0	0
0	0	0	1	0	0	1	0
,1	0	0,3	7	0,2	0	5	0
0	0	0	1	0	0	0	0
3	0,1	2,8	6	1,3	0,33	2	0
0	0	0	0	0	0	0	0
,8	0,9	1,3	14	0,9	0,03	0	0
,2	2,6	12,8	321,1	1,2	1,07	0	7

nährwerttabelle

Art	Bezeichnung	pro Portion g	Anmerkung	KJ ca.	kcal ca.
GENUSSMITTEL					
	Kakao		1/4 L Vollmilch	808	191
	Bohnenkaffee	20	1/2 L schwarz	0	0
	0,3 L Milch	15	1/2 L Milchkaffee	0	0
	Rum 40%	0,02 L	1/2 L Tee	180	43
Mischkaffee	Bohnenkaffee	10	1/2 L schwarz	0	0
	Bohnenkaffee		0,3 L Milch+0,2 L Kaff.	0	0
	Malzkaffee	15	1/2 L schwarz	0	0
	Malzkaffee			0	0
	Kaffeemittelmischung	30	1/2 L schwarz	0	0
	Kaffeemittelmischung	17,5	Feigenkaffee ca 2g	0	0
	Mob-Kaffee	1 Tube	1/4 L Kaffee	0	0
	Fruchtpasta	2	1/2 L Tee, Getränk	0	0
	Fruchtkonzentrat/Sirup	10	1/2 L Tee, Getränk	115	27
	Schokolade Feldvorrat	80	Edelbitter	1698	406
	Schokolade Feldvorrat	50	Vollmilch	1101	263

weiß g	Fett g	Kohlen-hydrate g	Calcium mg	Eisen mg	Vitamin B1 mg	Vitamin C mg	Cholesterin mg
9,8	11,4	12	308,6	1,01	1,05	5	30
0	0	0	0	0	0	0	0
0	0	0	0	0	0	0	0
0	0	0,2	0	0	0	0	0
0	0	0	0	0	0	0	0
0	0	0	0	0	0	0	0
0	0	0	0	0	0	0	0
0	0	0	0	0	0	0	0
0	0	0	0	0	0	0	0
0	0	0	0	0	0	0	0
0	0	0	0	0	0	0	0
0	0	0	0	0	0	0	0
0	0	6,9	2	0,2	0,01	0,01	0
4,2	24	43,2	48	2,4	0,08	0,08	2
4	15	28	123	1,5	0,2	0,2	1

nährwerttabelle

3dik Szarad
З. кертје

Kriegs-gefangenen-lager (kgfl) Feldbach

Die Verpflegung im Kriegsgefangenenlager Feldbach von 1914 bis 1918

Im Dezember 1914 wurde in Feldbach mit der Errichtung eines Kriegsgefangenlagers begonnen, das bald zum größten derartigen Lager in der Monarchie im 1. Weltkrieg wurde. In diesem gigantischen Lager, das bis 1918 bestand, waren zwischendurch bis zu 50.000 Personen untergebracht. Die Ernährung dieser gigantischen Menschenmenge stellte an die Lagerleitung höchste organisatorische Anforderungen. Neben den Küchen mit den Herden bestanden auch Küchenbaracken mit Dämpfern. Das Brot wurde in vier Lagerbäckereien mit je vier Backöfen gebacken.

Bei der Lagererrichtung und so lange sich wenige Personen im Lager aufhielten, erfolgte die Brotversorgung durch ortsansässige Bäckereien.

Die Lagerbäckerei (Reserve-Bäckerei) erzeugte täglich Schwarzbrot, Weißbrot und helles Brot. Insgesamt wurden zur Zeit der größten Lagerfrequenz täglich 15 Tonnen Brot gebacken. Das Weißbrot war für schwer kranke, helles Brot für leicht kranke und Schwarzbrot für gesunde Lagerinsassen bestimmt. Unmittelbar neben den Baracken mit den Feldbacköfen stand das Brot- und Mehlmagazin. Beim heutigen Bahnhof von Feldbach wurde ein Brotmagazin mit einer nebenstehenden Teeküche errichtet.

Im Frühjahr 1915 erfolgte die Fleischversorgung noch durch Arendierung bei den Fleischhackern von Feldbach. Dann wurde wegen des großen Fleischbedarfes ein Schlachthaus errichtet, das mit einer Kühlanlage und mit einer Eiserzeugung ausgestattet war. Beim Schlachthaus bestand auch eine Wurstfabrik.

Dazu kam eine Hasenzucht, Schweinezucht, Rinderhaltung, Ziegenzucht und die Trinkwasserversorgung durch neu gegrabene Brunnen. Insgesamt wurden 42 Normalbrunnen und artesische Brunnen, 4 unterirdische Wasserreservoirs und ein Hochreservoir auf dem Steinberg mit 4000 m^2 Wasserinhalt errichtet. Die Wasserzubringung erfolgte teilweise über ein Wasserleitungsnetz. Auf allen freien Lagerflächen mussten einem Erlass entsprechend Gemüsegärten und Getreideäcker angelegt werden. Es wurden Futtermittel für die Tierhaltung und Feldfrüchte für die Lagerinsassen produziert.

Gekocht wurden Speisen für „marode" Kriegsgefangene und für gesunde Kriegsgefangene und Lagerinsassen.

Die Menge für die Kriegsgefangenen war mit einem Erlass geregelt. An fleischlosen Tagen bestand das Frühstück aus einer Gemüsekonserve und einer mit 5 Gramm Fett eingekochten Suppe. Die Mittagskost bestand aus 60 Gramm Mehl, 12,5 Gramm Zucker, 5 Gramm Nährhefe und 5 Gramm Fett. Dazu kamen noch 125 g Erbsenschrotmehl pro Mann.

Diese Kost entsprach nicht dem Geschmack der Tausenden Gefangenen aus Russland und führte des Öfteren zu heftigen Protesten. Die Menage wies nicht jene Festigkeit auf, die die Russen gewohnt waren. Außerdem blieb im Mund ein bitterer Nachgeschmack bestehen. Als zu wenig wurde auch die Brotration mit 340 bis 500 Gramm täglich bezeichnet.

Die Lagerküche

Am 1. Oktober 1915 wurde eine Naturalverpflegung eingeführt, die zur weiteren Unzufriedenheit mit der Verpflegung führte. Bereits kurze Zeit später, nach heftigen Protesten, musste wieder der Kochbetrieb aufgenommen werden. Vorgeschrieben waren 190 Gramm Fleisch und 500 Gramm Brot pro Mann und Tag. Ergänzt wurde diese Menge zu einem späteren Zeitpunkt mit einer „Zuschubsgemüseportion".

Am 1. Oktober 1915 stellten Ärzte eine Kommission zur Begutachtung der Verköstigung der kriegsgefangenen Arbeiter fest, dass das Essen ohne Nährwert geschmacklos ist. Es wurde daher von der Kommission eine magenfüllende Menage gefordert.

Äußerst unzureichend war auch die Verpflegung am Abend. Sie bestand durchwegs aus Kaffee oder einer Suppe, die mit getrocknetem Gemüse zubereitet wurde.

Der Hunger unter den Gefangenen muss groß gewesen sein. Die Schulkinder und erwachsene Feldbacher warfen den Gefangenen über den Lagerraum hinweg Brot und Äpfel zu. Diese wiederum bedankten sich dafür vereinzelt mit Holzschnitt- oder Drechselarbeiten. Offiziell waren derartige Tauschgeschäfte (Naturalwirtschaft) strengstens verboten.

Die Verpflegung der gesunden Kriegsgefangenen erfolgte nur in den Küchen Nr. 17 und 33 und in der Italienerküche durch 95 Köche und zwei Oberköche, welche den Kriegsgefangenen angehörten. Zur Aufsicht war ein österreichischer Unteroffizier mit 3 Infanteristen beigegeben.

Ein Speisezettel für jeden Monat lag vor. Ebenso ein Auszug der Menagegebühren für die Kriegsgefangenen.

Die Qualität des Brotes bestand aus Brotbackmehl und Gerstenmehl.

Bäckereibaracken mit fest gemauerten Kaminen

1915 standen 340 g Brot pro Kopf und Tag, die nach der Ernte erhöht wurden, zur Verfügung. Küchen und Kochherde standen den Kriegsgefangenen zur Verfügung, um sich aus eigenen Mitteln die aus dem Ausland erhaltenen Speisen zubereiten zu können.

Zum Kochen von Heißwasser, für Tee etc. stand den Kriegsgefangenen ein Teil der Küche Nr. 18 zur Verfügung. Außerdem waren in den Kriegsgefangenen-Unterkunftsbaracken Kochherde vorhanden, auf welchen sie sich Speisen aufwärmen konnten.

Dampfkessel in der Lagerküche

Gekocht wurde in unterschiedlich großen Küchenbaracken, deren größte Ausmaße 10 x 40 Meter betrugen. Es standen nebeneinander gereiht mehrere Großherde, Alfakochkessel und Dampfkessel. Die Rauchableitung erfolgte von jeder Feuerstelle aus direkt über Metallrohre. Insgesamt bestanden drei Küchen im Lager Mühldorf, eine Küche im Isolierspital und neun Küchen im Hauptlager Feldbach.

Eine Gärtnerei wurde als Eigenwirtschaft betrieben. Die bei Aufbau dieser Garteneigenwirtschaft notwendigen finanziellen Mitteln wurden von Offizieren ohne Hilfe des Kriegsministeriums bereitgestellt, um die Offiziersmenage wie auch die Angehörigen mit Frischgemüse versorgen zu können. Das geerntete Gemüse wurde zu billigen Preisen verkauft. Nach 2½ Jahren konnten 2247 Kronen erwirtschaftet werden.

Die Lagergärtnerei

Nachdem 1916/1917 der Lebensmittelmangel im Lager bereits zu großer Hungersnot führte, wurde mit allen Gemeinden von der ungarischen Grenze (heute Burgenland) bis Gleisdorf die Genehmigung für eine großzügige Abfischung der Raab mit Netzen vereinbart. Es konnte ein Gesamterlös von 4920 Kronen erwirtschaftet werden.

BAULICHE VERPFLEGUNGSVORSORGEN

Für eine einwandfreie Aufbewahrung leicht verderblicher Nahrungs- und Genussmittel sind entsprechende Vorsorgen zu treffen (Eiskeller, Speisekammern).

Gegen das Eindringen von Fliegen in diese Räume sind besondere Vorsorgen notwendig. Bei Speisekammern ist die Nordorientierung zu fordern.

Die Erhaltung peinlichster Sauberkeit in der Küche, ihrer Nebenräume und ihrer Umgebung muss durch eine entsprechende bauliche Ausstattung, selbst bei angemessener Hintansetzung des Kostenpunktes, unbedingt erreicht werden. Die Küchenanlagen sind tunlichst zu vereinigen (Gruppenküchen).

Die Situierung der Küchen muss tunlichst abseits von Aborten, Bädern, Wäschereien erfolgen. Zur Verhinderung der Speiseninfektion muss der Vernichtung und Fernhaltung der Fliegen ein besonderes Augenmerk zugewendet werden.

Eine rasche und gründliche Beseitigung aller Küchenabfälle, ferner die gründliche Reinigung aller Küchen- und Speisegeschirre muss durch entsprechende bauliche Vorsorgen ermöglicht sein. Für die öftere Reinigung der Hände des Küchenpersonals müssen Waschgelegenheiten angeordnet werden.

Für eine geregelte Speisenausgabe, dann nach Tunlichkeit auch für ein bequemes Abessen der Gefangenen durch Anlage von Speisehallen muss vorgesorgt werden.

Schlächtereien werden im Allgemeinen nicht vorzusehen sein. Sollten sie sich in einzelnen Fällen ausnahmsweise als notwendig erweisen, so ist ihrer baulichen Ausgestaltung in Bezug auf Material, Wasserzufuhr und Entwässerung erhöhte Aufmerksamkeit zu schenken. Jedenfalls sind auch Kühlräume für Fleisch, die ein mehrtägiges Lagern ermöglichen, herzustellen.

Für die Schlächter sind Waschgelegenheiten beizustellen.

Bäckereianlagen sind von den übrigen Gruppen vollkommen abzusondern, mit eigenen Unterkünften und Nebenerfordernissen (Duschbad, Kantine, Küche) zu versehen. (Siehe auch Erl. Abt. 12, Nr. 11.830 v. 1915).

Backöfen in der Lagerbäckerei

Lagerfleischhauerei bei der TRUMMER-Säge

WASSERVERSORGUNG

Für den Küchenbetrieb, einschließlich der Spül- und Waschzwecke, ist ausschließlich einwandfreies Wasser (Trinkwasser) zu verwenden.

Etwa erbohrtes artesisches Wasser ist bei guter Qualität zulässig, muß jedoch gegen Verunreinigungen von oben her sorgfältig geschützt werden.

Grundsätzlich soll die Wasserversorgung für Trink- und Nutzzwecke einheitlich sein. Erweist sich eine eigene Nutzwasseranlage als notwendig, so muss auch diese sorgfältig vor Verunreinigungen geschützt sein und Wasser von entsprechender Beschaffenheit liefern.

Im Jahr 1915 erfolgten vom Kriegsministerium bauhygienische Grundsätze, die bei der Errichtung von Barackenlagern für Kriegsgefangene zu beachten waren.

Wasserturm im Lager Feldbach

Dienstordnung

für

weibliche Kanzleikräfte bei Kommandos, Behörden, Truppen und Anstalten (einschließlich der bisherigen Manipulantinnen für den Kanzleidienst in Militärsanitätsanstalten).

Verpflegung:

1. Die weiblichen Kanzleikräfte aller Gebührenklassen haben - wie alle weiblichen Hilfskräfte – Anspruch auf eine zubereitete Mannschaftskostportion in natura ohne Brot gegen Entrichtung von 40 K monatlich und gegen Abgabe aller für den beschränkten Verbrauch von Verpflegsartikeln ausgegebenen Bezugsmarken. Das Brot ist ausnahmslos nach den für die Zivilbevölkerung geltenden Vorschriften durch die Hilfskräfte selbst zu beschaffen.

2. Der Bezug der täglichen Kostportionen aus Unteroffiziersmenagen ist für weibliche Kanzleikräfte gestattet, doch haben die weiblichen Kanzleikräfte in diesem Falle außer den 40 K auch die etwa bestehende Differenz zwischen dem jeweiligen Wert der in der Unteroffiziersmenage zubereiteten Kostportionen und der normalen Mannschaftskostportion aus eigenen Mitteln zu bestreiten. Desgleichen ist auch unter den vorgenannten Bedingungen gegen den Bezug der täglichen Kostportion seitens der weiblichen Kanzleikräfte aus Offiziersmenagen nichts einzuwenden, vorausgesetzt, dass die betreffende Offiziersmenageverwaltung hierzu ihr Einverständnis erteilt.

3. An Stelle der zubereiteten Kostportionen können auch die täglich pro Kopf entfallenden rohen Verpflegsartikel einer normalen Mannschaftskostportion ausgefolgt werden.

4. Weibliche Kanzleikräfte, welche auf den Bezug der Kost in natura verzichten, erhalten einen Verpflegsbeitrag von monatlich 40 K. Ein Wechsel in der Bezugsart darf nur mit Monatserstem eintreten und muss mindestens vierzehn Tage vorher angemeldet werden.

5. Jenen weiblichen Kanzleikräften, welche nicht die zubereitete Kost beziehen (siehe Punkte 3 und 4), ist dort, wo es die örtlichen Verhältnisse zulassen, das Recht zum Bezug von Lebensmitteln bei ärarischen Lebensmittelabgabestellen, Konsumvereinen, Eigenwirtschaften u. dgl. nach den jeweilig festgesetzten Bestimmungen gegen Bezahlung einzuräumen.

6. Die gemeinsame Teilnahme der weiblichen Kanzleikräfte an den Mahlzeiten der Offiziere, Unteroffiziere und Mannschaften ist ausnahmslos verboten.
Die Mahlzeiten für weibliche Kanzleikräfte können dort, wo es die örtlichen Verhältnisse zulassen, auch in den für Militärpersonen bestimmten Räumen, jedoch zeitlich getrennt von den Mahlzeiten dieser Personen, verabfolgt werden; ansonsten ist das Essen für weibliche Kanzleikräfte abholen und zutragen zu lassen.

7. Die Errichtung von eigenen Menagen, Kochgelegenheiten u. dgl. für weibliche Kanzleikräfte ist zulässig, doch dürfen der Militärverwaltung hierdurch keinerlei, wie immer geartete, einmalige oder fortlaufende Auslagen erwachsen.

8. Zur Hintanhaltung von Doppelversorgungen ist strengstens zu überwachen, dass jene weiblichen Kanzleikräfte, welche die Naturalverpflegung vom Ärar beziehen, unbedingt alle jeweilig für den beschränkten Verbrauch von Verpflegsartikeln ausgegebenen Bezugsmarken auch wirklich vollzählig abführen, und dass diese Marken ordnungsgemäß verwendet bzw. den Behörden rückgestellt werden. Dawiderhandelnde sind unnachsichtlich zu bestrafen und vom weiteren Bezug der Naturalverpflegung auszuschließen.

k. u. k. Militärkommando Graz

Bestimmung für Behandlung Kriegsgefangener Arbeiter aus Russland, der Ukraina, Finnland und den von Österreich-Ungarn und Deutschland besetzten russischen Gebieten.

In der Zeit vom 1. Mai 1918 bis zur Heimsendung.

Verpflegung:

Es muß darauf hingewiesen werden, dass die Gewährung einer **ausreichenden und gesunden, qualitativ angemessenen Kost** als eine der wichtigsten Voraussetzungen für die Arbeitsfreudigkeit der Russen anzusehen sein wird und dass die Militärverwaltung nicht willens ist, ihre Machtmittel zur Verfügung zu stellen, wenn Kriegsgefangene wegen unzureichender Ernährung oder sonstigen nachgewiesenen Verschuldens des Arbeitgebers schlecht arbeiten oder ihren Arbeitsplatz verlassen.

Anderseits kann kein Kriegsgefangener verlangen, ein Leben in Überfluss zu führen, wenn die Bevölkerung Beschränkungen ernster Natur unterworfen ist.

Graz, am 9. April 1918   Der Militärkommandant

Hasen- und Ziegenzucht im Lager Feldbach

Register

Adventstrudel – Nussstrudel	82
Apfelkompott	126
Apfel-Marillenstrudel	84
Apfelstrudel	85
Apfeltörtchen	123
Aufgehender Tommerl	109
Bananenroulade	114
Bauernkrapfen mit Zwetschkenpfeffer	109
Bauernomelette	61
Bauerntoast mit Landbrot	63
Bechamel-Soße	92
Beeren mit Joghurt	126
Birnenkompott	126
Birnenstrudel mit Vanillesoße	84
Biskuitroulade	117
Biskuitschöberlsuppe	27
Bluttommerl	60
Blutwurstgröstl	66
Bogratsch	36
Bohnen-Sauerkraut-Topf	69
Bohnenstrudel mit Schafkäse	80
Bohnensuppe	25
Bohnen-Zucchini-Eintopf	73
Borschtsch	74
Brandteigkrapferl mit pikanter Fülle	18
Brandteigkrapferl mit Vanillefüllung	121
Bratäpfel	122
Breinstrudel – oststeirisch	78
Breinwurst	35
Brot	130
Butterbrote	104
Butterstangerln	105
Cardinal-Soße	92
Champignoncocktail	18
Chili con Carne	71
Chinakohlgemüse	94
Curry-Fleisch-Strudel	78
Ei - gefüllt	19
Eier in Kartoffeln gebacken mit Selchfleischrösti	39
Eier-Vogerlsalat	101
Einbrennfaferln in Einbrennsuppe	27
Eintropf-Suppeneinlage	28
Ennstaler Bauernschöpsernes mit Kartoffeln	38
Erdäpfel-Schinkenlaibchen mit Weißkraut	37
Erdäpfelstrudel – süß	82
Erdäpfelsuppe mit Räucherforelle	22
Fasan in Sauerkraut	50
Faschingskrapfen	108
Fisch mit Rahmkren – gebraten	55
Fisch nach Bauernart	55
Fischauflauf mit Gemüse	54
Fisch-Gemüse-Topf	72
Fischvariationen – Donauländer	56
Fisolensuppe	26
Fleisch(Speck)-Knödel – Murtaler	36
Fleisch-Wurstsalat	66
Forelle – gefüllt	55
Forelle mit Schilcherkarotten und Weintrauben – steirisch	54
Früchtekaltschale mit Topfen	126
Frühlingstopf	73
Gamsbraten	48
Gans – gebraten, gefüllt	49
Geflügeltopf – exotisch	72
Gefüllte Tascherln	94
Gemüse mit Aspik	120
Gemüseauflauf mit Roggenschrotkruste	142

Gemüseplatte	61
Gemüseschüssel	32
Gemüsestrudel mit Kräutersoße	77
Gemüsesuppe – italienisch	26
Germknödel	62
Germstrauben mit Kernöl	108
Geschneitelsuppe	23
Grammelkekse	107
Grammelknödel – südsteirisch	98
Grammelsuppe	24
Grenadiermarsch ohne Fleisch	58
Grießeintropfsuppe	27
Grießschmarren	60
Grießstrudel	81
Grünkernlaibchen	143
Gulaschtopf	70
Hasenkeulen „Grazer Art"	42
Hendl – gefüllt (steirisch)	42
Heringsalat mit Äpfel	101
Himmel und Erde	72
Hirschkarree – mariniert	48
Hoad'nsterz (Heidensterz)	98
Hoad'ntommerl	94
Hühnchen Maryland	39
Hühnerbrust – gefüllt	40
Hühnerfrikassee	37
Hüttengulasch	39
Irish Stew	69
Ischler Bäckerei	105
Joghurtauflauf mit Maismehl	143
Jungschweinernes mit Saisongemüse	32
Jungsteinzeitritschert	69
Käferbohnensalat	101
Käferbohnenstrudel – steirisch	79
Kaiserschmarren	61
Kalbsschnitzel-Roulade	34
Karfiolpüreesuppe	27
Karotten-Lauch-Rohkost	19
Karpfen – gebacken	56
Karpfen im Bierteig – gebacken	55
Kartoffel-Gemüse-Puffer	141
Kartoffel-Kürbis-Nockerln	97
Kartoffel-Lauchcremesuppe	23
Kartoffelsalat	100
Kartoffelstrudel	80
Kartoffelsuppe – Lautere Erdäpfelsuppe	24
Kartoffelsuppe (Kestnsuppe)	23
Käsespätzle aus Vollkornteig	142
Kassuppe	23
Kastanien-Kartoffelknödel	97
Kekse – feine	104
Kirschenkompott	126
Klachelsuppe – oststeirisch	24
Krampusse	107
Kräutersoße	92
Krautfleckerln	61
Krautkuchen	141
Krautsalat – warm	100
Krautstrudel – Leibnitzer	77
Krautstrudel	79
Kürbisgemüse	96
Kürbiskernauflauf	110
Kürbiskernnocken	28
Kürbiskernnockerln	28
Kürbiskernpotize	110
Kürbiskerntorte (Kapfensteiner)	114
Kürbiskerntorte	114
Kürbiskern-Vanillekipferln	106

register

Kürbiskraut	97
Kürbissalat mit Hühnchen und Kürbiskernmayonnaise	102
Kürbisstrudel	85
Laib-Brot-Busserln	104
Lammbraten – Murtaler	44
Lammfleisch – eingemacht	37
Lammtopf	71
Leberknödel – Suppeneinlage	28
Lebkuchenhäuschen	106
Linseneintopf	70
Linsensalat mit Kresse	102
Linsenstrudel mit Selchfleisch	79
Maiscremesuppe mit Wurzelgemüse	25
Maistommerl	121
Milchrahmstrudel	83
Milzschnitten	29
Mohnstrudel	82
Mohntorte	115
Mostbraten – gefüllt	35
Mostbraten mit Stöckelkraut	32
Mostsuppe	24
Nervenkekse	107
Nudelsalat	66
Nussstangerl – gespritzt	104
Nussstrudel – Adventstrudel	82
Obstpizza	111
Obstsalat – exotisch	127
Osterlamm	117
Palatschinken mit Ribiseln	111
Paprika – gefüllt	59
Paprikahuhn	40
Paradeiser – gefüllt	19
Pichelsteiner Eintopf	72
Pilawreis	95
Polentakarpfen	54
Polentalaibchen	95
Polentaschnitten – gebacken	142
Prekmurje-Gibaniza	86
Putenfleisch mit Champignons	34
Rahm-Nussflecken	109
Ratatouille	74
Rehfilet	49
Rehrückenfilet auf Holundersauce	51
Rehschlegl mit Rahm	49
Reis mit Ei – gebraten	66
Reisauflauf	62
Reisauflauf	123
Reisfleisch mit Saft	59
Reisstrudel	81
Rhabarberkuchen	115
Rhabarbermus	126
Rind gefüllt mit Safranpolenta und Hauskaninchen – steirisch	45
Rindfleischsulz – steirisch	58
Rindfleischtascherl mit Schwammerlfülle	40
Rindsbraten – gedünstet	41
Rindschnitzel – gefüllt	44
Rindsuppe mit Bröselknödel	25
Rindsuppe mit Weizennockerln	25
Ritschert – steirisch	70
Römischer Aprikosen-Fleisch-Topf	69
Rostbraten – Girardi	42
Rostbraten – obersteirisch	39
Röstkartoffeln	98
Rotkraut	96
Rotkrautbrot	96
Rotkrautstrudel	78
Rübenstrudel	77
Rumschnitten	104

register

Salzkartoffeln	98
Sauerkrautstrudel	81
Saure Suppe (Grammelsuppe)	24
Schichtstrudel	83
Schilchersuppe	27
Schilchertraubenparfait	127
Schinken-Käse-Nockerln	60
Schnittlauchsoße – kalt	92
Schöberlsuppe – Graz	29
Schokoladebirnen	127
Schwammerl-Rostbraten – gefüllt	41
Schwammerlsauce	96
Schwarzbeernocken	124
Schwarzbrotsuppe aus Preding	22
Schwarzer Rettich mit Kürbiskernöl	101
Schweinebraten	33
Schweinsbeuschl mit Knödel	58
Schweinsbrust – gefüllt	33
Schweinsbrüstl im Heuwasser gekocht	36
Schweinsmedaillon im Speckmantel	38
Semmelknödel mit Gemüse	141
Sommersalat	102
Spagatkrapfen	105
Spargel mit Kernölbechamel	18
Spätzle	95
Spinatpudding	19
Spinat-Schafkäse-Strudel	80
Stachelbeerkuchen	115
Steirerbinkerln	35
Steirer-Kipferln	106
Steirischer Ofenbraten	44
Steirisches Bauernschöpsernes	43
Stiermilch	127
Stöcklkraut	94
Strauben	108
Sulz – Presswurst	59
Suppe mit Brunnenkresse	26
Teige	88
Tomatensalat	100
Topfencreme mit Beeren	126
Topfenknödel mit Zwetschkenröster	124
Topfennockerln	121
Topfenterrine – steirisch	120
Türkentommerl	123
Türkischer Sterz	97
Turracher Hochzeitsschnitzel	43
Vanillekipferln	105
Vollkornpalatschinken mit Apfelringen	143
Wäschermädl	122
Wein- oder Mostsuppe	24
Weinbackerl – Raabtaler	122
Weinsuppe	26
Weintraubenkuchen	116
Wildpastete auf Preiselbeerschaum	20
Wildragout	50
Wildschweinernes – steirisch	49
Woazene Krapfen (Ennstal)	109
Wurzelfleisch – steirisch	33
Wurzelkarpfen – steirisch	54
Zimtparfait	120
Zimtspiegel	124
Zitronen-Frischkäse-Strudel	84
Zucchini – überbacken	143
Zwetschkenkompott	126
Zwetschkenkuchen – Germteig	110
Zwetschkenkuchen – Mürbteig	116
Zwiebelbrot mit Hühnerleber und Käsestreifen	63

notizen